苏州文博论丛

2015 年（总第 6 辑）

苏州博物馆　编

文物出版社

图书在版编目（CIP）数据

苏州文博论丛. 2015 年：总第 6 辑／苏州博物馆编. —北京：
文物出版社，2015.12

ISBN 978 - 7 - 5010 - 4486 - 3

Ⅰ. ①苏…　Ⅱ. ①苏…　Ⅲ. ①文物工作 - 苏州市 - 文集
②博物馆事业 - 苏州市 - 文集　Ⅳ. ①G269. 275. 33 - 53

中国版本图书馆 CIP 数据核字（2015）第 308965 号

苏州文博论丛

2015 年（总第 6 辑）

编　　者：苏州博物馆

责任编辑：窦旭耀
封面设计：夏　骏
责任印制：陈　杰

出版发行：文物出版社
社　　址：北京市东直门内北小街 2 号楼
邮政编码：100007
网　　址：http：//www. wenwu. com
邮　　箱：web@ wenwu. com
经　　销：新华书店
印　　刷：北京京都六环印刷厂
开　　本：880 × 1230　1/16
印　　张：12. 75
版　　次：2015 年 12 月第 1 版
印　　次：2015 年 12 月第 1 次印刷
书　　号：ISBN 978 - 7 - 5010 - 4486 - 3
定　　价：110. 00 元

考古与文物研究

历史与文献研究

吴门画派研究

博物馆学研究

苏州破虏墩汉墓发掘简报

苏州市考古研究所

内容摘要： 苏州破虏墩基建工地发现四座墓葬，现场损毁较为严重，皆为长方形土坑竖穴墓，经过清理后出土遗物49件（组）。依据墓葬形制和出土器物的特征，该墓群的时代应为西汉晚期。

关键词： 苏州 破虏墩 汉墓 西汉晚期

破虏墩位于江苏省苏州市山塘街北、沪宁线南约200米处，是一座残存面积约2500平方米，高3米左右的小土墩（图一）。1987年11月在此基建施工中有墓葬发现，文物部门闻讯后迅速组织力量进行抢救性发掘，共发现汉墓7座，唐墓3座。由于早期人为破坏，加之施工损毁严重，经考古人员确认，仅有4座汉墓及1座唐墓保存相较完整。四座汉墓编号分别为M3、M5、M7及M10，现就其发掘情况简报如下。

一 墓葬结构

四座汉墓位于破虏墩中部偏西，相距较近，分布集中（图二），皆为长方形土坑竖穴墓，其中M5破坏较为严重，其余三座保存相对略好。现将诸墓结构介绍如下。

M3位于破虏墩汉墓群东部，墓向为93°，呈东西向，墓圹长3.15、宽1.3、残深约0.3米（图三）。墓圹南侧存厚约5厘米的棺木腐朽痕迹，面积约1.8×0.65平方米，墓圹北侧不见，葬具基本不存，仅在棺木朽痕上压有横竖相接的铁箍，疑为加固棺木所用，此外棺木朽痕下发现泥质五铢钱一串9枚。尸骨基本不存，仅在墓西北角发现数枚牙齿，在约墓主胸部位置左右两侧各发现一串玉珠，一串25枚，另一串26枚，在玉珠附近发现五铢钱一串11枚，此外该墓亦出土陶器4件，可辨器型为陶壶、陶罐及盘口壶等。

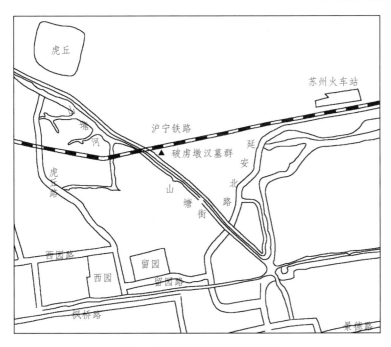

图一 破虏墩汉墓群位置示意图

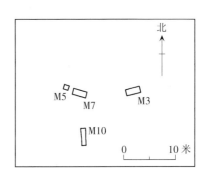

图二 破虏墩汉墓分布图

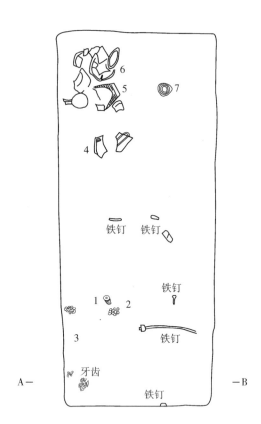

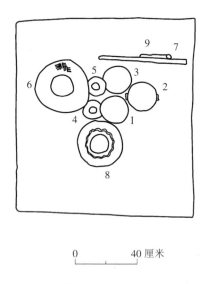

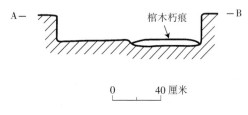

图三　M3 平剖面图

1. 五铢钱　2、3. 玉珠　4. 陶壶　5. 盘口壶　6、7. 陶罐

图四　M5 平面图

1、3. 陶盒　2. 陶鼎　4、5、6、8. 陶罐　7. 铁刀　9. 铁削

南部及西部皆有二层台，台面南北各宽 20 厘米，西部宽 15 厘米（图五）。木棺位于该墓东部，已朽，但痕迹明显，长 2.4、宽 0.95 米，棺底为 4 块木板拼成，保存较好，南侧一块最宽，为 28 厘米，其余宽度约为 18 厘米。棺底现黑色漆皮，有数层之多，漆皮之下残存有麻布痕迹，表明棺外似贮麻布后髹漆。棺内随葬品以玉石、铜铁等质地为主，墓主头部附近发现有玲 1 件，塞 2 件，胸部置铜镜 1 件，铁剑及铜削各 1 件分别置于墓主右侧，腰部则置五铢钱一串 6 枚。此外墓圹西侧木棺外亦放置陶器 10 件，可辨器型为陶鼎、陶盒、陶瓿、陶壶及器盖等。

M5 位于破虏墩汉墓群西部，呈东西向，墓向为 284°。该墓西部损毁较为严重，葬具基本不存，尸骨亦已不见。残长 1.15、宽 1.2、残深约 0.2 米（图四）。随葬器物有铁刀、铁削各 1 件，陶器 7 件，可辨器型有陶盒、陶鼎及陶罐等。

M7 位于破虏墩汉墓群中部，呈东西向，墓向为 105°，墓圹长 3.55、宽 1.4、残深 0.45 米，北部、

M10 位于破虏墩汉墓群南部，墓向为 173°，基本呈正南北向，墓圹长 3.2、南部宽 1、北部宽 0.9、残深 0.22 米（图六）。木棺位于墓圹北部，已腐朽，但痕迹较为明晰，长 2.2、北端宽 0.68、南端宽 0.77 米，东西两块棺板呈弧形凸出，残存高约 0.2 米，东侧棺板距墓圹约 10 厘米，西侧棺板基本紧贴墓圹。墓底残存黑色漆皮痕迹，推断木

北 ←

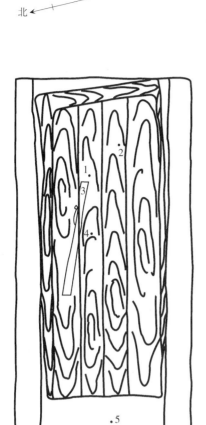

```
0    40 厘米
```

图五 M7 平面图

1. 珩 2. 铜镜 3. 铜削 4. 五铢钱 5、6. 陶瓿 7、8. 陶鼎
9. 陶盒 10、11. 陶壶 12、13. 器盖 14、15. 塞 16. 铁剑
17. 器盖

北 ↑

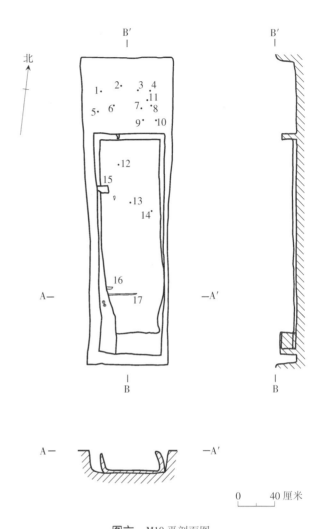

```
0    40 厘米
```

图六 M10 平剖面图

1、2、4、5、6. 陶壶 3、7、8、9、10. 陶罐 11. 五铢钱
12. 珩 13. 塞 14. 铁矛 15. 铁削

棺外壁髹黑漆, 此外棺木底下残存黑色木炭, 铺设于墓圹底部, 木炭上存有朱砂痕迹。棺内墓主头部珩、塞各1件, 右足部置有铁剑、铁刀各1件。棺外放置陶器10件, 可辨器型有陶壶、陶罐等。此外墓圹南部西侧的陶罐之间置有五铢钱2串, 每串24枚, 共48枚。

二 出土遗物

四座墓葬出土各类遗物计49件(组), 包括陶器、铜器、铁器及玉石器等。由于墓葬均遭盗扰及破坏, 器物破坏严重, 多残朽。

(一)陶器

共31件。器类有鼎、盒、壶、罐、瓿、器盖等。多为泥质灰陶, 少量为泥质红陶, 烧制火候较高, 胎质较硬, 呈青灰色或灰白色。此外还有部分釉陶, 大多施青釉或黄褐釉, 釉色多已脱略。

鼎, 3件。已残。根据泥质、耳足等部的不同, 可分二型。

A型，1件。M5：2，泥质灰陶。覆钵形盖，子口内敛，斜直腹，平底，假蹄足，方耳。口径20、底径11、通高17厘米（图七，1）。

B型，2件。M7出土。泥质红陶。器盖缺失。子口微内敛，两附耳略外撇，中有孔，斜直腹，平底，无足。腹部饰有数周凹弦纹。标本M7：7，口径15.2、底径10.5、通高10.5厘米（图七，2）。

盒，3件。均残。根据有无施釉及泥质的不同，可分二型。

A型，2件。M5出土。器表黄褐色釉大多脱落，泥质灰陶。覆钵形盖。子口微敛，斜直腹，平底。标本M5：1，口径18.5、底径12、通高18厘米（图七，3）。

B型，1件。M7：9，器身未施釉，泥质红陶。器盖残失。子口内敛，弧腹，平底。口径18、底径10.5、通高10厘米（图七，4）。

壶，10件。多残。根据有无器盖及口的不同，可分三型。

A型，7件。敞口，无盖。根据底部的不同，可分二亚型。

Aa型，2件。M3出土1件，M10出土1件。器身施黄褐色釉，釉色不甚均匀且多处剥落。口颈残缺，仍可见颈部饰水波纹。双系对称置于肩下，系上饰叶脉及羊角纹。最大腹径基本居中，圈足。肩部及腹部饰弦纹。标本M10：1，最大腹径22.5、底径11.5、残高29厘米（图七，5）。

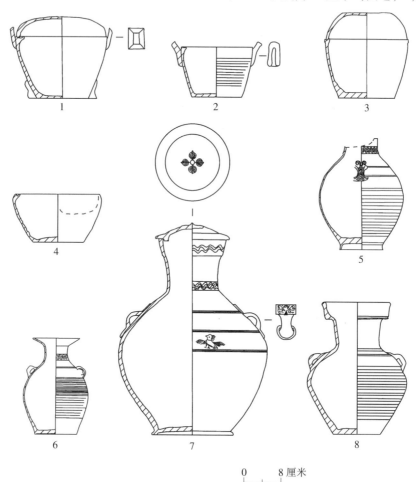

0   8厘米

图七　出土陶器

1. A型鼎（M5：2）　2. B型鼎（M7：7）　3. A型盒（M5：1）　4. B型盒（M7：9）　5. Aa型壶（M10：1）
6. Ab型壶（M10：2）　7. B型壶（M7：10）　8. C型壶（M3：5）

Ab 型，5 件。M5 出土 1 件，M10 出土 4 件。器身未施釉，泥质灰陶。口沿上饰凹弦纹，颈部饰水波纹，颈部以下饰弦纹，双系置于肩部，系上饰叶脉纹，平底。标本 M10：2，口径 12.5、腹径 17.5、底径 11、通高 25 厘米（图七，6）。

B 型，2 件。M7 出土。器表黄褐色釉大多脱落，泥质灰陶。器盖为四叶钮盖。口微敞，方唇，平沿，鼓腹，矮圈足。颈部饰水波纹，两系附于肩部，为铺首衔环，铺首呈兽头状。腹部两道弦纹之间刻划鸟纹。标本 M7：10，口径 13、腹径 32、底径 17.5、通高 44 厘米（图七，7）。

C 型，1 件。M3：5 肩部以上施黄绿色釉，以下未施釉。盘口，颈较粗长，双耳附于肩部，鼓腹，平底。口沿以下，通体饰弦纹，双耳饰叶脉纹。口径 14.8、腹径 20.6、底径 10、通高 27.4 厘米（图七，8）。

罐，10 件。多残。根据口、腹等部的不同，可分二型。

A 型，8 件。根据施釉与否及泥质的不同，可分为二亚型。

Aa 型，2 件。M5 出土。器表施黄褐釉，多已脱落，泥质灰陶。直口略内敛，平沿略内斜，双耳附于肩部，斜直腹，平底。器身素面，仅耳部饰粗条叶脉纹。标本 M5：5，口径 8.4、腹径 13.2、底径 8.2、通高 10 厘米（图八，1）。

Ab 型，6 件。M3 出土 1 件，M10 出土 5 件。泥质红陶，未施釉。敞口，圆唇，双耳，弧腹，平底，通体饰弦纹，双耳饰叶脉纹。标本 M10：8，口径 10、腹径 13.2、底径 6.5，通高 10 厘米（图八，2）。

B 型，2 件。根据釉色及口部等处的不同，可分二亚型。

Ba 型，1 件（M3：6）。器表施黄褐釉。口微敛，平沿稍外斜，方唇，鼓腹，平底，通体饰弦纹。口径 7.7、腹径 20.3、底径 11、通高 18.4 厘米（图八，3）。

Bb 型，1 件（M5：6）。已残。肩部以上呈青灰色，腹部及底部呈红色。直口稍内敛，沿微内凹，短颈，鼓腹，平底。腹部拍印席纹。口径 14.6、腹径 34、底径 17.5、通高 32 厘米（图八，4）。

瓿，2 件。M7 出土，已残。器表施黄釉。器盖上一圆钮，钮外围饰有数周弦纹。器体平沿，方唇，

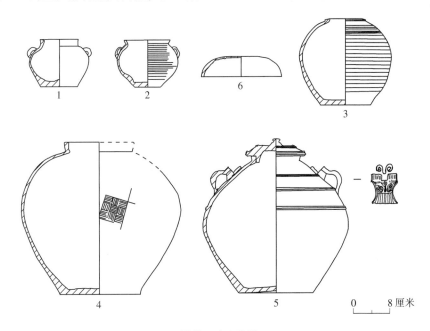

图八 出土陶器

1. Aa 罐（M5：5） 2. Ab 罐（M10：8） 3. Ba 罐（M3：6） 4. Bb 罐（M5：6） 5. 瓿（M7：6） 6. 器盖（M7：12）

鼓腹，平底略内凹。肩部弦纹带间左右各饰一铺首，铺首上以羊角纹、须眉、勾弧纹等纹饰组合成变形面纹。腹部约最大径处亦有一弦纹带。标本 M7：6，口径 8.8、腹径 32、底径 16、通高 29 厘米（图八，5）。

器盖，3 件。M7 出土。器表施褐色釉。覆钵形，盖内外有多条轮制加工痕。标本 M7：12，口径 17.5、通高 4.2 厘米（图八，6）。

（二）铜器

共 2 件。种类有生活用具、兵器等，均锈残严重。

镜，1 件。M7：2，圆形。圆钮，钮外一周凸起的圈带，圈带外为一圈内向八连弧纹。连弧纹外为铭文区，铭文多漫漶不清，仅隐约可见篆体"天子"二字。素宽缘。直径 10.5、厚 0.8 厘米（图九，1）。

削，1 件。M7：3，刀形狭长，柄端有环，直背，弧刃，末端较为圆润，刃部断面呈三角形。宽 1.2、环径 2、长 26.5 厘米（图九，2）。

（三）钱币

3 组 65 枚。均为五铢钱，多锈残。M3 出土 1 组 11 枚，M7 出土 1 组 6 枚，M10 出土两串，每串 24 枚，共 48 枚。圆轮，方孔，正面孔框不清，反面孔框较为清晰。字体较纤细规整，"五"字交股，上下较对称；"铢"字"金"部上部为"△"，"朱"上部为"山"字状，中横较短，下部呈倒"山"字形，折笔处呈弧形，圆润无折。标本 M7：4，钱径 2.5、孔径 1、厚 0.15 厘米（图九，3）。

（四）铁器

5 件。主要为兵器，均锈残。

刀，1 件。M5：7，刀柄缺失，直背，单刃，末端缺失，断面呈三角形，刀刃略向内收，刃线十分清晰。残长 55、宽 2.8 厘米（图九，4）。

削，2 件。M5 出土 1 件，M10 出土 1 件。柄端有环，有部分残失。直背，刃较斜直，末端较尖，刃部断面呈三角形。标本 M5：9，宽 2.5、环径 2.2、长 20 厘米（图九，5）。

剑，1 件。M7：16，剑首铜质，呈圆锥形。剑茎

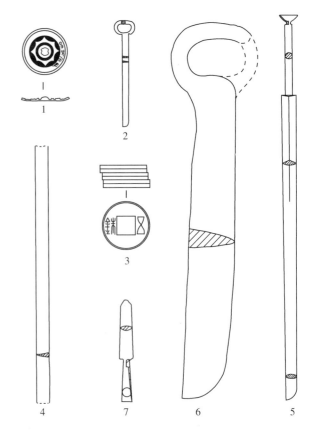

图九 出土铜铁器

1. 铜镜（M7：2） 2. 铜削（M7：3） 3. 五铢钱（M7：4） 4. 铁刀（M5：7） 5. 铁削（M5：9） 6. 铁剑（M7：16） 7. 铁矛（M10：17）

较细直，断面为圆形。铁质剑身细长，两侧有刃，断面为菱形，剑锋呈弧形。剑身宽 3.2、长 65、通长 82 厘米（图九，6）。

矛，1 件。M10：17，矛锋教尖，中间起脊。断面呈近视椭圆形，骹体较长，上窄下宽，断面呈圆形。残长 26.6 厘米（图九，7）。

（五）玉石器

7 件（组）。主要包括殓葬器、配饰等。

塞，3 件。M7 出土 2 件，M10 出土 1 件。滑石。基本呈圆锥状，上宽下窄，断面呈圆形。标本 M7：14，上径 0.8、下径 0.4、高 1.7 厘米（图一〇，1）。

琀，2 件。M7 出土 1 件，M10 出土 1 件。白玉质。呈趴卧静止状，较扁平，雕刻稍显简单。质地较差，触之即粉。标本 M7：1，宽 2.1、长 3.8 厘米

（图一〇，2）。

珠，2组51枚。M3出土。青玉质。圆柱状，中心有穿孔，表面打磨较为光滑，大小略有不同。标本M3：2，圆径0.7、孔径0.2、高0.7厘米（图一〇，3）。

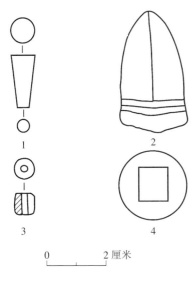

0   2厘米

图一〇 出土遗物

1. 塞（M7：14） 2. 珩（M7：1） 3. 珠（M3：2） 4. 泥质五铢（M3：14）

（六）其他

1组。为殓葬器。

泥质五铢，1组9枚。M3出土。泥质灰白，圆轮方孔，钱文漫漶不清，依稀可辨为五铢二字。标本M3：14，直径2.3、孔径1、残厚0.1厘米（图一〇，4）。

三 结语

苏州破房墩四座汉墓均为长方形土坑竖穴墓，属于该地区较为典型的汉代墓葬形制。四座墓葬位置紧靠，相邻两墓的间距不超过10米，时代上应较为接近。陪葬品中除了有一定数量的陶器外，还出土了部分铜铁器和玉石器，除M3外，皆有刀、剑等兵器出土，似表明M5、M7及M10墓主当为男性，而M3未见兵器却见玉珠等装饰品，推测M3墓主应为女性。破房墩汉墓群出土陶器较多，M3葬有陶壶、陶罐、盘口壶等，M5葬有陶鼎、陶盒、陶罐等，M7葬有陶鼎、陶盒、陶壶、陶瓿等，M10葬有陶壶、陶罐等，皆为苏州地区汉墓陶器组合中常见的器型。鼎、盒、壶、罐、瓿陶器组合与苏州徐家坟汉墓群[1]、苏州真山D4M1、D4M4及D4M5[2]近同，器型也较为相近，符合西汉晚期的特征，而鼎、盒等陶礼器在西汉晚期逐渐衰落消失，盘口壶开始出现[3]，表明M5、M7要早于M3、M10。M3出土的盘口壶与吴县窑墩汉墓[4]出土盘口壶的器型相近，表明M3最晚。此外，墓中出土的钱币基本上都是宣帝时期铸行的五铢，未见莽钱，表面该墓群的时代应在此种五铢发行之后，但又早于新莽时期。因此，根据以上出土器物和器型特征对比分析，破房墩汉墓群应属于西汉晚期。

苏州发现汉墓的数量不多，等级也较低，这应与当时社会经济的发展情况是一致的。破房墩汉墓的发掘，不仅丰富了苏州汉墓资料，而且对研究汉代苏州地区的葬制、葬俗的发展演变也具有重要的参考价值。

附记：参与发掘的人员有钱公麟、丁金龙、朱伟峰、张照根、闻惠芬等，插图由闻惠芬绘制，资料由闻惠芬整理。

执笔：周金波 张铁军 闻惠芬

注释：

[1] 苏州博物馆：《苏州虎丘乡汉墓发掘简报》，《东南文化》2003年第5期。

[2] 苏州博物馆：《苏州真山四号墩发掘报告》，《东南文化》2001年第7期。

[3] 黎毓馨：《长江下游地区两汉吴西晋墓葬的分期》，《浙江省文物考古研究所学刊》，长征出版社1997年，第295页。

[4] 吴县文物管理委员会：《江苏吴县窑墩汉墓》，《文物》1985年第4期。

常熟秦家塘遗址发掘简报

苏州市考古研究所　常熟博物馆

内容摘要：2013 年 3 月，秦家塘遗址经过考古发掘，发现有井、灰坑、沟等文化遗存，出土有瓷器、陶器、铜铁器等历史遗物，可确认为一处晚清至民国时期生活之地。这一遗址的发掘，为研究晚清常熟乡镇的居民社会生活提供了考古资料，也从一个方面说明了"冶塘不野"，修正了我们过去对冶塘地区的认识。

关键词：常熟　秦家塘　晚清　瓷器

秦家塘遗址位于江苏省常熟市冶塘镇新和村，东边紧邻望虞河，北边为尚湖大道（图一）。2010 年，因望虞河西控工程建设需要，苏州市考古研究所和常熟博物馆联合对该遗址进行了踏勘；2013 年 2 月底，又对该遗址进行了钻探，初步摸清了该遗址的文化内涵与分布情况；2013 年 3 月下旬对该遗址进行了考古发掘清理。

遗址东部为望虞河岸，留下了以前因取土而形成的洼地，南部、西部与北部为农田，形状不规则，南北长约 100 米，东西约 80 米，面积近 2 万平方米。共开 5×5 米探方 3 个，编号 TN01E01、TN01E02、TN02E02，10×10 米探方 2 个，编号 T1、T2，发掘面积共 275 平方米（图二）。发掘结果表明，秦家塘遗址的主要文化内涵是晚清民国时期的生活遗址，遗存有井、灰坑等，为了解晚清民国时期该地区的民风民俗以及居民分布、生活等情况提供了资料。

一　地层堆积

此次发掘五个探方的地层堆积基本类似，现以 T1 为例进行介绍，情况如下：

第 1 层：表土层，质松，厚 0.15—0.25 米。出土遗物有青花瓷片、青瓷片、粉彩瓷片、青花釉里红瓷片、青花绿彩瓷片等。地层年代为晚清民国。

第 2 层：深灰土，土质疏松，厚 0.15—0.25 米。出土遗物有较多的青花瓷片、彩瓷片、灰瓦片、白瓷片、青瓷片、釉陶器片和康熙通宝铜钱、铜板等。地层年代为清代。

第 3 层：灰土，土质较疏松，厚 0.1—0.6 米。遗物有青花瓷片、釉陶片、灰瓦片、青瓷片、白瓷片、泥质红陶片、泥质黑陶片、泥质黄褐陶片等。地层年代为明代。

第 4 层：灰白土，土质较纯净坚硬，含有少量的青瓷片、釉陶片、硬陶器片、泥质灰陶片、泥质褐陶片等。地层年代为宋代。

第 4 层以下为生土。

二　文化遗存

（一）遗迹

主要有井、灰坑、沟和残房基等。

1. 井，1 处。位于 TN01E01 西北部，开口位于第 2 层下，向下打破第 3 层和第 4 层及生土层。圆形，直壁，平底，内口径 0.56、外径 1.02、深 4.2 米。井内填土为青灰黑土，出土器物有青花瓷片、粉彩瓷片、釉陶片、泥质红陶片、青瓷片、紫砂器片、铜勺、子弹等。根据出土器物分析，该井为明清时期开凿，使用直至近代。

2. 灰坑，4 个。

H1，位于 T1 东北部，开口于第 2 层下，西距居住面 4.5 米。圆形，壁直，平底，口径 0.54、底径 0.35、深 0.35 米。坑内填青灰土，较纯，含少量碎陶片，年代为清代。

H2，位于 T1 中北部，开口于第 2 层下，与 H1 东西并列，相距 1.8 米，西距居住面 6.8 米。圆形，斜直壁，平底，口径 0.55、底径 0.30、深 0.36 米。

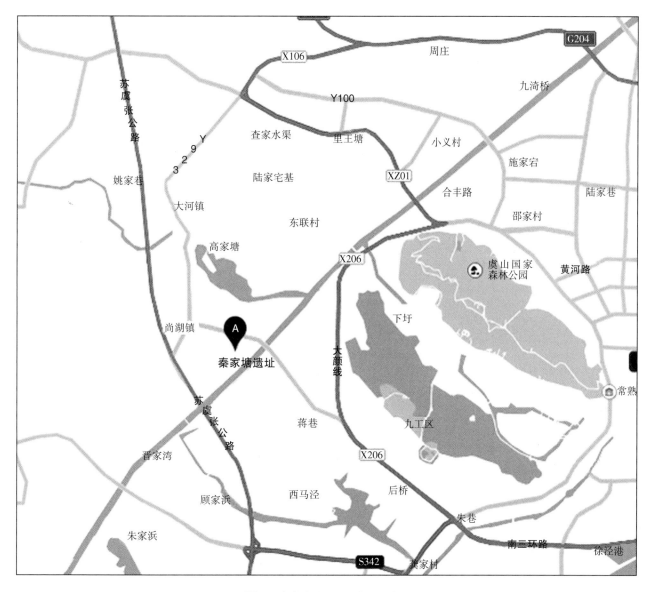

图一 秦家塘遗址地理位置示意图

坑内填青灰土，含少量碎陶片，年代为清代。

H3，位于T1南端，开口于第4层下，东距居住面12米。圆形，壁斜直，平底，口径0.58、底径0.38、深0.46米。坑内填青灰土，含少量碎陶片，年代为清代。

H4，位于T2中部偏西北位置，略成方形。平底，深0.4米。坑内出土少量青花瓷片，年代为清代。

3. 残房基，1处。

位于探方TN01E01内，开口位于第2层下，为一长条形的石块垒砌而成，残长3、残宽0.35米。

年代为清代。

4. 沟，1处。

始出现于探方TN02E02北壁，斜穿整个探方后，直至探方TN01E01西壁东部。开口位于第1层下，从TN02E02至TN01E01过程中，逐步下行，直至生土。沟内填土为灰黑土，出土青花瓷片，残砖块等。从出土器物分析，该沟时代较晚，明清时期应尚在使用。

（二）遗物

遗址中发现的遗物有瓷器、陶器、石器、铁器、铜器、银器等。

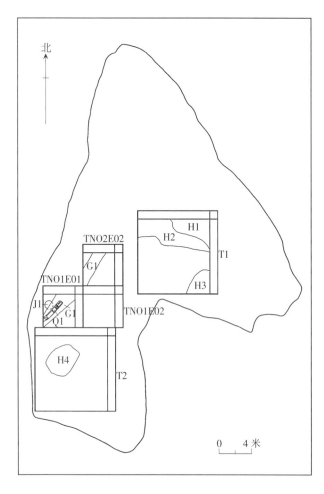

图二　秦家塘遗址探方总平面图

1. 瓷器。共出土 40 件，主要有青花瓷器、粉彩瓷器和单色釉瓷器。按器型划分，有碗、杯、盘、瓶、罐、缸、碟等。

（1）碗，28 件。

清花草纹青花碗，1 件。14QJTYZJ1：5，侈口略外撇，深弧腹，矮圈足。画面清雅，饰以写意花草。口径13.8、底径5、高6.6厘米。

清团龙青花碗，1 件。14QJTYZJ1：6，口沿略外撇，深腹，矮圈足。碗壁等分饰青花团龙图案，圈足内部书有一"公"字。口径12、底径5.2厘米、高6厘米。

清青花瓷碗，1 件。14QJTYZJ1：20，侈口，弧腹近底处略鼓，圈足略内收。碗口沿处饰粗细不等两道青花弦纹，上道线条较粗，下道相对较细，圈足上方亦饰一

道青花弦纹。口径11.8、底径5.4、高5.9厘米。

清瑞草青花碗，1 件。14QJTYZJ1：21，直口，弧腹，底腹略鼓，圈足略内敛。碗外壁饰简笔写意花草纹。口径12.6、底径5.4、高6.1厘米。

清花草纹青花碗，1 件。14QJTYZJ1：23，侈口，弧腹，腹底处略鼓，圈足微内敛。外壁饰写意花草纹，画面清雅。口径14、底径5.6、高6.5厘米（图三）。

图三　清花草纹青花碗

清双喜纹青花小碗，2 件。14QJTYZJ1：18，侈口，深直腹，小圈足内敛。口径7、底径3、高4.2厘米。14QJTYZJ1：19，侈口，深弧腹近底处略鼓，圈足内敛。口径6.8、底径3.2、高3.8厘米。

清瑞草纹青花碗，1 件。14QJTYZJ1：41，口沿外撇，弧形壁，圈足微内收。口径7.8、底径3.9、高3厘米。

清瑞草图青花碗，1 件。14QJTYZJ1：42，侈口，直壁，壁近底处略鼓，圈足微内敛。口径12.7、底径5.8、高5.9厘米。

清缠枝花草纹青花碗，1 件。14QJTYZJ1：43，侈口，深腹，腹近底处略鼓，圈足微内收。口径15.5、底径6.3、高7.6厘米。

清粉彩花卉大碗，1 件。14QJTYZJ1：7，口沿外撇，弧腹近底处内收，圈足，底有"徐源茂号"款。口径18.2、底径7.6、高6.5厘米。

清花卉纹五彩大碗，1 件。14QJTYZJ1：9，侈口，浅弧形腹，腹近底处内收，圆形圈足。口径16.5、

底径 6.6、高 5.9 厘米。

清仕女图碗，1 件。14QJTYZJ1：44，口沿外撇，弧形腹，近底处略鼓，圈足外撇。碗外壁有"美人"等字。口径 11.6、底径 4.5、高 5.9 厘米。

清五彩碗，1 件。14QJTYZJ1：10，侈口，口沿外撇，深腹近底处内收，矮圈足。碗施黄釉，外壁有开窗，书"长命富贵"四字吉祥语。口径 10.8、底径 4.4、高 5.1 厘米。

清花草纹斗彩碗，1 件。14QJTYZJ1：11，侈口略外撇，深直腹近底处内收，圈足略内敛。以花草作为纹饰，青花加彩工艺制作。口径 11.2、底径 4.6、高 5 厘米。

清花卉纹粉彩小碗，1 件。14QJTYZJ1：12，侈口，弧腹近底处内收，圈足内敛。口径 8.7、底径 3.8、高 3.6 厘米。

清粉彩小碗，1 件。14QJTYZJ1：13，侈口，弧腹近底处内收，圈足内敛。口径 9、底径 4.2、高 4 厘米。

清双喜花卉纹五彩碗，1 件。14QJTYZJ1：14，侈口略外撇，深直腹近底处内收，矮圈足内敛。底有"荣盛祥造"款。口径 11.7、底径 4.9、高 5.8 厘米。

清蝙蝠纹红釉金彩碗，1 件。14QJTYZJ1：15，侈口外撇，弧腹近底处略鼓，圈足内敛。口径 11.6、底径 4.3、高 5 厘米（图四）。

图四　清蝙蝠纹红釉金彩碗

清四君子图小碗，1 件。14QJTYZJ1：16，粉彩，侈口外撇，深直腹近底处略收，小圈足内敛。口径

8.1、底径 3.6、高 5.6 厘米。

清瑞草纹粉彩小碗，1 件。14QJTYZJ1：22，敞口，弧腹，圈足。口径 8.6、底径 4.1、高 3.6 厘米。

清花草纹斗彩碗，1 件。14QJTYZJ1：24，侈口，弧腹近底处略鼓，圈足略内收。口径 12.6、底径 5.4、高 5.9 厘米。

清五彩碗，1 件。14QJTYZJ1：25，侈口，弧腹近底处略鼓，圆形圈足内收。口径 11.1、底径 5.4、高 5.5 厘米。

清花卉纹粉彩大碗，1 件。14QJTYZJ1：40，敞口，弧形腹，圈足略微内收。口径 18.5、底径 7.2、高 6.9 厘米。

清缠枝花草纹青花碗，1 件。14QJTYZJ1：43，侈口，深腹，腹近底处略鼓，圈足微内收。口径 15.5、底径 6.3、高 7.6 厘米。

清"福禄寿"图彩碗，1 件。14QJTYZJ1：26，直口，弧腹，圈足微内收。口径 11.4、底径 5、高 4.9 厘米。

民国浅绛彩人物碗，1 件。14QJTYZJ1：27，口沿外撇，弧形深腹近底处略鼓，圈足略外撇。口径 11.8、底径 4.6、高 6.2 厘米。

民国浅绛彩仕女图碗，1 件。14QJTYZJ1：28，口沿外撇，弧形深腹，腹近底处略鼓，圈足微外撇。口径 11.8、底径 4.6、高 6.2 厘米。

（2）瓶，1 件。

清小药瓶，1 件。14QJTYZJ1：4，小直口，扁圆腹，椭圆形圈足。高 5.5 厘米。

（3）碟，1 件。

清瑞草纹双喜粉彩碟，1 件。14QJTYZJ1：29，敞口，弧形壁略外鼓，圈足微内收。口径 13.2、底径 7.8、高 2.5 厘米。

（4）盘，2 件。

清修竹图蔬果粉彩盘，1 件。14QJTYZJ1：8，口沿略内敛，矮弧形浅腹，圈足。口径 16.6、底径 9.7、高 2.4 厘米。

清瑞草纹青花盘，1 件。14QJTYZH2：1，侈口，折腹，矮圈足。口径 17、底径 9、高 3.6 厘米。

（5）罐，2件。

清仕女图浅绛彩小罐，1件。14QJTYZJ1：17，直口略内收，溜肩，弧形腹略鼓，无圈足，底部内凹。口径6.1、底径3.8、高5厘米（图五）。

图五　清仕女图浅绛彩小罐

清祥云瑞草纹鸟食罐，1件。14QJTYZJ1：36，口沿内敛，球形鼓腹，平底。口径2.5、底径2.5、高2.8厘米。

（6）杯，6件。

明龙泉青瓷杯，1件。14QJTYZJ1：45，敞口，直壁，壁近底处外鼓，圈足微内收。口径6.9、底径3.2、高3.8厘米。

清青花瓷杯，2件。器形相同，皆敞口，斜直深腹，近底处略外鼓，直圈足。14QJTYZJ1：30，口径7.1、底径3.1、高5.5厘米；14QJTYZJ1：31，口径6.5、底径2.8、高4厘米。

清双喜瑞草纹青花杯，1件。14QJTYZJ1：32，敞口，深直腹近底处略鼓，圈足微外撇。口径6、底径2.8、高3.5厘米。

清瑞草纹青花斗笠杯，1件。14QJTYZJ1：33，侈口，斜直腹，矮圈足。口径5、底径2.4、高2.7厘米。

清双喜纹青花杯，1件。14QJTYZJ1：34，敞口，深弧形腹近底处略外鼓，圈足略外撇。口径6.5、底

径2.8、高3.7厘米。

2. 陶器，共5件。按照质地划分，主要有釉陶器、泥质灰陶、泥质黑陶、泥质黄褐陶、泥质褐陶等。器型有罐、器盖、钵等。

清罐，2件。形制相似，皆釉陶质，敞口，颈部饰一圈泥条，直壁，平底微内凹。14QJTYZJ1：35，口径8、底径8.1、高5厘米；14QJTYZJ1：38 口径8.5、底径8.6、高6.4厘米。

清器盖，1件。14QJTYZT1②：3，圆形，中部内凹。外径9.5厘米。

清钵，2件。14QJTYZT2④：1，口沿外撇，折肩，弧壁中部略鼓，平底微内凹。口径10.2、底3.8、高3.3厘米（图六）。14QJTYZJ1：39，口沿外撇，折肩，直腹，平底微内凹，壁厚。口径23、底径14、高5.7厘米。

图六　清陶钵

3. 石器，1件。

民国砺石，1件。14QJTYZJ1：37，梯形，上下两面内凹成弧形。长29、宽19、高5.5厘米（图七）。

4. 铁器，5件。

民国铁搭，2件。尺寸、形制完全相同，皆四齿。14QJTYZJ1：46、14QJTYZJ1：47，长16、宽15、齿长10.4厘米（图八）。

民国铁箍，2件。形制相同，皆素面，环形。14QJTYZJ1：48，外径26.2、内径25.8、宽2.2厘米；

图七　民国砺石

图八　民国铁搭

14QJTYZJ1：49，外径24.4、内径23.9、宽1.3厘米。

近代剃须刀，1件。残破严重，形制不可辨。14QJTYZJ1：50，残长8.1、宽2.7厘米。

5. 铜器，4件。

近代铜勺，1件。14QJTYZJ1：1，圆形，素面。勺径13.7厘米。

民国铜锁，1套。14QJTYZJ1：3，紫铜质地，长梯体形状。长8.5、宽3.2厘米（图九）。

民国小铜件，1件。14QJTYZJ1：56，空心，圆柱体，功用不明。底径3、高4.2厘米。

晚清鸟首压发，1件。14QJTYZTN01E01②：1，长条形，一段饰凤鸟头。长12.5厘米。

图九　民国铜锁

6. 钱币，3枚。

清铜板，1枚。14QJTYZT1（1）：1，圆形，直径2.8厘米。

清铜钱，2枚。14QJTYZT1（2）：1、14QJTYZT1（2）：2，圆形方孔。径长2.8、孔边长0.5厘米。

7. 银器，1件。

晚清发簪，1件。14QJTYZJ1：2，长条形，无纹饰。残长8.5厘米。

三　结语

本次发掘活动主要为配合望虞河西控工程进行，基本实现发掘目标，保障配合了工程的顺利开展。本次发掘出土器物基本上以晚晴民国时期的遗物为主，对于研究和分析望虞河沿岸的明清时期的历史变迁有重要意义，特别是出土粉彩瓷，尽管已残损，但通过分析其釉面、器形等，给我们展现了当时居住在此人们的富足生活，丰富了该地区的文物史料，也深化了我们对该区域明清时期历史面貌的认识。

附记：本次发掘报告由李前桥、周官清执笔。本次考古发掘领队为张铁军；参与发掘人员有张铁军、朱晞、李烨、俞家平、李前桥、钱桂树、余庆山。资料整理人员为张铁军、李前桥、周官清、钱桂树、余庆山。本次发掘工作得到了属地政府的大力支持，在此一并致谢。

常州新北区顾村土墩遗存考古调查报告

任林平（常州市考古研究所）

内容摘要：2014 年 3 月，在常州顾村考古调查时，发现了一批春秋时期遗物。根据遗物的时代特征，可知此处遗存应为土墩墓，结合遗存所处位置及文献记载，推测这个土墩墓可能就是象墩。

关键词：常州　顾村　土墩墓　春秋

2014 年 3 月，常州市考古研究所对新北区顾村及其周边地区进行考古调查，发现了一批商周时期遗物。

顾村，位于江苏省常州市新北区春江镇北部，北靠省道 S338，东临长江北路，西接龙江北路，南邻黄海路（图一）。

一　调查发现遗物

此次调查发现的遗物主要有石器、陶器、铜器等，其中陶器最多，石器次之，铜器仅发现一件。

1. 石器。发现 5 件，其中石锛 3 件、石镰 1 件、多边形石器 1 件。

石锛，3 件。采：1，刃缘平直，器身片疤痕迹明显。长 11.2、宽 3.2、厚 3 厘米（图二，1）；采：2，刃缘及刃面不平整，有使用痕迹，器身不平整，留有片疤痕迹。长 15、宽 4、厚 5.2 厘米（图二，2）；采：3，体扁，器表磨光，正面平整光滑，背面有石片剥落，单面弧刃，顶部边缘及两侧有片疤痕迹。长 10.6、宽 5.5、厚 0.8 厘米（图二，3）。

石镰，1 件。采：4，刃部较锋利，器身有绑痕，器身中部有圆形穿孔，孔径 1.2 厘米。石镰长 11.3、宽 4、厚 0.6 厘米（图二，5）。

多边形石器，1 件。采：5，平面呈扁平，最大径 5、厚 2 厘米（图二，6）。

2. 陶器。陶器是采集发现的主要遗物。根据陶质有夹砂陶、泥质陶、印纹硬陶和原始瓷，其中泥质陶最多，夹砂和印纹硬陶次之，原始瓷器最少；陶色有红陶、灰陶等；可辨器型有罐、坛、瓿、鼎、鬲、钵、碗等，其中平底器最多，圈足器、三足器次之。大多数陶器表面都有纹饰，常见有绳纹、方格纹、回字纹、席纹、叶脉纹、曲折纹及一些复合纹饰。

（1）夹砂陶。多数为夹砂陶，其中红褐色居多，也有少量灰黑色。除夹砂外，还有一些夹炭陶，陶质较酥松。多为素面，少量陶片有绳纹。可辨器型有鼎、鬲等。

鬲足，8 件。均为夹砂红陶，多为半实心，圆锥形，足部外侧线基本垂直或略外撇，足内侧因烟熏呈黑灰色。

鼎足，18 件。有扁平足、外弧内扁足、圆柱状足三式。均为素面。

（2）泥质陶。主要是泥质红陶和泥质灰陶，泥质红陶一般都有纹饰，而灰陶均为素面。纹饰有席纹、方格纹、圆圈纹、米字纹、云雷纹、绳纹及席纹与方格纹、云雷纹与方格纹等组合纹饰，可辨器型有盆、盘、豆、钵等。

盆，3 件。灰陶，器型较大，平沿，平底。其中两件为弧腹，一件为折腹。采：6，敛口，窄平沿，束颈，弧腹，平底，最大径在肩部。口径 30.2、底径 20.2、高 9.2 厘米（图三，1）；采：7，敛口，平沿，束颈，弧腹，平底，腹部中部有一道弦纹。口径 32.6、底径 20.4、高 9.1 厘米（图三，2）；采：8，宽平沿微卷，斜折腹，平底，口沿及近底部有两道弦纹。口径 43.5、底径 25.5、高 14.5 厘米（图三，3）。

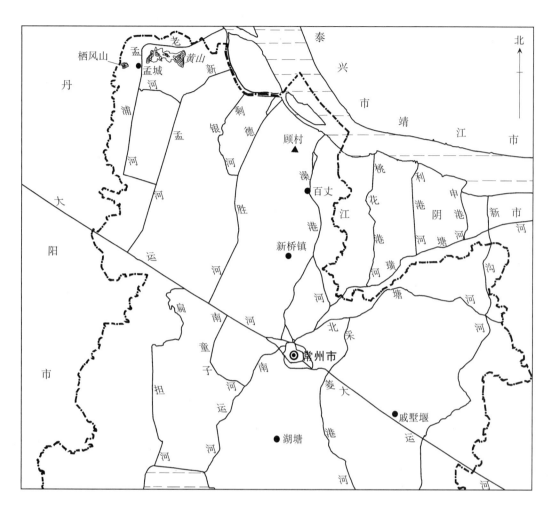

图一　顾村土墩遗存地理位置示意图

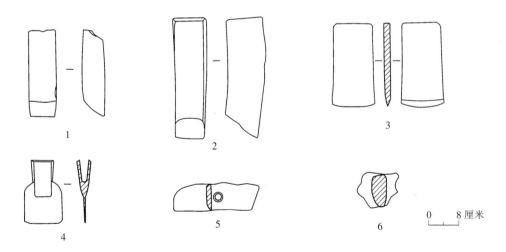

图二　出土器物

1. 石锛（采：1）　2. 石锛（采：2）　3. 石锛（采：3）　4. 铜铲（采：23）　5. 石镰（采：4）　6. 多边形石器（采：5）

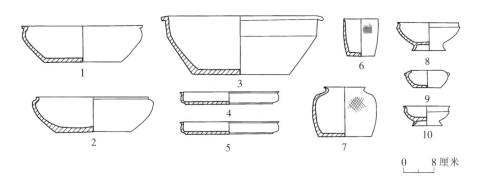

图三　出土陶器

1. 陶盆（采:6）　2. 陶盆（采:7）　3. 陶盆（采:8）　4. 陶盘（采:9）　5. 陶盘（采:10）　6. 陶杯（采:11）
7. 陶瓿（采:12）　8. 陶豆（采:13）　9. 陶钵（采:14）　10. 陶豆（采:15）

盘，2 件。灰陶，器型相同，敛口，平沿，浅弧腹，饼状矮圈足，外底心略内凹。采:9，口径 25.5、底径 21.1、高 2.8 厘米（图三，4）；采:10，口径 26.3、底径 23.2、高 2.9 厘米（图三，5）。

豆，2 件。灰陶，素面，折腹，喇叭口圈足。采:13，直口，折腹斜收，喇叭状圈足。口径 16.1、底径 9.3、高 7.4 厘米（图三，8）；采:15，灰黑陶，侈口，微卷沿，折腹，喇叭状圈足。口径 12.3、底径 7.9、高 5.2 厘米（图三，10）。

钵，1 件。采:14，敛口，斜肩，弧腹，平底，肩部有两个对称泥条状器耳，素面。口径 8.3、底径 7.2、高 4.5 厘米（图三，9）。

（3）印纹硬陶。由于陶片都比较小，器型大多难以分辨，根据陶片口沿及底腹部残存，可辨的器类主要有坛、罐、瓿等，口沿多为侈口，最大径在腹部偏上。纹饰有方格纹、圆圈纹、回字纹、席纹、叶脉纹、曲折纹、回字交叉纹、菱形填线纹；复合纹饰有方格与叶脉纹、方格与席纹、回字纹与曲折纹、席纹与菱形填线纹、回字纹与斜菱形纹等。

陶杯，1 件。采:11，灰色印纹硬陶。直口，腹部微曲，平底，器身饰小方格纹。口径 9.7、底径 7、高 9 厘米（图三，6）。

陶瓿，1 件。采:12，敛口，口沿微卷，斜肩，折腹，平底，最大径在腹部偏上。器身饰有斜方格纹。口径 11、底径 14、高 12.5 厘米（图三，7）。

（4）原始瓷器。由于此类器型较小，残片以口沿和器底居多。器型多为平底或矮圈足的原始瓷盘、碗、钵、盅，还有少量器盖。其中一些器型内壁及器底有旋纹。

盘，1 件。采:16，敛口弧肩，腹部斜收，平底。内壁施满釉，饰旋纹，外壁素面。口径 18.5、底径 8.7、高 4.2 厘米（图四，1）。

钵，1 件。采:17，敛口，弧腹，平底，内外施釉，釉面部分剥落，内外均有数周弦纹。口径 13.4、底径 6.3、高 5 厘米（图四，2）。

罐，1 件。采:19，敛口折肩，深腹中部有数周凹弦纹，近底斜收平底。口径 8、最大腹径 11、底径 9、高 7.2 厘米（图四，4）。

碗，3 件。采:18，直口，卷沿，浅直腹近底斜收，平底，内外施釉，釉面部分剥落，内壁至底有水波纹。口径 8.5、底径 4.2、高 3.6 厘米（图四，3）；采:21，敞口，折腹，矮圈足，底内凹，灰胎无釉素面，底部有数周弦纹。口径 12.5、底径 4.9、高 5 厘米（图四，6）；采:22，侈沿略外敞，子口，深腹直壁，近底斜收，矮圈足。内外施釉，釉不及底，釉层较薄，釉色偏青，内底满布旋纹，内壁有数周弦纹。口径 9、底径 4.7、高 5.5 厘米（图四，7）。

器盖，2 件。低弧顶，圆唇，顶部施青釉，内面无釉，顶部饰索状穿孔钮，内侧饰旋纹。采:20，直径 10.7、高 3 厘米（图四，5）。

3. 铜器。

青铜铲，1 件。采:23，铲体呈长方形，较薄，

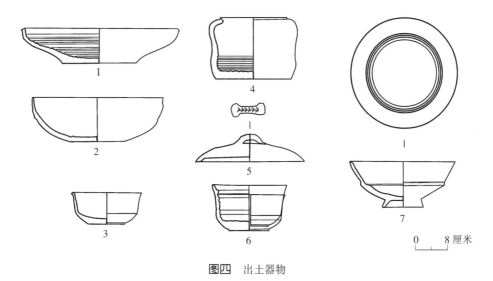

图四　出土器物

1. 原始瓷盘（采：16）　2. 原始瓷钵（采：17）　3. 原始瓷碗（采：18）　4. 原始瓷罐（采：19）　5. 原始瓷器盖（采：20）　6. 原始瓷碗（采：21）　7. 原始瓷碗（采：22）

弧肩，弧刃，刃部有使用痕迹，铲上部有銎，銎口呈长方形，銎内残留有木柄的朽痕，銎体上宽下窄，断面呈三角形，深入铲身中部，銎中部有一小长方形镂孔。通长8、宽5厘米，銎口长3、宽1.9厘米（图二，4）。

二　小结

此次采集的鬲足与溧水乌山秧田西山土墩墓[1]出土的相似，陶盘与上海戚家墩遗址[2] M1出土的相似，盅式碗与溧水蔡家山 M2出土的器型相似[3]。另外，印纹硬陶多为平底，口沿基本为侈口矮颈，圈足器基本为矮圈足，米格纹、细方格纹及米筛纹也是时代特征比较显著的纹饰。同时，采集的铜铲与南京六合程桥二号东周墓[4]、安徽舒城九里墩春秋墓[5]中出土的相似。通过和这些已经年代文物器型和纹饰的对比，结合《江苏省南部土墩墓》[6]、《商周时期江南地区土墩遗存的分区研究》[7]、《论土墩墓分期》[8]等文章土墩遗存的分期观点，这批遗物的时代应为春秋晚期。

江南地区商周时期的遗存以土墩墓发现居多。20世纪80年代，全国文物普查时，在顾村发现一座规模较大的土墩墓，高约6米，底径约26米，地面

曾采集到夹砂红陶鼎、黑陶钵、原始瓷豆、碗、印纹硬陶坛、罐等残片，时代推测为周代[9]。之后，第三次全国文物普查时对其进行了复查。此次采集的石器、陶器和铜器等遗物集中发现于顾村东北部，时代也基本为春秋晚期至战国初期，地理位置和时代特征都与普查发现的土墩墓相吻合，因此可以推断此处遗存应该就是上世纪文物普查所发现的顾村土墩墓。

顾村东侧曾有一座象墩禅寺，据象墩禅寺残存的清康熙四十四年（1705）石碑《象王庵碑记》载，"旁有一墩，隆然特起，形似大象，故曰'象墩'"。清道光二十三年（1843）《武进阳湖合志》依仁东乡地图显示，顾村的东侧标示有"象墩"。碑记和地图所描述的位置，便是顾村土墩遗存的大致范围。因此顾村土墩遗存就是象墩，而象墩禅寺即建于象墩之旁。

在顾村土墩墓周围，还曾发现过多座土墩墓，如横沟土墩墓[10]、龚家头土墩墓[11]、桃园里土墩墓[12]、大墩土墩墓[13]、赵家土墩墓[14]等，土墩规模及时代都与顾村土墩墓相近。同时，清光绪《武进阳湖县志》所录的地图中，可以看到当时顾村象墩的西北有"烟墩"，东北有"燎墩"，可能也是商周

时期的土墩遗存。可见此处是商周时期先民活动频繁、人口密集的重要区域。

土墩遗存分布广、数量多、延续时间长、保存状况相对较好，是研究江南地区商周时期发展脉络及文化特征的重要资料。顾村土墩遗存靠近长江，又位于宁镇地区与太湖地区的交接地带，对研究当时人类活动范围及区域间文化交流具有重要的意义。

注释：

[1] 刘兴、吴大林：《江苏溧水县柘塘、乌山土墩墓清理简报》，《文物资料丛刊》第 6 辑，文物出版社 1982 年，第 73—78 页。

[2] 上海市文管会：《上海市金山县戚家墩遗址发掘简报》，《考古》1973 年第 1 期。

[3] 刘兴、吴大林：《江苏溧水县柘塘、乌山土墩墓清理简报》，《文物资料丛刊》第 6 辑，文物出版社 1982 年，第 73—78 页。

[4] 南京博物院：《江苏六合程桥二号东周墓》，《考古》1974 年第 2 期。

[5] 《安徽舒城九里墩春秋墓》，《考古学报》1982 年第 2 期。

[6] 邹厚本：《江苏南部土墩墓》，《文物资料丛刊》第 6 辑，文物出版社 1982 年，第 66—72 页。

[7] 杨楠：《商周时期江南地区土墩遗存的分区研究》，《考古学报》1999 年第 1 期。

[8] 刘建国：《论土墩墓分期》，《东南文化》1989 年第 4、5 期合刊。

[9] 国家文物局主编：《中国文物地图集·江苏分册》，中国地图出版社 2008 年，第 239 页。

[10] 国家文物局主编：《中国文物地图集·江苏分册》，中国地图出版社 2008 年，第 239 页。

[11] 国家文物局主编：《中国文物地图集·江苏分册》，中国地图出版社 2008 年，第 239 页。

[12] 国家文物局主编：《中国文物地图集·江苏分册》，中国地图出版社 2008 年，第 239 页。

[13] 国家文物局主编：《中国文物地图集·江苏分册》，中国地图出版社 2008 年，第 239 页。

[14] 国家文物局主编：《中国文物地图集·江苏分册》，中国地图出版社 2008 年，第 239 页。

对东山村遗址出土一件异形玉器的解读

高新天（张家港博物馆）

内容摘要：东山村遗址高等级墓葬内出土的每一件玉器，均与墓主人特定的身份有着密切的关联，对于93号大墓内出土的"钥匙状玉饰"，业内人士多有不同的猜测和分析。正确解读"钥匙状玉饰"，对于我们进一步理解和掌握93号大墓墓主人特定的身份，还原5800—5500年前崧泽文化早中期先民们的生产、生活状况，无疑有着十分重要的意义。

关键词：东山村遗址　异形器　解读

2008年发掘的东山村遗址，揭露了一处崧泽文化聚落，改变了学术界以往对崧泽文化早中期社会文明进程的认识，因而受到众多业内人士的高度重视，随着研究的逐步深入，遗址内出土器物尤其是一些所谓的异形玉器，也受到了越来越多的关注，93号高等级大墓中出土的一件钥匙状器物便是其中之一。

东山村遗址崧泽文化时期的高等级大墓大体分为一、二两期，93号墓属于二期，相当于崧泽文化的中期，具体年代在距今5800—5500年。该大墓出土的器物，有过详尽的描述："随葬品较丰富，出有陶鼎、豆、罐、甑、盘、缸及玉镯、璜、环、饰件等37件，其中陶器24件、玉器13件，不见石器。陶器摆放成三排，在墓主东侧有两排，西侧有一排。夹砂红陶缸同样置于墓坑的东南角。墓主的头部耳侧各出有1件小玉环和1件鱼钩形玉饰，从出土部位推断均为耳饰。头部的下方出有1件近半圆形的玉璜。右侧肱骨的下方和脚部分别出有1件玉镯及1件玉环，墓主左侧两排陶器的中间出有4件玉环，玉环排成一条直线。在墓主右侧肱骨西边约0.2米处，出有1件G形玉器，直径约2厘米，上无系孔，形似龙，颌首卷尾。此外，墓主上身偏左侧，出有1件钥匙状玉饰，长3.9厘米，一侧为圆形，上有穿孔，另一侧近三角形，一边刻有凹槽。"[1]（图一）。墓中大口缸等具有礼器性质的随葬品，显示了墓主人的显贵身份，与东山村崧泽文化同时期其他高等级大墓的随葬品并无二致，但一并出土的这件"钥匙状玉饰"，却是之前历次考古中没有见到过的，一时给现场考古工作人员带来很大的疑惑，视之为"异形器"。

图一　东山村遗址93号墓葬全景

"钥匙状玉饰"的出现，无疑给93号大墓笼罩上了一层神秘的面纱，关于其功用的各种不同的分析和猜测随之而起。其中较多的是"饰件说"，认为这仅仅是一种装饰件。也有人认为这是在当时生产力落后，玉料取得十分困难的情况下，玉工们为了最大限度地利用制玉的边角余料，信手而作，这种说法，我们暂且称之为"余料说"，诸如此类，不一而足。笔者认为，"饰件说"也好，"余料说"也罢，均不能帮助我们解决笼罩在93号大墓上的种种迷雾，分析这件"钥匙状玉饰"的功用，我们应该紧紧抓住最为关键的一点，就是作为东山村遗址九座最高等级大墓之一，其墓内随葬的任何一件器物，必定与墓主人特定的身份有着密切的关联，有着某种特定的涵义。因此，正确解读93号大墓出土的这件"钥匙状玉饰"，对于我们准确把握东山村遗址崧泽文化早中期的社会现实，准确还原5800—5500年前先民们的生产、生活状况，无疑具有十分重大而独特的意义。

为了揭开这层面纱，还其本来面目，我们首先来对这件器物进行一番仔细的观察：它长3.9厘米，最宽处1.96厘米，厚0.23厘米，重仅2克，大小比我们平常使用的钥匙略小。整体呈片状，显得十分轻薄，表面非常光滑，显然经过刻意打磨，器体边侧凹凸有致，切割的痕迹明显（图二）。仅从该器物

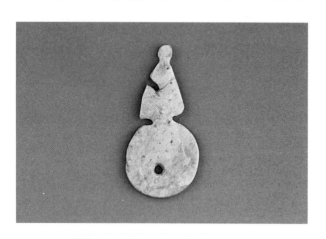

图二　东山村遗址出土的"钥匙形器"

的重量、厚度两个方面来看，即便是现代的工匠们，采用纯手工的方法，要切割、打磨出一个这么轻薄、小巧的器件，也是一件非常不容易的事情，更何况是在5800—5500多年前，玉器加工技术非常原始、落后的背景下！其次，从它的形制上来看，按照大圆朝下进行摆放，我们可以把它分成两个部分：大的圆形部分和基本为三角形的部分，圆形部分占的面积稍大，近边缘处有一小孔，三角形的顶部有一个小圆，颇似人头，顺着人头往下看，可以惊讶地发现，崧泽文化早中期的玉工们原来是采用了一种十分写意的手法，描述了一幅史前人类进行祭祀祈祷的场景：一个人双手抚胸，肘部前突，两眼平视

远方，一脸虔诚，双腿呈蹲踞状（图三），上半部的头、身子、肘部以及半蹲姿态的线条均十分明显，整个人前后部分的区别也十分明显：脖子的后部更为长、直，前部更为弯、短。背部线条平直，前部则凹凸有致。人的脚下，则是一个较大的圆形，偏下部处有一小孔。"国之大事，在祀与戎"，东山村遗址高等级墓葬里，我们已经发掘出除了象征军权、王权的玉钺、石钺、玉璜等诸多礼器，唯独表现祭祀的器物之前一直未见有发现，而93号大墓里这件之前一直被视之为"异形器"的玉雕件，其实就是一件当时祭祀的象征物，它所表达的，就是墓主是一位部落里掌握神权的人物，拥有与天地沟通的能力。

图三　"钥匙形器"上半身细部

当然，对于这种解释，当然有人会提出疑问：下面这个圆形又作何解释？其实，这个圆形表达的就是我们古代所说的"圜丘"，圜者，圆也，即圆形的祭坛。在中国几千年的历史上，由于受"天圆地方"的观念影响，祭天的祭坛往往为圆形，象征天的形状，称为圜丘。儒家重要经典、十三经之一的《周礼》云："冬日至，於地上之圜丘奏之。"贾公彦《周礼义疏》云："土之高者曰丘，取自然之丘。圜者，象天圜也。"这种冬至祭天的习俗，后来演变成既祭天，又祭地，《续资治通鉴》："辛巳，日南至，祀天地于圜丘。"传统上，祭天仪式通常由"天子"

主持，通过祭天来表达人们对于天滋润、哺育万物的感恩之情，并祈求风调雨顺，这种帝王冬至圜丘祭天的习俗一直延续至明清两朝。实际上，与崧泽文化几乎同时期的北方红山文化遗址，和比之更晚一些的凌家滩文化遗址中，均出现过过圆形的祭台。至此，我们可以隐隐看出这几种不同类型的文化之间存在着的某种渊源关系。既然是在圜丘，即圆形的祭坛这种特定的地方进行祭祀，按照古人天圆地方的理念和圜丘祭天习俗，当然可以合乎情理地推断这件"异形器"所表达出来的，是当时的一个祭天的场景或仪式。从东山村出土的这件玉器也可以看出，中国古代的天神崇拜有着极其深远的历史渊源。

　　由于当时的玉器制作很多采用的仅仅是简单的平面打磨和切割，表现手法较为写意，远不如浮雕或立体的圆雕给人的感觉直观，在理解上就往往需要后人借助于一定的联想，这件器物也是如此。众所周知，玉器的浮雕或立体的圆雕相比之简单的切割和平面打磨，在技术难度和艺术要求上相差巨大，制作成本也是天壤之别。在5800—5500多年前的史前社会，玉器在制作方法上，绝大部分采用的是后者即简单的切割和打磨的方式，这种方式相比而言，制作起来相对要简单得多，且可以最大限度地利用制玉余料，节省制玉成本，远古人类的玉器制作明显受到了当时工艺水平和制玉原料不足的制约。这件器物位于墓主人上身偏左，有孔，应该是一挂件，而作为挂件而言，平面的雕件挂在身上也显得小巧、贴身，便于携带。

　　其实，这种双手抚胸做祈祷状的玉人，在我国新石器时代的文化类型中，并非孤例。2002年，辽宁凌源市红山文化牛河梁遗址大墓中出土的一件玉人，五官清晰，也是双手抚于胸前，两腿并立，造型粗犷（图四）。考古学家认为"墓主人是一个通神独占的巫者"[2]，杨伯达认为："红山文化玉器的社会功能，从出土状况判断，绝大部分应是佩戴于身上的玉饰，具有巫教事神的功能。"[3]牛河梁遗址属于红山文化晚期遗存，比93号大墓年代稍晚。同样

图四　牛河梁遗址出土玉人

比东山村遗址93号墓年代更晚的安徽含山县凌家滩遗址，也出土过六个玉人，造型十分独特：长方脸，头戴方格纹玉冠，冠中间凸一尖顶（图五）。从玉人戴冠、双手抚胸、两眼平视远方，一脸虔诚的神态及下肢短弯的形状来观察，其造型更像是巫师正在进行祷告，进入与天地沟通的境界[4]，杨伯达先生则认为这六个玉人为"觋"，即男巫[5]，与当时的宗教信仰有关。比较东山村遗址出土的这件玉器与上述两种玉人，虽然在形体大小与加工方式上存在很大差异，但在内涵的表达上，却是完全一致的。良

渚文化早期赵陵山遗址 77 号大墓出土的人兽形玉佩，玉人戴高冠、方巾、方面，作屈蹲状，学界普遍认为是原始宗教信仰的产物，体现的也是一种以通天权利为基础的个人权威，在这件玉佩中，人腿

图五　凌家滩遗址出土玉人

也呈屈蹲状，与 93 号大墓出土这件玉挂件中的人腿形状类似。林留根通过研究认为："东山村遗址崧泽文化早中期大墓出土的部分陶器和玉器与皖江平原和宁镇地区的史前文化有许多相似之处。"[6] 田名利通过研究也认为，"凌家滩墓地玉器的用玉习俗、种类形制、组合功能、制作工艺等方面，继承了江淮区域内宁镇地区北阴阳营文化的传统，并受到黄河中下游地区大汶口文化、仰韶文化，东北地区的红山文化以及长江下游同时期文化的影响渗透"[7]，"东山村遗址的高等级大墓与北阴阳营—凌家滩玉石器系统有着极其密切的联系"[8]。而我们通过 93 号墓葬出土的这件被称之为"钥匙形器"与凌家滩出土的遗址出土的玉人进行比较，二者颇有几分神似，最大的区别仅在于：凌家滩玉人采用了难度更大且费工、废料的圆雕、即立体雕刻的方式，而 93 号墓葬出土的这件玉人采用的是更为简单易行的省工、省料的平面打磨、切割的方式，前者更为直观和形象，后者则略显抽象和写意。凌家滩文化所在的时期在雕玉技术上，应比 93 号墓所处的时期进步很多，但二者之间的渊源关系以及在内涵表达上的一致性，应该是可以得到推断的。学界普遍的观点认为，包括东山村遗址在内的整个崧泽文化时期，是一个务实性的社会，是一个王权至上的社会权力系统，但是这种务实性的王权社会在后来良渚文化时期蜕变为神权至上的神权社会。笔者认为，王权至上的社会权力系统，并不完全排除神权一定程度上的存在，长江下游社会在新石器时代晚期发生转型，由王权至上走向神权至上，并非突如其来，而是有其漫长的萌生演变过程。东山村 93 号大墓出土的这件玉器，我们是否可以合乎情理地认为：良渚文化时期神权至上社会权力系统，在 5800—5500 年前的崧泽文化早中期，就已经开始了初步萌芽。

综上所述，出土于 93 号显贵大墓的这件玉器，采用了非常写意的手法，表现的是当时的一位巫师，或是掌握祭祀大权、沟通天地消息的大神，在举行祭天仪式的场景，是中国远古最早祭天仪式的写实，

也是对拜神者自身虔诚形象的刻画。它的横空出世，让我们看到了良渚文化时期通行的"玉璧祭天，玉琮祭地"礼制的文化源头，也看到了中国古代天神崇拜源远流长的历史根源。杨伯达先生认为："巫觋在史前母系氏族社会晚期、随着向父系社会转变并攫取宗教、政治、军事等大权，成为统治核心和史前社会金字塔上的一颗灿烂的明珠。"[9]郭大顺在研究与崧泽文化同时期的红山文化大墓时也指出，这些大墓的主人"他们首先是通神的独占者，是宗教主，同时也具有了'王者'身份"[10]。我们同样有理由相信，作为东山村九座高等级大墓之一的93号墓的墓主，也是集王权、军权、神权于一身，这一点，从93号大墓中出土的众多带有礼制性质的陶器、玉器中可以得到充分的印证。

注释：

[1] 周润垦、钱峻、肖向红、张永泉：《江苏张家港市东山村新石器时代遗址》，《考古》2010年第8期。

[2] 杨建芳：《中国古玉研究论文续集》，文物出版社2012年，第2页。

[3] 杨伯达：《杨伯达说玉器》，上海辞书出版社2011年，第51页。

[4] 张明华：《古代玉器》，文物出版社2006年，第22页。

[5] 杨伯达：《杨伯达说玉器》，上海辞书出版社2011年，第198页。

[6] 林留根：《从东山村遗址看长江下游社会复杂化进程》，《东南文化》2010年第6期。

[7] 田名利：《凌家滩墓地玉器渊源探寻》，《东南文化》1999年第5期。

[8] 田名利：《江苏张家港东山村遗址考古新发现的初步思考》，《中国文物报》2011年4月8日，第7版。

[9] 杨伯达：《杨伯达说玉器》，上海辞书出版社2011年，第205页。

[10] 郭大顺：《红山文化玉器特征及其社会文化意义再认识》，《东亚玉器》，香港中文大学中国文化艺术研究中心1998年，第143页。

商周青铜器写实性动物纹初步研究

周向雨（中国人民大学历史学院）

内容摘要：有别于威严肃穆的幻想类动物纹饰，商周青铜器上的写实动物纹呈现出活泼灵动、轻松自然的风格。本文分牲畜、野禽、水陆、飞禽四类，运用类型学的方法系统梳理此前学界关注较少的青铜器写实类动物纹饰，展现此类纹饰的艺术特点。

关键词：商周时期　青铜器　写实动物纹　类型学　艺术特点

青铜器纹饰是商周铜器研究的重要对象之一，不仅勾勒轮廓，装饰点缀，其构图、流变与阶段性特征还反映了古代社会的时代与文化风貌，是我们了解古代社会的重要材料。青铜器纹饰一般可分为动物、几何、人物画像三类，动物类纹饰又可分为写实性动物纹饰和幻想性动物纹饰。幻想性动物纹威严肃穆，或是某一部位极度夸张，或是由两种幻想动物组合，如兽面纹、夔龙纹、凤鸟纹，取材于现实又脱离现实，属于神化了的动物形象；写实动物纹逼真生动，亲切自然，如牛纹、兔纹、鹿纹等，是现实世界上真实存在的动物形象，为凝重的青铜器增添了几分轻松活泼的气氛。但是长久以来，青铜器动物纹饰的研究主要集中于幻想性动物纹饰，写实性动物纹饰讨论的极少，只有一些通论的书目做简要的介绍[1]或个别学术文章对某几类写实动物纹的讨论[2]，以至于目前对于商周青铜器上的写实动物纹全貌的了解还十分有限。基于此，本文在系统收集资料的基础上，运用考古类型学的方法，分牲畜类、野禽类、水陆类、飞禽类四类，对商、西周青铜器上的写实动物纹做系统的梳理，以展示此时期青铜器上肃穆凝重的幻想性动物纹之外的，另一种逼真生动、亲近生活的写实类动物纹饰。

一　牲畜类

1. 牛纹

饕餮纹翘起的大角、暴突的双目、大而圆的鼻孔，与牛有着局部的相似，但铜器上写实的牛纹却不常见。笔者所见有两类，根据总体形态的差异可分为两型：

A 型　跪卧整牛纹。牛身饰云纹，牛尾粗长，牛角后扬。这类纹饰多见于南方。标本：1980 年四川彭县西周窖藏出土罍[3]（图一，1）；1986 年河南省信阳县浉河港出土的冉父丁卣[4]（图一，2）；2013 年湖北随州叶家山西周墓出的曾侯谏盘 M28：163（图一，3）、曾侯谏盉 M28：166[5]（图一，4）。

B 型　牛首纹。牛的正面头像，牛角扁长且弯曲上扬，耳廓较短小，五官描绘细腻写实，样貌憨厚，其装饰位置不同于常见的牛首状铺首，或可视为纹饰的一种。标本：1981 年宝鸡纸坊头出土一件四耳簋（9 号）[6]，牛首纹与美国弗利尔美术陈列馆的一件西周早期四耳簋（图一，5）十分相近[7]；玫茵堂亦藏一件类似西周簋[8]（图一，6）。

2. 骡纹

骡，驴和马杂交繁育，在青铜器装饰中罕见。商周青铜器中骡纹仅见 1 件。1985 年山西灵石旌介村出土一件铜簋[9]（M1：35），外底铸阳线条骡子一匹（图一，7）。需要注意的是，此纹饰十分素净，无其他纹饰搭配，很容易让人联想到族徽。但从其位置——器物的外底来看，又并非族徽最常出现的位置。此类情况杨晓能先生曾专门讨论过，认为商周青铜器外底动物图像的含义不同于器表的纹饰，亦不同于铭文，而是一种"介于文字与装饰艺术之间的特殊媒介"，兼具纹饰与铭文两者的功能[10]。综上所述，本文暂将其作为纹饰保留此处，留待学界继续讨论。

3. 犬纹

犬，是人类最早驯化的家畜之一。犬在商周时期的青铜器中极其少见，标本：日本泉屋博古馆收藏的象纹觥[11]（图一，8）。

4. 猪纹

猪是民间六畜之首，既可食用，亦可献祭。以猪为造型的有曲沃曲村晋国墓地猪尊等，但商周青铜器以猪为题材装饰的却极罕见。曲沃曲村西周晋国墓地出土一件盉（M6384：15），盖钮有一立体猪纹[12]（图一，9）。此件猪纹虽为立体浮雕，但暂以纹饰看待。

二　野禽类

1. 兔纹

兔，长耳短尾，机警灵敏，后肢较长，奔跑速度快。青铜器上的写实兔纹很少见，主要出现在晚商、西周早期的酒器上，据整体形态的差异，可分为两型：

A 型　蹲伏状兔纹。标本：洛阳北窑西周墓出土的西周早期铜觯[13]（图二，1）；美国哈佛大学福格艺术博物馆收藏青铜器寰觥[14]（图二，2）。

B 型　站立状兔纹。身上均饰有几何形地纹。标本：美国弗利尔美术馆收藏商代觥[15]（图二，3）；日本泉屋博古馆藏商代后期象纹觥。

2. 鹿纹

鹿性情温顺，善跑，最显著的部位便是鹿角，依据鹿角可分为两型。

A 型　两权角少权直长鹿纹。1件。标本：原潘祖荫藏西周时期青铜器貉子卣[16]（图二，5）。

B 型　两权角多权散开鹿纹。1件。标本：1935年河南安阳侯家庄西北岗1004号商代大墓出土的鹿鼎[17]（图二，4）。

3. 犀纹

犀，略似牛，有一角生在鼻上。商周青铜器中以犀为造型的有不少，但平面的犀纹则少之又少。仅见1件。标本：1974年河北卢龙县东闸各庄出土一件弓形器，背部饰有两只相向的犀牛[18]（图二，6）。

4. 象纹

饰有象纹的器类相对丰富，尊、彝、觥、罍、卣、瓿等器型上都曾有象纹的出现，背部拱起，腿粗，鼻长，牙尖长且突出，主要分布在彝的圈足、觥的颈部和瓿的底座。标本：1995年河南安阳市郭家庄商代晚期墓出土旅止冉方彝[19]（M26：35），（图二，7）；瑞典京城远东博物馆藏友瓿[20]（图二，8）；日本泉屋博古馆藏象纹觥（图二，9）。

5. 虎纹

虎是猫科动物中最凶猛者之一，根据整体形态可分为三型。

A 型　直立扑咬状虎纹。标本：1952年岐山县青化乡丁童村出土外叔鼎[21]（图二，10）；美国纽约大都会艺术博物馆藏鸮纹觥[22]（图二，12）。

B 型　四肢着地撕咬状虎纹。标本：日本白鹤美术馆藏象首兽面纹觥[23]（图二，11）；美国哈佛大学福格艺术博物馆藏商代觥[24]（图二，13）。

C 型　顾首状虎纹。标本：美国弗利尔美术馆藏商代晚期觥[25]（图二，13）。

三　水陆类

1. 鱼纹

鱼是水生动物，写实鱼纹主要出现在水器和酒器上，几乎不单独出现，与龙纹、鸟纹、蛇纹、蛙纹、龟纹等并存，充当陪衬纹饰。按照鱼鳍的数量可分无鳍、两鳍、三鳍、四鳍四型：

A 型　无鳍。标本：江西新干大洋洲出土瓿形铜鼎（XDM：30）[26]（图三，1）；1937年安阳殷墟出土斗（M331：R2678）[27]；美国旧金山亚洲艺术博物馆藏商代晚期乳钉雷纹蛙饰瓿[28]。

B 型　两鳍。1977年平谷刘家河商墓出土龟鱼纹盘[29]（图三，2）。

C 型　三鳍。标本：新干商代大墓出土兽面纹鬲形铜鼎（XDM：36）[30]（图三，4）；1959年山西石楼桃花庄出土商代晚期鱼纹盘[31]；1982年湖南岳阳舫鱼山出土的商代晚期兽面纹瓿[32]。

图一　牲畜类写实动物纹

1. 彭县窖藏 1 号罍肩部牛纹　2. 冉父丁卣颈部牛纹　3. 曾侯谏盘（M28：163）腹部牛纹　4. 曾侯谏盉（M28：166）正面、侧面牛纹　5. 弗利亚美术馆藏簋（左）及附耳牛首纹（右）　6. 玫茵堂藏簋（左）及簋耳部牛首纹（右）　7. 灵石㫖介簋（M1：35）（左）及外底骒纹（右）　8. 泉屋博古馆藏象纹兕觥（左）及盖部犬纹（右）　9. 曲村盉（M6384：15）盖钮猪纹

图二　野禽类写实动物纹

1. 洛阳北窑兔纹觯（左）及颈部兔纹（右）　2. 寋觥盖部兔纹　3. 弗利尔美术馆藏觥（左）及流部兔纹（右）　4. 侯家庄 M1004 鹿鼎腹部鹿首纹　5. 貉子卣颈部鹿纹　6. 卢龙东闱各庄弓形器背部犀纹　7. 旅止冉方彝（M26∶35）（左）及圈足象纹（右）　8. 友觚圈足象纹　9. 象纹兕觥颈部象纹　10. 外叔鼎耳部虎纹　11. 白鹤美术馆藏象首兽面纹觥（左）及圈足虎纹（右）　12. 大都会艺术博物馆藏鸮纹觥（左）及腹部虎纹（右）　13. 弗利尔美术馆藏觥（左）及盖部饰虎纹（右）

D 型　四鳍。鱼脊和鱼腹上分别有两鳍。标本：1976 年河南殷墟妇好 M5 出土龙鱼纹盘（M5∶853）[33]（图三，3）；传河南安阳出土原藏日本京都太田京造氏的舟盘[34]（图三，6）；传河南安阳出土的商代晚期旅盘[35]（图三，7）。

2. 龟纹

龟既可生活在水中，又可栖息在陆地上。乌龟与鳖十分相似，常常被混淆，不同之处在于头圆，龟甲、头、四肢上有花纹，尾巴较鳖长。根据材料看，写实龟纹主要用于水器盘、盆，酒器罍、斗等。龟纹一般圆形龟甲、尾巴露出，龟甲上填补涡纹、圆圈纹等几何纹饰。标本：1955 年郑州白家庄出土商中期兽面纹罍（M2∶1）[36]（图三，8）；安阳小屯出土铜盘（M232∶R2037）[37]（图三，5）；江西新干大洋洲出土假腹盘（簋）[38]（图三，9）和龟纹椭圆形铜构件（XDM∶471）[39]。

3. 鳖纹

鳖相较于龟，头尖尾短，脖可伸很长，甲壳无花纹。标本：刘家河商墓出土盘[40]（图三，10）；1962 年清涧解家沟各出土鳖鱼纹盘[41]（图三，11）；玫茵堂收藏商代铜盘，鳖甲呈方形（图三，12）。

4. 蛙纹

蛙，与蟾蜍相像，但体表光滑无疙瘩。标本：1957 年山西石楼后兰家沟商代晚期铜勺[42]（图三，15）；1975 年陕西省城固县五郎庙商代蛙纹钺[43]（图三，13），1981 年陕西洋县下范壩蛙纹钺[44]。

5. 蟾蜍纹

蟾蜍，与蛙相似，但背部长满疙瘩。《中国青铜器综论》收录一件商代晚期的蟾蜍纹（图三，14）[45]。

6. 蛇纹

蛇是爬行动物，体型细长，有鳞无肢足。写实的蛇纹蛇身弯曲，根据蛇的形态可以分为两型：

A 型　曲折体蛇纹。这类蛇纹较常见，蛇眼为大且圆的凸眼。标本：上海博物馆藏西周时期冀仲壶[46]（图三，16）；1978 年河南孝民屯 M1572 出土商代晚期父甲觚[47]。

B 型　S 形蛇纹。标本：瑞典国立艺术博物馆藏商代晚期兽面纹鬲[48]（图三，17）；日本泉屋博古馆藏商代晚期虎食人卣[49]。

C 型　盘蛇纹。标本：1976 年安阳妇好墓鸮尊（M5∶785），腹部饰盘曲的蛇纹（图三，18）。

7. 鳄鱼纹

鳄鱼，唯一存活至今的初龙。腿短尾长，皮厚有鳞甲，属于爬行动物。标本：1959 年山西石楼桃花庄出土商代晚期龙纹兕觥[50]（图三，19）。

四　飞禽类

写实的飞禽类纹饰有小鸟纹、鸥鹑纹和蝉纹，在商、西周青铜器中是一种较为常见的纹饰，学界研究也相对较多，因此本文只挑选典型做简要介绍。需注意的是商周青铜器常见的大鸟纹和凤鸟纹为造型夸张，与写实动物纹差别很多，故本文将之排除在写实类纹饰之外。

1. 小鸟纹

小鸟纹，尖喙、长尾，形体较小，无冠羽，尖喙，短翅，秃尾无羽，多作辅助纹饰，饰于器物颈部、肩部或穿插在主纹饰。标本：安阳殷墟妇好墓出土小方彝（M5∶825）[51]（图四，1）。

2. 鸥鹑纹

鸥鹑，眼圆大，嘴短而弯，脚强壮，爪尖锐。鸥鹑纹主要出现在商代晚期的酒器并多做主题纹饰，但多数造型夸张，写实性略差，故本文只做简要介绍。标本：美国赛克勒美术馆藏商代晚期册告卣[52]（图四，2）。

3. 蝉纹

蝉，栖于高枝，雄蝉腹部有发音器，居高鸣叫，声音清脆。青铜器上的蝉纹出现频率高，且多形象逼真，尖嘴圆目，躯体呈三角形，腹部有条纹，可根据足的数目分为三型：

A 型　无足蝉纹。标本：新干商代大墓出土蝉纹短柄翘首铜刀（XDM∶315）[53]（图四，3）；1976 年安阳殷墟妇好墓出土司㚣母方壶[54]。

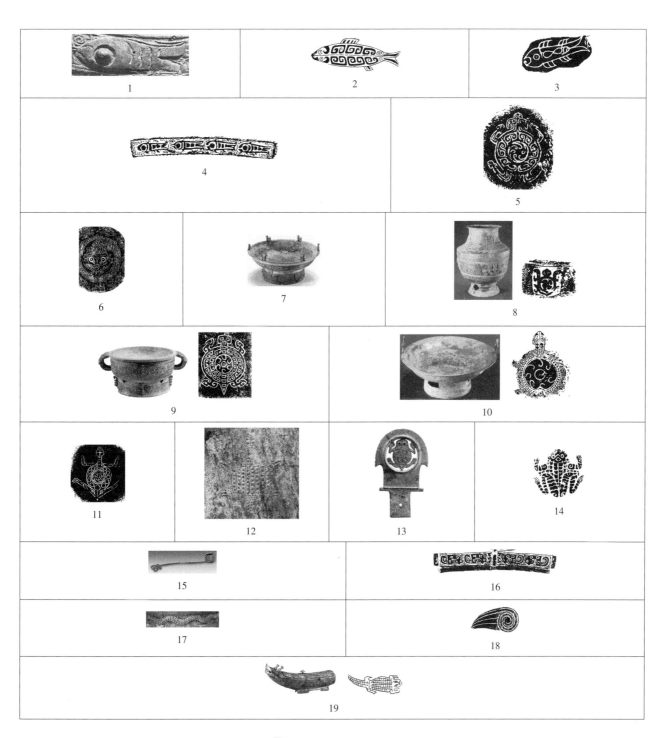

图三　水陆类写实动物纹

1. 新干商墓鼎 XDM：30 腹部鱼纹　2. 刘家河商墓龟鱼纹盘内壁鱼纹　3. 妇好墓盘 M5：853 内鱼纹　4. 新干商墓兽面纹鼎 XDM：36 腹部鱼纹　5. 小屯出土盘 M232：R2037 内底龟纹　6. 舟盘内鱼纹　7. 旅盘盘内鱼纹　8. 白家庄罍 M2：1（左）及颈部龟纹（右）　9. 新干商墓假腹盘（左）及盘内龟纹（右）　10. 刘家河商墓盘（左）及盘内鳖纹（右）　11. 清涧盘内鳖纹　12. 玫茵堂盘内鳖纹　13. 城固钺蛙纹　14. 蟾蜍纹　15. 石楼后兰家沟勺柄蛙纹　16. 冀仲壶盖边蛇纹　17. 兽面纹鬲颈部蛇纹　18. 妇好墓鸮尊腹部盘蛇纹　19. 石楼桃花庄龙纹觥觚（左）及腹部鳄鱼纹（右）

B 型　两足蝉纹。两足蝉纹有两种形态，一种是两足从蝉的颈部伸向前方，与头部平行。标本：西周时期祖戊爵[55]（图四，4）；另一种是两足从蝉纹的颈部伸向下方，与体部平行。标本：1986 年信阳浉河港西周墓出土父丁簋[56]（图四，5）。

C 型　四足蝉纹。标本：曲村出土盘 M6081：2[57]（图四，6）；1986 年信阳浉河港出土父乙彝。

五　结语

以上分牲畜、野禽、水陆、飞禽四大类分别介绍了商、西周青铜器上的写实类动物纹饰，具体包括牛纹、骡纹、犬纹、猪纹、兔纹、鹿纹、犀纹、象纹、虎纹、鱼纹、龟纹、鳖纹、蛙纹、蟾蜍纹、蛇纹、鳄鱼纹、小鸟纹、鸥鹨纹、蝉纹，共 19 种纹饰。总的来说，商、西周写实性动物纹饰数量很少，出现的时段集中于商代晚期和西周早期。写实

性动物纹饰很少有机会充当器物的主体纹饰，通常位于器物边缘位置作陪衬，主体纹饰仍被幻想性动物纹占据，如美国福格艺术博物馆和弗利尔美术馆收藏的青铜酒器觥上虎纹、鱼纹、兔纹、象纹纷纷出现，但夔龙纹仍占据器物表面最核心位置和最大的面积；青铜水器盘上的鱼，常常位于盘内底外圈、壁作陪衬，甚至被"赶出"盘外，盘内正中则被龙纹盘踞。

迥异于幻想性纹饰的呈现方式，写实性动物纹饰接近生活现实，放弃极度夸张的表现手法，富有生活气息。如四川彭县出土的罍、信阳出土的冉父丁卣和曾侯谏盘、盉上跪卧的整牛纹，牛角后扬，长尾后摆，表现出一种慵懒与悠然，恰似牛慢吞吞的性子；四耳簋上的牛首一副憨厚老实的模样，角虽扬、眼虽圆，但不像牛首兽面那般夸张狞厉，表现力度恰如其分，

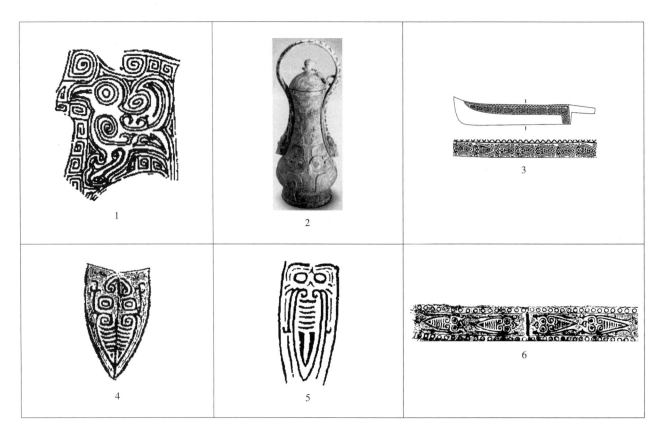

图四　飞禽类写实动物纹
1. 妇好墓小方彝腹部鸟纹　2. 册告卣腹部鹨纹　3. 新干商墓铜刀（XDM：315）（上）及刀身无足蝉纹（下）　4. 祖戊爵流部两足蝉纹
5. 父丁簋腹壁两足蝉纹　6. 曲村 M6081 盘圈足及外壁四足蝉纹

接近牛的原貌；美国纽约大都会艺术博物馆藏鸮纹觥上的虎纹，后爪蹲地，站立起来，前爪往外扑，阔口大张，展现了虎最常用的扑、剪、咬动作；日本白鹤美术馆藏象首兽面纹觥圈足的虎纹，四肢着地，张开巨口，欲吞咬，看起来威猛有力。此外，不像幻想性纹饰那般静态化，写实性动物纹饰神态、动作丰富，表现出一种活泼灵动的异样气息，引领观者在脑海中构建一幅幅生动的场景。如洛阳北窑出土青铜觯的颈部的兔纹，耳朵竖起，四肢矫健有力，匍匐在地，仿佛在聚精会神地听周围的动静，兔子的机警灵敏被刻画得淋漓尽致；西周时期的貉子卣上颈部的鹿四肢腾空，正急速奔跑，不忘回头察看形势，好像在被野兽追赶，鹿善奔跑跳跃的特点被表现出来；陕西石楼桃花庄出土的龙纹觥觥上的鳄鱼趴地抬头，前肢撑起前半身，似乎已经瞄准了猎物，蓄势出击；平谷刘家河商墓出土盘内中央的龟纹，伸出四肢和头尾，好似浮在盛满水中的盘

中，怡然自得。安阳小屯出土斗（M331：R2678）柄上一列鱼纹首尾相接，呈线形排列，犹如一排小鱼在水中畅游。而写实性动物纹饰在与其他写实性动物纹饰搭配时，还展现出一副或友好共存或相互打斗的画面。弗利尔美术馆藏觥上的兔和象，兔友好、象敦厚，二者相向、和谐共存；觥上的虎和鱼互动的场景十分有趣，这里并未表现虎的巨口利齿，反倒是伸展四肢奔跑着的顾首虎纹形象生动，口与一条鱼欲接未接。鱼、龟鳖、龙、鸟也常一起出现，鱼、龟鳖、龙皆水中之物，部分鸟也喜好水面，四者同时出现，构建了一幅蛟龙潜伏水中、鱼龟鳖欢乐畅游、鸟临水而歇的画面。

总之，商周青铜器写实性动物纹饰在表现方式上展现出了不同于幻想类动物纹饰的特点，其背后所蕴藏的丰富内涵，仍有待我们去研究。

附记：本文是在曹斌老师帮助选题并指导下完成的本科学年论文的主体部分，特此致谢！

注释：

[1] 朱凤瀚：《中国青铜器综论》，上海古籍出版社 2009 年。

[2] 张光直：《商周青铜器上的动物纹样》，《考古与文物》1981 年第 2 期；程瑞秀：《青铜器上写实动物纹的艺术风格与时代特征》，《北京文物与考古》2002 年；景闻：《商、西周青铜器写实动物纹饰研究》，西北大学硕士学位论文，2010 年；艾兰、和奇、陈斯雅：《虎纹与南方文化》，《南方文物》2014 年第 2 期；马强：《商周象纹青铜器初探》，《中原文物》2010 年第 5 期。

[3] 范桂杰、胡昌钰：《四川彭县西周窖藏铜器》，《考古》1981 年第 6 期。

[4] 欧潭生：《河南信阳县浉河港出土西周早期铜器群》，《考古》1989 年第 1 期。

[5] 曾令斌等：《湖北随州叶家山 M28 发掘报告》，《江汉考古》2013 年第 4 期。

[6] 胡智生等：《宝鸡纸坊头西周墓》，《文物》1988 年第 3 期。

[7] 中国科学院考古研究所：《美帝国主义劫掠的我国殷周铜器集录》A225，科学出版社 1962 年。

[8] 玫茵堂：《法国吉美博物馆展览玫茵堂收藏中国青铜器》88，吉美博物馆 2013 年。

[9] 陶正刚、刘永生、海金乐：《山西灵石旌介村商墓》，《文物》1986 年第 11 期。

[10] [美] 杨晓能著，唐际根、孙亚冰译：《另一种古史——青铜器纹饰、图形文字与图像铭文的解读》，生活·读书·新知三联书店 2008 年，第 213 页。

[11] 梅原末治：《新修泉屋清赏》107，泉屋博古馆 1971 年。

[12] 邹衡：《天马——曲村（1980—1989）》图版六九八，彩版陆，科学出版社 2000 年，第 300 页。

[13] 洛阳博物馆：《洛阳北瑶西周墓清理记》，《考古》1972 年第 2 期。

[14] 中国科学院考古研究所：《美帝国主义劫掠的我国殷周铜器集录》A665，科学出版社 1962 年。

[15] 中国科学院考古研究所：《美帝国主义劫掠的我国殷周铜器集录》A659，科学出版社 1962 年。

［16］ 中国科学院考古研究所：《美帝国主义劫掠的我国殷周铜器集录》A626，科学出版社 1962 年。

［17］ 吴镇烽：《夏商周青铜器铭文暨图像集成》第 1 册 00016，上海古籍出版社 2012 年，第 17 页。

［18］ 唐云明：《河北境内几处商代文化遗存记略》，《考古学集刊》第 2 集。

［19］ 徐广德：《河南安阳市郭家庄东南 26 号墓》，《考古》1998 年第 10 期。

［20］ 中国科学院考古研究所：《美帝国主义劫掠的我国殷周铜器集录》A511，科学出版社 1962 年。

［21］ 王玉清：《岐山县发现西周时代大鼎》，《文物》1959 年第 10 期。

［22］ 中国青铜器全集编辑委员会：《中国青铜器全集》，文物出版社 1996 年，第 3 卷一五八。

［23］ 白鹤吉金、白鹤美术馆：《白鹤美术馆藏中国青铜器》，白鹤美术馆出版 1951 年。

［24］ 中国科学院考古研究所：《美帝国主义劫掠的我国殷周铜器集录》A665，科学出版社 1962 年。

［25］ 中国青铜器全集编辑委员会：《中国青铜器全集》，文物出版社 1996 年，第 4 卷八三。

［26］ 江西省博物馆等：《新干商代大墓》，文物出版社 1997 年，第 48 页，图二五。

［27］ 朱凤瀚：《中国青铜器综论》，上海古籍出版社 2009 年，第 573 页。

［28］ 中国青铜器全集编辑委员会：《中国青铜器全集》文物出版社 1996 年，第 4 卷一〇九。

［29］ 袁进京、张先得：《北京市平谷县发现商代墓葬》，《文物》1977 年第 11 期。

［30］ 江西省博物馆等：《新干商代大墓》，文物出版社 1997 年，第 48 页，图二六（B）。

［31］ 谢青山、杨绍舜：《山西吕梁县石楼雀又发现铜器》，《文物》1960 年第 7 期。

［32］ 中国青铜器全集编辑委员会：《中国青铜器全集》，文物出版社 1996 年，第 4 卷九三。

［33］ 中国社会科学院考古研究所：《殷墟妇好墓》，文物出版社 1980 年。

［34］ 吴镇烽：《商周青铜器图像暨铭文集成》，上海古籍出版社 2012 年，第 25 卷 14303。

［35］ 中国青铜器全集编辑委员会：《中国青铜器全集》，文物出版社 1996 年，第 3 卷一七七。

［36］ 张建中：《郑州市白家庄商代墓葬发掘简报》，《文物参考资料》1955 年第 10 期。

［37］ 中国青铜器全集编辑委员会：《中国青铜器全集》，文物出版社 1996 年，第 3 卷一六八。

［38］ 彭适凡、刘林、詹开逊：《新干大洋洲商墓发掘简报》，《文物》1991 年第 10 期。

［39］ 江西省博物馆等：《新干商代大墓》，文物出版社 1997 年，第 140 页，图七二，5。

［40］ 袁进京等：《北京市平谷县发现商代墓葬》，《文物》1977 年第 11 期。

［41］ 戴应新：《陕北清涧、米脂、佳县出土古代铜器》，《考古》1980 年第 1 期。

［42］ 郭勇：《石楼后兰家沟发现商代青铜器简报》，《文物》1962 年第 5 期。

［43］ 唐金裕、王寿芝、郭长江：《陕西省城固县出土殷商青铜器整理简报》，《考古》1980 年第 3 期。

［44］ 李烨、张历文：《洋县出土殷商青铜器简报》，《考古》1959 年第 4 期。

［45］ 朱凤瀚：《中国青铜器综论》，上海古籍出版社 2009 年，第 570 页。

［46］ 陈佩芬：《（巳其）仲壶》，《文物》1984 年第 6 期。

［47］ 中国青铜器全集编辑委员会：《中国青铜器全集》，文物出版社 1996 年，第 2 卷一一五。

［48］ 中国青铜器全集编辑委员会：《中国青铜器全集》，文物出版社 1996 年，第 2 卷七二。

［49］ 中国青铜器全集编辑委员会：《中国青铜器全集》，文物出版社 1996 年，第 4 卷一五二。

［50］ 谢青山、杨绍舜：《山西吕梁县石楼镇又发现铜器》，《文物》1960 年第 7 期。

［51］ 中国社会科学院考古研究所：《殷墟妇好墓》，文物出版社 1980 年。

［52］ 吴镇烽：《夏商周青铜器铭文图像集成》第 23 册 12697，上海古籍出版社 2012 年，第 152 页。

［53］ 江西省博物馆：《商代新干大墓》，文物出版社 1997 年，第 107 页，图五五。

［54］ 中国社会科学院考古研究所：《殷墟妇好墓》，文物出版社 1980 年，第 64 页。

［55］ 汤淑君：《河南商周青铜器蝉纹及其相关问题》，《中原文物》2004 年第 6 期。

［56］ 欧潭生：《河南信阳县浉河港出土西周早期铜器群》，《考古》1989 年第 1 期。

［57］ 邹衡：《天马——曲村（1980—1989）》，中国科学出版社 2000 年，第 342 页，图五〇六。

有关 12 枚秦 "市、亭" 陶文的重新考释

卜艳明　后晓荣（首都师范大学）

内容摘要：在秦汉考古文物中，有一批戳记"某市"或"某亭"的戳印陶文，其中部分陶文释读存在这样、或那样的错误。本文在前人研究的基础上，重点讨论了近年来出土的 12 枚释读错误的戳印陶文，并指出这些陶文其性质都是秦陶文，是秦设置县邑市亭制度的产物。

关键词：秦汉文物　陶文　市亭制度

新中国六十多年的秦汉考古工作中，考古工作者在全国各地的考古调查、发掘出土的众多秦汉文物中，发现了许多带有同类性质戳记印文的陶器或陶片（个别为漆器），内容格式多为"某市"或"某亭"的戳印文，有的则只单印"亭"或"市"字，如洛阳汉河南县城遗址出土印有"河亭"和"河市"戳记的陶盆、陶瓮等残片[1]。此外在传世陶文中也常能见到一批"某亭"、"某市"戳印陶文，如"淄亭"、"临亭"、"代市"、"高市"等。对于这批陶文时代、性质以及出现之原因等认识一直不清楚，除上世纪 60 年代、80 年代俞伟超、袁仲一、裘锡圭[2]等先生有所讨论之外，几十年来，几乎没有人深入地探讨这些资料。或以为是汉代之物[3]、或以为秦物[4]、或认为是秦汉之物，或为战国楚国之物[5]，有关其性质及其背后的历史文化没有涉及，说法不一。笔者在全面整理此类陶文的基础上，认为这批陶文其性质都是秦陶文，年代从战国至统一秦，是秦设置县邑市亭的产物[6]。本文主要讨论近年出土的和部分传世的 12 枚释读有误、或没有释读的秦"市"、"亭"陶文。

"雒亭"。2000 年 6 月考古人员在商州市孝义刘二村出土一件灰色陶罐，罐子肩部有一方戳记，长方形，白文带边框，印文有"雒亭"二字（图一），字体均为小篆，笔画工整，这是商州出土秦代陶罐

图一　"雒亭"

上首次发现铭文[7]。专家认为秦代在商州这一带没有"雒县"的建制，因此陶文"雒亭"中"雒"不是县级行政单位名称，而是商业市亭的名称。实误。印文"雒亭"实为上雒县市亭之省称。上洛，地名，先秦古玺有"上各（洛）付（府）"[8]。吴振武考证："'上各'是地名，即吾瓯中的上洛，典籍或作上雒（《左传·哀公四年》），春秋晋邑。战国时先属魏，后属秦。《战国策·秦策五》：'楚、魏战于径山，魏许秦以上洛，以绝秦于楚。'其地在今陕西商县。此玺从形制和文字风格上看，可以确定为魏玺。"[9]其说甚确。又《史记·苏秦列传》提到"西河之外，上洛之地"，钱穆曰："此上雒在西河之外，则洛乃'泾洛'之洛，而非以'伊洛'上源之地说之。"[10]此外湖北江陵市九店东周墓出土魏"二十八年上洛左库"戈[11]，铭文"二十八年上洛左库工师□烯冶□"。此戈和古玺互证魏置上洛县，秦上雒县实际为魏国上雒县之延续。秦上雒县地望在今陕西商洛市商州区[12]。

"平市"。咸阳黄家沟战国中晚期秦墓葬 M48 出土陶罐戳印"平市"陶文[13]（图二）。袁仲一先生

认为"平市为平县市亭制陶作坊的印记"[14]。此说有误。山西曲沃曲村遗址出土戳印"平市"陶文[15]。陶文"平市"实为平阳市亭之省文。平阳，战国时初属韩，后属魏。《史记·韩世家》："韩贞子徙居平阳。"《史记·魏世家》："绛水可以灌平阳。"秦末项羽分封魏王豹都平阳，《史记·项羽本纪》："徙魏王豹为西魏王，王河东，都平阳。"又《史记·曹相国世家》："生得魏王豹，取平阳。"《索引》："平阳在山西。"宋忠曰："今河东平阳县。"即今山西临汾市西南。

图二 "平市"　　　图三 "戏市"

"戏市"。2007 年西安市临潼区新丰街道办事处屈家村东南新丰秦墓遗址，时间跨度从战国中晚期至秦末。其中陶鼎、罐、釜等器物上共发现陶文 63 个，除一件为"杜市"印文外，其余均为"戏"、"戏市"陶文（图三）。"戏"字陶文有多种形体的差异，除少量为圆形戳印外，其余均为方形戳印文[16]。《史记·秦始皇本纪》："二年冬，陈涉所遣周章等将西至戏，兵数十万。"《史记·高祖本纪》记载，"（项羽）闻沛公已定关中，大怒，使黥布等攻函谷关，十二月中遂至戏"，又"汉元年四月，诸侯罢戏下，各就国。"《集解》引苏林曰："戏，邑名，在新丰县东南三十里。"秦封泥有"戏丞之印"，又秦始皇陵遗址出土秦陶文"戏口"、"戏工禾"[17]。过去多认为秦戏地未置县，今秦文物证之，正如吴镇烽所言，"戏县，史书失载，但见于秦陶文……无疑是当时一个县邑"[18]。其地在

今西安市临潼区东北四十里戏水处。秦戏县在《汉志》中无，估计西汉已废[19]。

"高市"。陕西泾阳县宝丰寺秦墓出土的小口罐、陶釜、陶钵都有戳印"高市"陶文[20]（图四）。又秦东陵采集陶片戳印"高市"文，器形不明，未刊布[21]。后者王辉先生以为"高"应为高奴之省，今陕西延安市，或为可商。此外传世陶文中也有"高市"[22]，俞伟超认为是汉长安城中市名之一，也误[23]。"高市"实为高陵市亭之省文。高陵，地名。《史记·秦本纪》记载，"秦昭王封弟为高陵君"。又《汉书·高惠高后文功臣表》记载，景严侯王竟"以车司马汉元年初起高陵，属刘贾，以都尉"。即秦末楚汉战争中，秦设置有高陵县。秦高陵县，西汉因之，为左冯翊的左辅都尉治。《大清一统志》卷二二八："高陵故城在（西安府）高陵西南。"今泾阳宝丰寺与今高陵县交界，秦汉时此地应是高陵县所辖，其出土陶文地望也符合秦汉高陵地望。

"焦亭"。秦始皇陵园上焦村陪葬墓和马厩坑出土陶罐、陶灯上戳印"焦亭"印文[24]（图五）。裘锡圭释读为"隽亭"，或误[25]。《古封泥集成》中有"焦殷信印"和"隽应"私印各一枚，其中焦和隽之间，差别明显[26]。此外袁仲一认为今秦陵焦村一带可能是秦之焦亭的所在地，属于丽邑统辖[27]。其说误也。众多秦"市"、"亭"陶文都与秦都城或县邑的市府经营的制陶作坊有关，都为县级以上城邑之省文。故此"焦亭"不应为丽邑统辖，应为某县市亭之省文。"焦亭"，焦城县市亭之省文。此外岳麓秦简《奏谳书》案例十盗杀安、宜等案 158（1822）号简记对嫌犯的审讯说："诣官，同改曰：定名。故熊城人，降为隶臣，输寺从。去亡。"整理者注云："熊城，简 164 称'有母、妻、子，在（魏）'，疑为魏国县邑名，地望未详。"陈伟先生认为"熊城"实为"焦城"之误[28]。焦城，古国。《左传》云："虞、虢、焦、滑、霍、阳、韩、魏，皆姬姓也。"杜预注："八国皆为晋所灭。"战国时属魏地。《史记·六国年表》："秦惠文君八年，围魏焦、曲沃。"又《史记·秦本纪》："惠文王十一年，

攻魏焦，降之。"秦夺魏地置焦城县，地在今河南陕县南。即《左传》中的虢国南。《汉书·地理志》记载，弘农郡属县陕，"故虢国，有焦城，故焦国"。缪文远认为"故焦城在今河南陕县南二里"[29]。

图四　"高市"　　　图五　"焦亭"

"女市"。2010年为配合南越王宫博物馆建设而进行的考古发掘中，在秦代地层发现一件戳印"女市"铭款的陶盆残片[30]（图六）。无独有偶，《阜阳·亳州出土文物文字编》一书也收录两枚"女市"戳印陶文，但原书认为是西汉，误[31]。陶文"女市"即汝阴市亭之省称。秦封泥有"女阴丞印"。女即汝，汝阴因此县在汝水之阴，故名。《史记·陈涉世家》记载，"令汝阴人邓宗徇九江郡"，又陈王败时，"之汝阴，还至下城父"。《史记·高祖功臣年表》有汝阴侯夏侯婴。《汉志》汝南郡汝阴县，"故胡国，都尉治"。《水经·颍水注》："颍水又东径女阴县故城北，……县在汝水之阴，故以汝水纳称。"《元和郡县志》卷八："颍阴县，本汉旧县，属汝南郡，魏文帝黄初三年属汝阴郡，后魏孝昌三年，于此置颍州，北齐废。"《读史方舆纪要》卷二十一南直隶颍州，"汝阴废县，今州治。汉置县，属汝南郡，高祖时封夏侯婴为侯邑"。秦汝阴县故址在今安徽省阜阳市。1990年阜阳市老城区文昌阁发现西汉汝阴侯宫殿建筑遗址出土有"女阴宫当"瓦当，有力证明秦汉汝阴县的确在今安徽阜阳市[32]。

"阿亭"，阿阳市亭之省文。1991年陕西陇县城关乡店子村秦墓M269出土陶缶（图七）肩部有"阿亭"文[33]（图八）。陶文"阿亭"原文没有解释，实为阿阳市亭之省文。秦封泥有"阿阳禁印"。《汉书·高后纪》高后六年："匈奴寇狄道，攻阿

阳。"师古曰："狄道属陇西。阿阳，天水之县也。今流俗书本或作河阳者，非也。"《汉书·地理志》天水郡属县阿阳县。《水经·渭水注》："又南径阿阳县故城东。中平元年，北地羌胡与边章侵陇右，汉阳长史盖勋屯阿阳以拒贼，即此城也。"据《中国历史地图集》第二册中西汉"凉州刺史部"知，秦汉阿阳县地望在今甘肃省静宁县西南[34]。从陇县城关秦墓出土"阿亭"陶文看，秦汉阿阳故址或在陇县一带。

图六　"女市"

图七　M269陶缶　　　图八　"阿亭"

"外市"。河南民权县牛牧岗遗址墓葬M8出土陶鼎、陶壶、陶盒的腹、肩等部位都有戳印"外市"陶文[35]（图九）。原文推测出土"外市"陶文的M8为西汉中期墓葬。笔者在研读该文基础上，认为M8只出土陶鼎、壶、盒三种器物，其形制与该遗址判为战国墓葬所出土的器物形制都接近，因此认为出土"外市"陶文的M8时代也应为战国晚期至秦代。陶文"外市"，原文没有解释，实为外黄县市亭之省文。《史记·苏秦列传》："决白马之口，魏无外黄、济阳。"《正义》引《括地志》云："故黄城在魏州

冠氏县南十里，因黄沟为名。"《读史方舆纪要》卷四十七："外黄城，县东北六十里。《左传》：鲁惠公季年，败宋师于黄。杜预曰：外黄县东有黄城。《战国策》苏代曰：决白马之口，魏无黄、济阳。秦置外黄县。二世二年，沛公、项羽自雍丘还攻外黄。汉四年，项羽攻外黄，怒其不早下，将坑之，以舍人言而止。汉亦曰外黄县，属陈留郡，郡都尉治焉。张晏曰：魏郡有内黄，故此加外。"考古调查表明，河南省民权县秦汉外黄故城的面积约78万平方米，距离牛牧岗遗址不到5公里[36]。

"吴市"。上海青浦区福泉山战国墓出土陶罐肩部上戳印"吴市"陶文[37]，原文推定该墓"年代属于战国晚期"，"属楚文化体系"。杨哲峰则认为"青福M2的实际下葬年代可能已晚至秦统一江东之后，吴市罐的出现应是秦文化的影响在江东地区留下的印记"[38]。即该墓时代为秦代，出土陶文亦为秦陶文，而非战国楚。二者都没有对"吴市"陶文进行解释。陶文"吴市"，吴县市亭之省文。吴，地名。秦封泥有"吴丞之印"。《史记·秦始皇本纪》："三十七年，还过吴，从江乘渡，并海上，北至琅邪。"《史记·项羽本纪》记项羽起兵于吴，分封天下时，"乃以故吴令郑昌为韩王"。《汉书·樊郦滕灌列传》："（灌婴）渡江，破吴郡长吴下，得吴守，遂定吴、豫章、会稽郡。"《汉书·地理志》会稽郡领县吴县，"故国，周太伯所邑"。《读史方舆纪要》卷二十四："吴县，（苏州）府治西，故吴都，秦置吴县，为会稽郡治。"秦吴县为会稽郡治，故址在今江苏苏州市。上海战国墓葬所发现的"吴市"陶文表明秦代将其"市亭"制度推广到江南之地。

"东武市"。该陶文原为清陈介祺旧藏[39]，民国时王襄先生就认为此陶文为"皆秦时物"[40]。俞伟超认为"东武"为东武阳之省文[41]，有误。"东武市"陶文（图一〇），东武县市亭之省文。东武，地名。《史记·仲尼弟子传》有"东武人王子中同"，《正义》引《括地志》云："东武县，今密州诸县邑也。"即今山东诸城市。2000年诸城市技工学校发掘清理出秦汉井数口，出土一陶罐上戳印"东武市"

文[42]，也证实了秦汉东武县故址就是山东诸城市。笔者原考证秦东郡设置东武阳县，其故址在今山东阳谷县西北[43]，今看来也为误释。二者相距近400公里，故"东武市"陶文与东武阳无关。由秦陶文"东武市"看，东武置县或可早至秦，西汉因之。

图九　"外市"　　　图一〇　"东武市"

"曹市"。传世品[44]（图一一）。俞伟超疑为"曹阳"之省文[45]，似不确。《史记·陈涉世家》："周文败，走出关，止次曹阳。章邯追败之，复走次黾池，周文自刭。"又《史记·秦始皇本纪》："章邯杀周章于曹阳。"《集解》："晋灼曰：亭名，在弘农

图一一　"曹市"

东十三里。魏武帝改曰好阳。"《括地志》："曹阳故亭一名好阳亭，在陕州桃林县东南十四里。"文献"曹阳亭"是秦汉邮亭之亭，非县邑市亭之亭。从考古和传世的秦"亭"、"市"陶文资料看，它们都是秦都城和县邑市府的印记。故"曹市"不应是曹阳亭的省文。又"曹市"陶文传为山东所出。"曹市"，曹县市亭之省文。曹，地名，春秋时宋邑，战国为齐国边邑。《史记·管蔡世家》："武王克殷，封叔振

铎于曹。"《集解》引宋忠说曹为"济阴定陶县"。《汉书·地理志》济阴郡属县"定陶,故曹国"。钱穆先生云:"定陶故城,今定陶县西北四里,鲁哀八,宋灭曹,遂为宋邑,亦曰陶曹"[46]。传世战国齐兵器有"曹右库造"戈[47]。故笔者认为从秦"曹市"陶文看,秦或设置曹县,西汉时改名定陶[48]。

所谓"犬亭"。秦始皇陵西侧岳家沟村采集一枚带陶文的陶钵残片,袁仲一先生释读为"犬亭"(图一二),其认为"为犬地市亭制陶作坊的标记","疑犬亭为乡聚市亭制陶作坊的印记"[49]。其地望具

图一二 所谓"犬亭"

体不详。其解释实误。1957年河南陕县秦墓所出戳印"陕市"、"陕亭"陶文的绳纹陶罐,其中M4011同时出土有"陕亭"、"陕市"陶文[50](图一三);又1985三门峡市刚玉砂厂秦墓出土戳印"陕亭"陶

图一三 "陕亭"、"陕市"

文的陶甑、釜、盆、蒜头壶等器物,此外编号M43:4陶缶和编号M10:1陶鼎都戳印陶文"陕市",但原文误释为"陕亭"[51](图一四)。此外三门峡大岭粮库围墓沟墓发掘秦墓M198出土陶罐肩部戳印"陕亭"、

陶盆内底戳印"陕市"陶文[52]。从该三处出土所见"陕亭"陶文情况看,原秦始皇陵园遗址出土一枚所谓"犬亭"戳印陶文[53],实际为"陕亭"之误释。从实物资料看,"陕亭"和"陕市"陶文之间的差别就是前者无耳朵旁,后者有耳朵旁。"陕亭"、"陕市",陕县市亭之省文。《史记·六国年表》:"秦惠公十年,与晋战武城,县陕"。此为秦经营置陕县之始。《史记·秦本记》:"孝公元年,东围陕城"。又云:"惠文王君十三,张仪伐取陕"。即秦惠公十年县陕,其后陕县又为魏有。故《史记·秦本记》:"秦以往者数易君,君臣乖乱,故晋复强,夺秦河西地。"所以有张仪将兵取陕,出其人于魏,自是陕县遂为秦人东进之重要根据地。《史记·张仪传》:"张仪立惠王为王,居一岁,为秦取陕,筑上郡塞。"《大清一统志》卷二二〇:"陕县废县今(陕)州治,故城即今陕县。"秦陕县今在河南三门峡市陕县。

图一四 误释"陕亭"实为"陕市"

以上12枚秦"市亭"陶文都是秦设置县邑市亭制度的产物,其文字释读的正确与否,直接影响着我们对秦代郡县设置的理解。通过对这些陶文的重新释读,我们了解秦郡县设置,一部分延续关东六国的设县,一部分秦时设置,多延续至汉代,个别在汉代废除或改名,如戏县和曹县。正如杨守敬言:"秦县之名,率本于前,其有地见春秋、战国而汉又有其县者,诸家虽不言秦,安知其非秦置?"[54]

注释:

[1] 中国科学院考古研究所:《洛阳中州路(西工段)》,科学出版社1959年,第37—38页。

[2] 裴锡圭：《啬夫初探》，中华书局编辑部编《云梦秦简研究》，中华书局 1981 年。该文中分别讨论了一下"市"、"亭"陶文。

[3] 俞伟超：《汉代的市、亭陶文》，《文物》1963 年第 2 期。《中国大百科全书·考古卷》"汉代陶瓷器"中，王仲殊认为"根据汉河南县城遗址的发掘，可以判断印有'河亭'字样的年代较早，属西汉前期；印有'河市'字样的年代较晚，属西汉后期。戳印中的'亭'和'市'的意义相同，都是指汉代各城市中由官府管理的手工业和商业区。"

[4] 袁仲一：《秦代的市、亭陶文》，《考古与文物》1980 年第 1 期。之后相关观点又反映在其主编的《秦代陶文》（三秦出版社 1987 年）、《秦陶文新编》（文物出版社 2009 年）两书中。

[5] 上海文物管理委员会：《上海青浦重固战国墓》，《考古》1988 年第 8 期。

[6] 后晓荣：《有关秦汉"市"、"亭"陶文性质的重新认识》，待刊。

[7] 《商州考古》，商州文史资料第 28 辑；呼林贵、孙剑：《陕西商洛发现秦代陶文》，《文汇报》2004 年；王昌富：《商州孝义发现秦代陶文》，《秦陵秦俑研究动态》2000 年第 2 期。

[8] 《古玺汇编》3228。

[9] 吴振武：《古玺合文考（十八篇）》，《古文字研究》第 17 辑，中华书局 1989 年。

[10] 钱穆：《史记地名考》，商务印书馆 2001 年，第 385 页。

[11] 徐在国：《兵器铭文考释（七则）》，《古文字研究》第 22 辑，中华书局 2000 年。

[12] 后晓荣：《秦代政区地理》，社会文献出版社 2009 年。

[13] 秦都咸阳考古队：《咸阳市黄家沟战国墓发掘简报》，《考古与文物》1982 年第 4 期。

[14] 袁仲一、刘钰：《秦陶文新编》，文物出版社 2009 年，第 159 页。

[15] 俞伟超：《秦汉的市亭陶文》，《先秦西汉考古学论集》，文物出版社 1985 年。

[16] 孙伟刚：《临潼新丰秦墓研究》，西北大学 2009 年考古学硕士毕业论文。

[17] 袁仲一：《秦代陶文》，三秦出版社 1987 年。

[18] 吴镇烽：《陕西历史博物馆藏封泥考》（上），《文物》1996 年第 4 期。

[19] 后晓荣：《秦代政区地理》，社会科学文献出版社 2009 年。

[20] 咸阳市文物考古所：《咸阳宝丰寺秦墓发掘简报》，《文博》2002 年第 5 期。

[21] 王辉：《秦文字释读订补》，《考古与文物》1997 年第 5 期。

[22] 陈直：《关中秦汉陶录》，中华书局 2006 年。

[23] 俞伟超：《汉代的市、亭陶文》，《文物》1963 年第 2 期。

[24] 袁仲一：《秦代陶文》，三秦出版社 1987 年，第 119 页、第 57 页。所谓陶灯估计为陶盘器物。

[25] 裴锡圭：《啬夫初探》，《古代文史研究新探》，江苏古籍出版社 1992 年，第 474—476 页；高明、葛英会：《古陶文字征》，中华书局 1991 年，第 260 页。

[26] 孙慰祖主编：《古封泥集成》，上海书店出版社 1996 年，二者编号分别为 2562 和 2432。

[27] 袁仲一：《秦代的市、亭陶文》，《考古与文物》1980 年第 1 期。

[28] 陈伟：《魏盗杀安宜等案"焦城"试说》，简帛网 2013 - 09 - 24。

[29] 缪文远：《战国制度统考》，巴蜀书社 1998 年，第 191 页。

[30] 《"女市"铭款陶盆片：秦兵炊器成秦统一岭南物证》，《广州日报》2010 年 11 月 12 日。

[31] 韩自强主编：《阜阳亳州出土文物文字编》（内部刊物）。

[32] 王辉、程学华：《秦文字集证》，台湾艺文印书馆 1999 年，第 233 页。

[33] 陕西省考古研究所：《陇县店子秦墓》，三秦出版社 1998 年。

[34] 谭其骧主编：《中国历史地图集》第二册，地图出版社 1982 年。

[35] 郑州大学历史学院考古系、商丘市文物局、民权县文化局：《河南民权牛牧岗遗址战国西汉墓葬发掘简报》，《文物》2010 年第 12 期。

[36] 国家文物局主编：《中国文物地图册·河南分册》，中国地图出版社 1991 年。

[37] 上海文物管理委员会：《上海青浦重固战国墓》，《考古》1988 年第 8 期。

[38] 杨哲峰：《文化变迁中的器形与质地——关于江东地区战国秦汉之际墓葬所见陶瓷器组合的初步考察》，《文物》2012 年第 4 期。

［39］陈介祺：《望文生谊斋辑存古陶文字》第一卷，北京图书馆藏拓本。

［40］徐在国：《略论王襄先生的古陶文研究》，《中国文字学报》2008 年第 2 期。

［41］俞伟超：《秦汉的"市"、"亭"陶文》，《先秦西汉考古学论集》，文物出版社 1985 年。

［42］诸城市文化馆供稿：《诸城黑陶制作工艺》，诸城故事网（http：//story. zcinfo. net/index. asp）。

［43］后晓荣：《秦代政区地理》，社会科学文献出版社 2009 年，第 222 页。

［44］陈介祺：《望文生谊斋辑存古陶文字》第一函，北京图书馆藏拓本。

［45］引俞伟超《秦汉的"市"、"亭"陶文》，《先秦西汉考古学论集》，文物出版社 1985 年。

［46］钱穆：《史记地名考》，商务印书馆 2001 年，第 882 页。

［47］中国社会科学院考古研究所编：《殷周金文集成》（编号 11070），中华书局 1987 年。

［48］后晓荣：《秦代政区地理》，社会科学文献出版社 2009 年，第 279 页。

［49］袁仲一、刘钰：《秦陶文新编》，文物出版社 2009 年，第 52 页。

［50］黄河水库考古工作队：《1957 年河南陕县发掘报告》，《考古通讯》1958 年第 11 期。

［51］三门峡文物工作队：《三门峡市司法局、刚玉砂厂秦人墓发掘报告》，《华夏考古》1993 年第 4 期。其实原文几乎将所有的市亭陶文都释读为"陕亭"，实误。

［52］《三门峡大岭粮库围墓沟墓发掘简报》，《中原文物》2004 年第 6 期。

［53］袁仲一：《秦代陶文》，三秦出版社 1987 年，第 119 页、第 57 页。

［54］杨守敬：《秦郡县图序》。

汉代"农耕图"题材寓意辨析

——兼论壁画墓的起源

孙　彦（常熟理工学院）

内容摘要： 汉代画像负载着大量的文化信息，是汉代社会的图像史。中下层贵族是壁画墓的主人或赞助人，其经济基础是庄园，其思想信仰和精神追求是得道升仙。他们主导着中下层社会意识形态的主要方面。"农耕图"题材的壁画是庄园经济发展、贵族地主精神生活的体现。在某种意义上，农耕图与中古时期贵族制社会相始终、同兴衰，是中古贵族精神世界的产物。

关键词： 汉代　"农耕图"　题材　壁画墓

考古所见中国古代农业图像之肇始，可以追溯到战国时期的采桑图，降至东汉，农耕图大量出现于墓葬壁画中，成为主要的装饰题材，并一直延续到中唐时期。汉代画像题材十分广泛，反映了汉代的生产、生活、思想意识、文化艺术等各个方面。学界一般将其分为三类：描述现实生活、历史故事与神话以及天国世界的情景。其中表现现实生活内容的图像数量最多，关于此类图像的研究，目前的成果比较多，但大多是从经济、社会的角度加以探讨，而其题材寓意的研究则比较薄弱，基本停留在"现实生活的反映"的层面上。考虑到农耕图题材寓意的重要性及其与墓葬壁画起源之密切关联，有必要再次加以辨析。

研究农耕图像的寓意首先应该研究"人"，即必须研究墓主人或赞助人，这里包括两个方面的问题：一是墓主人或赞助人的政治地位和经济状况；二是其宗教信仰情况。

据考古资料，汉代壁画墓的主人一般是中等贵族，包括地主、官僚、商人，史籍所云为"豪强之家"、"权势之家"、"阀阅之家"。按照史学界通行的说法，地主阶级之出现始于战国时期，后经嬴秦和西汉二百多年的发展，到东汉时期进入了一个新的阶段，即出现了累世豪盛的世家地主。汉朝实行"察举"、"征辟"的荐举选官制度，由各地定期向朝廷推荐人才，经过考核任为官吏。西汉建国后，还产生了大批军功地主。除了受田外，他们凭借丰厚的赏赐俸禄、社会地位的优势，大肆购置田地。自汉武帝独尊儒术以来，官僚多以经术起家，西汉中后期，土地兼并十分严重，逐步形成官僚、商人、地主三位一体的豪强地主势力。西汉一代豪强大族积二百年的经营，在地方盘根错节，已成气候。在西汉末年战乱中围绕南阳刘氏周围乘机而起的，多有豪强大族的背景，不是州郡著姓，便是地方长吏。

豪强地主巨大的政治势力是建立在一定的经济基础上的，这个经济基础就是庄园。

战国、嬴秦以来推行军功受田制度，原是为了削除"封建"、培植社会统治基础。受田如同受爵，是着眼于政治的一种经济回报。在西汉一百多年长足发展的基础上，豪强地主逐渐形成贵族地主，其中有些人世代为官，广占田地，以自给自足的田庄为主要经营形式，役使依附性很强的部曲，国家自耕农经济严重萎缩。东汉时期，豪强地主都占有大量土地，通常又采取田庄式的生产经营方式。豪强地主除拥有田园、苑囿外，西汉时还出现有少量的坞壁、营垒，这也是另一种形式的豪强地主庄园。庄园内聚族而居，宗族首脑、长者称为"家长"，是庄园内统治的核心。例如刘秀母舅樊宏在湖阳经营的田庄，其中有面积巨大的樊陂，田地达三百余顷。在这个田庄中，庐舍楼阁成片，"竹木成林，六畜放牧"，"檀棘桑麻，闭门成市"，可见其规模巨大，具有多种经营的特点。另外，樊宏还"好货殖"，从事商业和高利贷活动。在河南、山东、江苏、四川等地发现的画像砖石上，也可以看到类似的情景。崔寔《四民月令》对地主田庄的经营情况反映得很详尽[1]：田庄里种植着小麦、大麦、春麦、粟、黍、粳稻、大豆、小豆等粮食作物，胡麻、牡麻、蓝靛等经济作物，瓜果等蔬菜；自己制作各种酱、酒、醋及饴糖等食物；又种植药用植物，以配药品；还种植各种林木以及果树，饲养马牛等耕畜和家畜。在手工生产方面，自己养蚕，纺织各种麻布和丝织物，制作衣、鞋，制造农具和兵器等。此外，田庄中也有粮食及农副产品的买卖。可见，在地主田庄里，各类生活资料基本上都可以自给自足。《四民月令》所反映的正是东汉晚期一个拥有相当数量田产的世族地主庄园在一年十二个月中的家庭事务的计划安排。

东汉政权是在豪强地主支持下建立起来的，因此，豪强地主在东汉王朝享有种种特权，在政治上把持中央和地方政权，经济上兼并土地，经营庄园，逐渐成为名门大族。士族地主（又称世族、门阀地主）在东汉开始形成。如弘农郡华阴县的杨姓家族，汝南郡汝阳县的袁姓家族和同郡平舆县的许姓家族，都是连续数代有人在朝廷中位至"三公"，执掌枢要，被称为"四世三公"或"一门数卿"。东汉后期的世家大族还有颍川陈氏、平原华氏、东海王氏、高平翕氏、河东裴氏、河东卫氏、扶风苏氏、京兆杜氏、北地傅氏等。

考古所见和林格尔东汉壁画墓中的庄园图，是迄今为止已发现的最完整的东汉地主庄园图画资料。它真实地再现了东汉地主阶级庄园生活的情景，对我们了解东汉地主庄园有极其重要的价值。墓的主人是东汉王朝中央政府派遣到北方民族杂居地区的重要官员，生前担任的最高官职是护乌桓校尉，持节，秩比二千石。庄园图是他晚年生活的真实写照，比较全面地反映了东汉地主庄园的特点[2]。

研究墓主人或赞助人的宗教信仰情况，也是考察"农耕图"题材寓意的基本材料。豪强地主的宗教信仰是怎样的呢？

在远古时期，已有学仙之事出现。史载轩辕黄帝"且战且学仙"，"黄帝问道于广成子"，后修道成功，于鼎湖白日乘龙升天。到了战国时期，神仙信仰已经相当广泛，出现了许多记载神仙传说的著作，书中载有不少关于仙人、仙境、仙药等传说。如《庄子》、《列子》、屈原的《离骚》、《天问》、《九歌》等，汉代的《淮南子》、《史记》中亦有类似描述。战国时期的方士将神仙学说及方术与邹衍的阴阳五行学说相杂糅，渐成方仙道，主要流行于燕齐的上层社会。战国中后期到汉武帝时期，在方士鼓动下，出现了多次入海求长生不死药事件。齐威王、齐宣王、燕昭王、秦始皇、汉武帝等都曾派方士到海上三神山寻求神仙及不死药，最著名的方士有宋毋忌、正伯侨、邹衍、徐福、卢生、李少君等人。

汉武帝后，方仙道逐渐与黄老学说结合并向黄老道演变。原始道教的著作在西汉成帝时已被献于朝廷。东汉时期，原始道教信奉者与皇帝有更多和更密切的联系。从西汉到东汉的两百多年间，原始道经《太平清领书》曾三次献给皇帝，但未得重视。东汉时期，神仙方术逐渐形成两个派别，一派以内修炼丹为主，后来发展为"丹鼎派"。另一派以符箓咒语为主，后来发展为"符箓派"。丹鼎派的炼制外丹，是需要有相当的财力、物力才能做到的，因此它在统治者、上层社会中比较流行。相反，"符箓派"画几张符箓，造一碗咒水，结合"治病"，在下层社会劳动人民中有较大的影响。东汉末年的"五斗米道"和"太平道"，都是利用符箓咒水辟邪驱鬼，为人治病，从而在下层社会劳动人民中组织起最早的道教团体的。李泽厚曾强调说："中国文明有两大征候特别重要，一是以血缘宗法家族为纽带的氏族体制，一是理性化了的巫史传统。两者紧密相连，结成一体；并长久以各种形态延续至今。"[3]其说甚是。然而，当时其宗教活动内容还比较简单，主要是长期以来在民间流传的"阴阳五行"、"巫觋杂语"、"符水咒说"、鬼神崇拜等，在宗教理论方面虽说有象《太平清领书》这样的经典，以及奉读《老子》五千言等，但总起来说，也还是比较简略、粗糙，还没有形成系统的道教教理，相应地也还带有较多的民间宗教色彩[4]。李零也说，"另外一条线索，即以数术方技为代表，上承原始思维，下启阴阳家和道家，以及道教文化的线索"，而这些数术方技"既是中国古代科技的源泉，也是中国古代迷信的渊薮"[5]。

考古出土的河南偃师灵帝时期的《肥致碑》记载了肥致本人如何修道成仙，又怎样长生不死的内容，他还曾经往"见西王母昆仑之虚，受仙道"[6]。原始道教在朝廷内外拥有数量庞大的信徒，甚至朝廷要员中也有暗通张角者。当汉帝不能按原始道教的要求"应天改元"后，在强烈的救世使命驱使下，道教徒发动了黄巾起义。这就是东汉原始道教从试图影响帝政到谋求取而代之的历程[7]。其势力之大，可以想见。

从目前的考古资料来看，汉代画像砖石这种装饰墓葬艺术，一般是中下层官吏和地方豪强的墓葬所使用，而在西汉的帝王陵寝中则没有发现。东汉时期以中兴之祖光武帝出身的南阳豪族为首，高级官僚中很多都是豪族出身，地方上的下级官吏，也多出身于当地的豪族，而且，西汉时期所见到的压制豪族的政策，到东汉时期不见了，因此，有人提出东汉豪族政权说[8]。这说明儒家思想虽然当时社会上占统治地位的思想，但是大多数人的信仰却是神仙思想和原始道教。

由以上论述，结合考古发现可知：中下层官吏和地方豪强是壁画墓的主人或赞助人，其经济基础是庄园，壁画"农耕图"表现的是庄园生产、生活的图景；其思想信仰和精神追求是得道升仙，壁画"升仙图"表现的是天国景象。所以，汉代壁画墓所表现的正是豪强地主的政治经济生活及其思想信仰和精神追求。然而这种表现并不仅仅是现实的影像，而是和墓主人或赞助人对将来的未知世界的憧憬有关：第一种是对生前富贵生活或仕宦经历的记录，如和林格尔东汉壁画墓通过大量的榜题记录了墓主人的生前仕宦经历；第二种是希望死者在冥界高官富贵；第三种是希望死者生前的修道行为产生理想的结果，那就是死后进入天堂。

但是，上述对壁画内涵和寓意的理解还不能完全阐释壁画题材的象征意义，也不能解释壁画墓起源及东汉时期壁画墓大量出现的原因。那么，其原因究竟是什么呢？

关于壁画墓的起源问题，学者多有论述。蒲慕州说：壁画墓出现的原因"可能有社会、宗教，以及墓室建筑本身的关系"。他认为："墓室壁画装饰的出现也正与墓葬形制及随葬品内容之转变有相互对应的关系，显示出人们对来世生活的关心逐渐地具体化。……（这种关心）应该就是整个墓葬形制由木椁墓转变到砖室墓的过程中的重要推动因素。"又说："随葬品、壁画、镇墓文、地券、碑铭，乃至于风水堪舆之术，都是汉人这种悲观的死后世界观在不同方面的显现。"[9]蒲慕州从"人"的角度出发思考壁画墓出现的原因之方法以及把壁画等同于随葬品的观点，笔者部分赞同，但是其阐释尚显笼统。郑岩在研究墓葬壁画的起源时，与蒲慕州一样，把墓葬壁画与先秦时期的棺饰联系起来[10]。而黄晓芬则把壁画墓的出现归结为横穴式墓室代替了竖穴土坑木椁墓[11]。黄佩贤的观点则与黄晓芬相似[12]。后几位学者只考虑到了问题的某些方面，尚不完备，所以其观点有失偏颇之嫌。

如前所述，壁画墓的主人或赞助人是中下层官吏和豪强地主，其经济基础是庄园，其思想信仰和精神追求是得道升仙。饶有趣味的是：地主阶级的产生是在战国初期，神仙信仰的出现也在战国初期，最早的农业生产图像采桑图也发现于战国时期，这应该不是一种巧合，而是社会发展的深层次原因造成的。因此，可以说：战国秦汉时期地主阶级的经济基础是大地产制（其表现形式即后来的庄园），信仰基础是神仙思想。这一变化的线索可以作如下梳理：

战国时期，为了富国强兵，各国相继实行耕战政策，农业成为国民经济最重要的部门，所以，战国时期的器物上出现了"耕战图"和"采桑图"，这应该是地主阶级思想观念的反映。秦汉"大一统"帝国的建立后，欲用强大的政治力量来实现思想观念上的统一。但是，秦始皇的"焚书坑儒"和汉武帝的"独尊儒术",虽然极大地压制了思想文化上的多样性,但也没有形成法家或儒家绝对独尊的地位。汉代意识形态领域所发生的重大变化主要表现在:从西汉早期新的墓葬形制横穴室墓出现,到迅速走向发展和成熟;从商周时期"神人疏远"被动惧神,转变为汉代的"神人接近"主动悦神;由"礼不下庶人"转变为"礼下庶人";祭礼的重点也由庙祭转向墓祭,即王充所说的"古礼庙祭今俗墓祀"。祭礼用器由少数人享用的、以神为主题的青铜器,改变为大多数人使用的、以人为主题的、清新活泼的日常生活工艺用品。例如,大量的精美漆器被广泛使用。汉人从先秦时期对社会道德理想的精神追求,转变为寻求个人的养生健体长寿,以便在生理上实现对有限生命的超越。所以,以服食、行气、房中为主要内容的"长生术"备受欢迎。墓葬壁画的作用也如明器一样,具有随葬物品的基本功能,是一种真实的死后世界,是其灵魂的皈依之所,也可以说是一种物质的精神。东汉"以孝治天下"、重农不抑商的政策,实现了西汉以自耕农为主体的经济结构到东汉以庄园为主体经济结构的转变。与此相适应,"作为新兴的、相对独立的社会经济单位,东汉庄园对士大夫的精神世界产生了重要影响。不仅使一部分士人从原有的大一统思想和依附地位中剥离出来,而且发展出了较为独立的群体性格、个体人格、思维方式和兴趣取向"[13]。这是一种新思潮和新观念,它为厚葬的兴起和东汉时期壁画墓大量出现作了思想上和物质上的准备。

汉代画像负载着大量的文化信息,是汉代社会的图像史。俞伟超认为:"汉画像石中隐藏的精神世界,这可能是最难寻找的,但这恰恰是汉画像的灵魂。"[14]因此,只有把汉代画像置于当时的时代背景之中,研究壁画墓的主人或赞助人本身的问题,才能够跨越艺术作品的表象,探索汉代画像的深刻寓意。

综上所述,结论如下:第一,战国耕战政策的普遍实施,地主阶级的兴起,地主土地产业的增加,农业的发展,雄厚而独立的经济实力和地位是新兴地主阶级思想解放的前提条件,亦是农业生产图像出现的主要原因。第二,到西汉初期,大一统帝国刚刚建立,一方面,由于长期战乱,经济尚未复苏;另一方面,加强政治和思想控制的"大一统"体制在很大程度上忽视了地主阶级独立存在的价值、思想多元化以及个性追求,"大一统"的丰功伟绩削弱了地方文化的特殊性以及士人的思想自由。所以,具有农业生产题材的西汉早期壁画墓迄今尚未发现[15]。到西汉中晚期,只发现少量的壁画墓,其主人基本都是地方官吏或豪强地主,说明壁画墓的丧葬习俗还未得到广泛使用。第三,到东汉时期,土地兼并加剧,庄园经济迅速发展,豪强地主崛起,打破了汉儒一统天下的局面,随之而来的是追求个性解放、追求新的人生观思潮之出现,加之神仙道教的广泛传播,致使群体性格、个体人格和价值取向也发生了极大的变化。这种社会思潮的兴起,在现实上表现为追求生理快感和身体享受,其人生主题就是养生长寿、得道升仙,因此,他们"将整个生活的意向都导向满足身之需要"[16]。第四,从西汉中后期到整个东汉时期,古代中国已经进入贵族制社会,中下层贵族主导着中下层社会意识形态的主要方面,东汉壁画墓的勃兴是贵族地主势力坐大、神仙道教广泛传播的表现,壁画主要题材的"农耕图"、"升仙图"是庄园经济发展、贵族地主精神生活的体现。如果放宽观察的视野,农耕题材的图像一直延续到唐代高等级的墓葬壁画中,在某种意义上,农耕图与中古时期贵族制社会相始终、同兴衰,是中古贵族精神世界的产物。

注释:

[1](汉)崔寔撰、石声汉校注:《四民月令校注》,农业出版社1965年。

［2］盖山林：《和林格尔汉墓壁画》，内蒙古人民出版社 1978 年。

［3］李泽厚：《历史本体论·己卯五说》（增订本），生活·读书·新知三联书店 2006 年。

［4］楼宇烈：《原始道教——五斗米道和太平道》，《文史知识》1984 年第 4 期。

［5］李零：《中国方术考》，东方出版社 2000 年，第 17 页。

［6］河南省偃师县文物管理委员会：《偃师县南蔡庄乡汉肥致墓发掘简报》，《文物》1992 年第 9 期。

［7］姜生：《东汉原始道教与政治考》，《社会科学研究》2000 年第 3 期。

［8］杨联陞：《东汉的豪族》，《清华学报》1936 年第 4 期。

［9］蒲慕州：《墓葬与生死——中国古代宗教之省思》，中华书局 2008 年，第 200、219 页。

［10］郑岩：《关于墓葬壁画起源问题的思考——以河南永城柿园汉墓为中心》，《故宫博物院院刊》2005 年第 3 期。

［11］黄晓芬：《汉墓的考古学研究》，岳麓书社 2003 年。

［12］黄佩贤：《西汉前期墓室壁画的启示——兼论墓室壁画的起源问题》，参见《汉长安城考古与文化：汉长安城与汉文化——纪念汉长安城考古五十周年国际学术研讨会论文集》，科学出版社 2008 年。

［13］徐华：《东汉庄园的兴起及其文化意蕴》，《南都学坛》2002 年第 3 期。

［14］俞伟超：《序言》，参见信立祥：《汉代画像石综合研究》，文物出版社 2000 年，第 3 页。

［15］迄今为止，考古发现的最早的汉代壁画墓只有两例：即广州象岗南越王墓和河南永城芒砀山柿园汉墓。在这两座墓葬中，前者以朱墨两色绘有云气纹，无主题性的装饰图案；后者的题材内容只有仙禽神兽，并无世俗生活和人物活动的图像。因此，它们均不是本文所指的壁画墓，而且等级较高，属于王侯级，这与后来壁画墓主人的等级明显不同，可能是早期壁画墓使用规制或习俗尚未确定的产物，所以只能作为特例看待。参见广州象岗汉墓发掘队：《西汉南越王墓发掘初步报告》，《考古》1984 年 3 期；广州市文物管理委员会、中国社会科学院考古研究所、广东省博物馆：《西汉南越王墓》，文物出版社 1991 年；阎道衡：《永城芒砀山柿园发现梁国国王壁画墓》，《中原文物》1990 年 1 期；河南省文物考古研究所：《永城西汉梁国王陵与寝园》，中州古籍出版社 1996 年。

［16］孙隆基：《中国文化对"人"的设计》，参见刘志琴：《文化危机与展望》（上册），中国青年出版社 1989 年，第 467—478 页。

对中仓十二月出米简［肆］4012组的复原尝试*

邓玮光（江苏第二师范学院）

内容摘要： 本文对"中仓十二月出米简［肆］4012组"进行了完整复原。论文希望通过展示完整的复原过程，为吴简的最终复原提供一种思路。论文共分三部分：第一部分是建立复原框架。第二部分具体论述复原过程。第三部分是展示复原结果。

关键词： 走马楼吴简　月旦簿　出米简　复原

根据笔者已经复原的以简［肆］4032为首简的中仓出米简可推知，有一类出米简的格式大致如下：

出（临湘）仓吏黄讳潘虑所领某米＋与＋某某仓吏某某米＋通合＋被督军粮都尉＋某年月日书＋付某某＋运诣＋某处＋某年月日＋付书史＋某某＋枏师＋某某[1]

现根据这一格式，再结合"横向比较复原法"与"纵向比较复原法"[2]，笔者下文将对以简［肆］4980为首简的出米简进行复原尝试。

复原过程分为三步，首先将相关数据输入电脑，然后借助电脑的搜索功能，配合两种方法寻找所需材料，最后对搜集到的材料进行分析、复原。

一　研究对象的选取

本文选取《长沙走马楼三国吴简·竹简肆》中，揭剥图18—26包含的所有简牍作为数据来源，将它们全部输入同一个word文档中，以备查询。

二　复原过程

（一）搭建复原框架

根据此前复原的经验可知，复原的关键在于先找出"出（临湘）仓吏黄讳潘虑所领某米＋与＋某某仓吏某某米＋通合"这几种格式的简。搭建出基本的复原框架后，再在框架内补充缺失的部分。故笔者先对所有输入的材料反复通读，形成一个基本印象。在此基础上，笔者挑出了如下2枚简。

简1. 出仓吏黄讳潘虑所领吴平斛米四千三百八十九斛九斗其一百六十六斛黄龙元年☐（［肆］4012／图18－2）

简2. 米一千五百六十斛醴陵仓吏谢仁米五十斛二斗通合吴平斛米六千斛被督（［肆］4100／图19－23）

$$4389.9 + 1560 + 50.2 = 6000.1$$

其数值与最终的总数6000相差0.1。

仔细对照图版，笔者发现简1中"四千三百八十九斛九斗"中的"九斗"（图一，1）并不清晰，在"斗"上编绳痕迹之内的数字，似乎也可释读为"八"。考虑到其与简2之间可能存在加成关系，故笔者暂将其校释为"八斗"。再参照图版（图一，2），发现"黄龙元年"下似乎并无残缺，故最终将简1校释为：

1　　　　　2

图一

* 本文得到教育部人文社科研究项目"走马楼吴简所见孙吴长沙地区仓储制度研究"（15YJCZH028）的资助。

简 1°. 出仓吏黄讳潘虑所领吴平斛米四千三百八十九斛⑧斗其一百六十六斛黄龙元年（［肆］4012/图 18－2）[3]

简 2 中的"醴陵仓吏"并非第一次出现，搜检文档，可找到下简：

简 3. 六斗四升醴陵仓吏刘仁米二千二百卅④斛⑧斗二升通合吴平斛米六千（［肆］4759/图 24－39）[4]

对照图版，简 2 中被释为"谢仁"（图二，1）的，与简 3 中被释为"刘仁"（图二，2）的，两图中字形相同，皆应释为"刘仁"。故将简 2 校释为：

　　1　　　　　2
图二

简 2°. 米一千五百六十斛醴陵仓吏刘仁米五十斛二斗通合吴平斛米六千斛被督（［肆］4100/图 19－23）

这样就搭建起了基本的复原框架，下文即以此框架为基础进行完整复原。

（二）复原尾部

因为一组完整出米简尾部的信息较为单一，故从尾部开始复原。

根据已知格式，"通合"后会紧接"被督军粮都尉"这样的信息，而简 2°最后两字为"被督"，故其后简开头两字必为"军粮"。以此为关键词对文档进行搜索，仅寻得下简：

简 4. 军粮都尉黄龙三年十二月廿一日己酉书付监运掾杨遗运诣集三年十二月廿六日（［肆］4110/图 19－33）（"集"下或脱"所"字）

简 4 的位置与简 2°相近，两简很可能前后相接，故将其暂系于简 2°后，以备查验。

根据已知格式，"被督军粮都尉"后应为"某年月日书＋付某某＋运诣＋某处＋某年月日＋付书史＋某某＋枻师＋某某"格式的简，而简 4 已包含了"某年月日书＋付某某＋运诣＋某处＋某年月日"的信息，故其后简开头一字必为"付"。以此为线索搜检文档，仅寻得下简：

简 5. 付书史□应枻□文平等（［肆］4097/图 19－20）

参照图版及行文惯例，将其校释为：

简 5°. 付书史朱（？）应枻师文平等（［肆］4097/图 19－20）

将其系于简 4 后，以备查验。至此，出米简的尾部基本成型。

（三）从尾部向前复原

根据已知格式，在"出（临湘）仓吏黄讳潘虑所领某米"和"某某仓吏某某米"之间应有"与"字作为连接，以"与"为关键词进行搜检，寻得如下 8 简：

简 6. 监浥丘业浚直米五十九斛大男常硕黄龙三年转□兵贾米与刘阳仓周□（［肆］4117/图 19－40）

简 7. 长与同宜孰思之何以使者当表之与君忧□☒（［肆］4216/图 19－124）

简 8. 入桑乡嘉禾二年还所贷嘉禾元年私学限米三斛五斗胄毕⎡⎤嘉禾二年十一月三日夫与丘朱善关邸阁□☒（［肆］4303/图 19－211）

简 9. ☒□生字受居比郡县者□□□□金□着户籍与众☒（［肆］4460/图 20－42）

简 10. 其一百卅七斛三斗□升七合付三州仓吏郑黑言与先所受作□（［肆］4671/图 23－64）

简 11. 其四万五千准入牛一头于库朱七吏潘清传与诸乡收□未有入☒（［肆］4693/图 23－86）

简 12. 七合斛直一千八百合八万六千与杂□一千四百六万一千八百八（［肆］4714/图 23－107）

简13. 米四斛监运兵曹张象备黄龙二年斧贾米一千五百六斛黄龙二年盈涵米[与][5]（［肆］4757/图24－37）

其中简7、简9与米无关，简12是米换钱，简8是入米简，简10、简11是"其"类简，简13属于已复原的另一组出米简。故有可能接于简2°之前的只有简6。

以"刘阳仓"为关键词进行搜检，寻得下简：

简14. 郡仓吏监贤米一千一百五十六斛七斗四升刘阳仓吏[周]春这收米一千七百七十六斛（［肆］4754/图24－34）[6]

参照图版，故简6中"周□"应为"周[春]"。

以"转"为关键词进行搜检，寻得下简：

简15. 其五十九斛大男常硕黄龙三年转罪兵贾[囗]（［肆］5081/图26－86）

参照图版，故简6中"转□兵贾米"应为"转[罪]兵贾米"。

仔细观察图版中"监浼丘业浚直米"部分（图三，1），"监浼丘"似应释为"监[寒][等]"，以此为关键词进行搜检，寻得下简：

简16. 其廿四斛吏文水备[锻]佐监寒等禀米（［肆］5096/图26－101）

对照简16中"监寒等禀米"的图版（图三，2），"监浼丘业浚直米"应为"[监][寒][等][禀]米"无疑。故最终将简6校释为：

简6°. [监][寒][等][禀]米五十九斛大男常硕黄龙三年转[罪]兵贾米与刘阳仓周[春]（［肆］4117/图19－40）

根据简16可知，"监寒等禀米"的完整表述应为"吏文水备[锻]佐监寒等禀米"，故位于简6°前的一枚简的末尾两字应为"锻佐"，以此为关键词进行

1　　　2
图三

搜检，未发现合适的简牍。因为"文水"也是一个非常具有排他性的词，故再以"文水"为关键词进行搜检，除简16外，寻得如下5简：

简17. 其廿四斛吏文水备锻师佐□□□作限米（［肆］4024/图18－14）

简18. 其五斗吏文水备黄龙元年零陵桂阳私学限米（［肆］4069/图18－59）

简19. 其五斗吏文水备黄龙元[年]零陵桂阳私学限米（［肆］4755/图24－35）

简20. 入吏文水所备锻师佐监[寒]等禀米廿四斛（［肆］4808/图24－88）

简21. 佃禾准米廿六斛吏文董备黄龙三年芋种贾米一百斛吏文水备船[师]（［肆］5138/图26－143）

其中，有可能接于简6°之前的只有简21。参照图版（图四，1），"文水备船[师]"应为"文水备[锻][师][佐]"。参照图版（图四，2），"一百"应为"廿四"。故将简21校释为：

简21°. 佃禾准米廿六斛吏文董备黄龙三年芋种贾米[廿][四]斛吏文水备[锻][师][佐]（［肆］5138/图26－143）

以"佃禾准米"作为关键词，搜检文档，得如下14简：

图四

简 22. 其四斛一斗九升黄武七年诸 将 佃禾准米（［肆］4039/图 18－29）

简 23. 其廿三斛九斗四升诸将七年佃禾准米（［肆］4153/图 19－8）

简 24. 入民还司马丁烈黄武七年佃禾准米八斛（［肆］4691/图 23－84）

简 25. 其四斛二斗五升诸将黄武 七 年佃禾准米（［肆］4756/图 24－36）[7]

简 26. 斗五升诸将黄武七年佃禾准米七 升 黄龙二年 定 租准米五斗黄龙三年 酱 贾（［肆］4846/图 24－126）[8]

简 27. 入民还税米丁烈黄武七年佃禾准米十一斛（［肆］4866/图 25－16）

简 28. 入吏文董备郡士□□ 二 年佃禾准米八斛四斗（［肆］4884/图 25－34）

简 29. 其 十 三斛九斗四升诸将黄 武 七年佃禾准米（［肆］4912/图 25－62）

简 30. 册七斛三斗四升诸将黄武七年佃禾准米（［肆］4923/图 25－73）

简 31. 入民还司马丁烈黄武七年佃禾准米一斛（［肆］4930/图 25－80）

简 32. 入郡吏郑通司马赵 像 黄武七年佃禾准米七斛（［肆］4937/图 25－87）

简 33. 其九斗四升诸将黄武 七 年佃禾准米

（［肆］5058/图 26－63）

简 34. 其 册 六斛诸将黄武七年佃禾准米（［肆］5083/图 26－88）

简 35. 其五斛一斗九升诸将黄武七年佃禾准米（［肆］5098/图 26－103）

这 14 简中，出现在"佃禾准米"前最多的是"黄武七年"四字，故简 21° 前简的最后四字很可能是"黄武七年"，以此为关键词进行搜检，未发现相关简牍。退而以"黄武"为关键词，同时以其位置位于简后部为条件进行搜检，仅找到一条符合条件的简：

简 36. 马黄升屯田黄龙三年限米一百一十九斛民还价人李绥米册 六 斛 郡 吏 黄武□（［肆］4987/图 25－137）

参照"黄武□"图版（图五，1），"黄武"后空格足以写下"七年"二字。参照"郡吏"图版（图五，2），并不清晰，但上文搜检到的简 34 与这里的数字"册 六 "相应，故笔者最终将简 36 校释为：

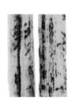

图五

简 36°. 马黄升屯田黄龙三年限米一百一十九斛民还价人李绥米册 六 斛 诸 将 黄武 七 年 （［肆］4987/图 25－137）

以"马黄升"作为关键词进行搜检，得下简：

简 37. 其八十一斛司马黄升黄龙三年限米（［肆］4897/图 25－47）

故可知，简 36° 前简最后一字应为"司"，以此为关键词进行搜检，未发现适合的简牍，但在简 36° 附近有简：

简 38. 斛新还民黄龙二年限米一百六十二斛监

池司马邓邵黄龙三年限米八十 一 斛 □（［肆］4978/图25－128）

其中"八十一斛"正与简37相应。检查"八十一斛□"图版（图六，1），并不清晰，但结合简37，笔者颇疑这里的"□"，即为"司"字。参照"黄龙二年限米"图版（图六，2），"二年"似为"三年"之误，故暂将其校释如下：

1　　　　2

图六

简38°. 斛新还民黄龙 三 年限米一百六十二斛监池司马邓邵黄龙三年限米八十 一 斛 司 （［肆］4978/图25－128）

置于简36°前。

以"新还民"为关键词进行搜检，得如下7简：

简39. 入 黄龙三年新还民限米卅二斛六斗（［肆］4108/图19－31）

简40. 其二百廿五斛六斗黄龙三年新还民限米（［肆］4124/图19－47）

简41. 其卅二斛六斗黄龙三年新还民限米（［肆］4129/图19－52）

简42. 入黄龙三年新还民限米□百六十三斛（［肆］4141/图19－64）

简43. 领余逋二年新还民限吴平斛米七十二斛三斗七升已入毕（［肆］4675/图23－68）

简44. 其廿二斛六斗黄龙三年新还民限米（［肆］4781/图24－61）

简45. 其一百廿五斛新还民黄龙三年限米（［肆］4827/图24－107）

位于简38之前的简的末尾很可能以这些数字结

尾，故以这些数字为关键词进行搜检，但没有发现符合要求的简牍。

（四）从首部复原

在从尾部复原进入瓶颈后，再回到首部进行复原，以"一百六十六斛"为关键词进行检索，仅寻得如下1简：

简46. 其一百六十六斛黄龙元年税米（［肆］4824/图24－104）

故简1°后简的首两字很可能是"税米"，以此为关键词进行搜索，仅寻得1简：

简47. 税米六十斛吏 帅 客黄龙元年限米八十六斛私学黄龙元年限米一百廿三 斛 （［肆］4050/图18－40）

暂将其系于简1°后。参照图版（图七，1），"八十六斛"，似乎也可释为"八十九斛"。经过搜检，寻得如下简：

简48. 其八十九斛黄龙元年私学限米（［肆］5030/图26－35）

故将"八十六斛"校释为"八十九斛"。参照图版（图七，2），"一百廿三斛"下还有空格，似乎还可容纳一字。以"一百廿三斛"为关键词进行搜检，并未发现合适的简例。因图版不清，先不对此简进行完整校释。暂将其记为简47'。

简47'税米六十斛吏 帅 客黄龙元年限米八十 九 斛私学黄龙元年限米一百廿三 斛 □（［肆］4050/图18－40）[9]

1　　　　2

图七

（五）从中部进行尝试性复原

至此，首部与尾部的复原都遇到了瓶颈，这时尝试从中部寻找突破口。根据笔者在《走马楼吴简"出米简"的复原与研究》中复原的结果，在"出（临湘）仓吏黄讳潘虑所领某米"和"与＋某某仓吏某某米"之间一般会有"出（临湘）仓吏黄讳潘虑所领某米"的细目。以本次复原的对象为例，在首简举出4389.8斛这个"仓吏黄讳潘虑所领吴平斛米"总数后，会罗列组成这个总数的细目，如"一百六十六斛黄龙元年税米"。因为4389.8是个大数字，故在其后接的细目中很可能也有大数字出现，在考虑这种可能性的前提下，笔者找到如下这枚简：

简49. 一千七百六十六斛六斗三升黄龙三年税米一百六十四斛吏帅客黄龙三年限米九□（［肆］5008/图26 – 13）

参照"九□"图版（图八，1），"九□"应为"九十八"。故将其校释为：

简49°. 一千七百六十六斛六斗三升黄龙三年税米一百六十四斛吏帅客黄龙三年限米九⊕ ⑧（［肆］5008/图26 – 13）

以"九十八"为关键词进行搜索，寻得下简：

简50. 其九十八斛佃吏黄龙三年限米（［肆］4047/图18 – 37）

故紧接简49°的简，开头三字很可能为"斛佃吏"，以此为关键词进行搜检，仅搜得一简：

简51. 斛佃吏黄龙三年限米二百廿九斛私学黄龙□年限米一百卅斛新吏黄龙（［肆］5026/图26 – 31）

以"一百卅斛"进行搜检，并未找到合适的简例，但因为"黄龙"后必接年份，故后简的开头必为"元年"、"二年"、"三年"之一，以此为线索进行搜检，搜得3简：

简52. 二年限米一斛四升司马黄升黄龙二年限米⊕斛五升监运掾延度溃米四斛二[10]（［肆］4893/图25 – 43）

简53. 三年□月讫四年三月……蔡硕□亲□□□（［肆］4939/图25 – 89）

简54. 三年限米六十八斛佃卒黄龙三年限米一百□□斛邮卒黄龙三年限米二百廿□（［肆］4988/图25 – 138）

其中简52为已复原的另一组出米简中的一枚，简53与上文语意不接，故能与简51对接的只有简54。对照"一百□□斛"图版（图八，2），"一百□□斛"似为"一百八斛"，经过搜检，有简如下：

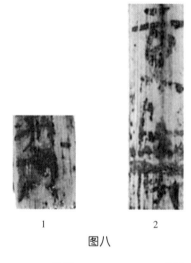

图八

简55. 其一百八斛邮卒黄龙三年限米（［肆］4917/图25 – 67）

可与其对应。参照"二百廿□"图版（图九，1），似为"二百廿五"，经过搜检，有简如下：

简45. 其一百廿五斛新还民黄龙三年限米（［肆］4827/图24 – 107）

参照其图版（图九，2），"一百廿五"似为"二百廿五"之误，而联想到从尾部复原时，简38°开头正是"新还民黄龙三年限米"，故简54很可能即与简38°前后相接，且两者位置相近。因此，暂将简54校释为：

简54°. 三年限米六十八斛佃卒黄龙三年限米一百八斛邮卒黄龙三年限米二百廿五（［肆］4988/图25 – 138）

1　　　　　　2

图九

若简 54°与简 38°确实前后相接，则出米简的尾部基本复原完成。又因为从尾部向前延续，目前所知最早一简简 49°开头为数字"一千七百六十六斛六斗三升"，这个数字应是一条完整的记录，因为其前面若还有数字，则只能是"万"级的，这必然导致最终的加成结果超过 4389.8。因此，简 49°前简的尾部也应该是个完整的记录。以此为线索，在简 49°附近寻找，找到如下 1 简：

简 56. 运黄龙二年小溪僦米五十一斛五斗叛士黄龙二年限米二百黄龙二年限米（［肆］5003/图 26－8）

"黄龙二年限米"的米名此前未见，参照图版（图一〇，1），"二年限米"应为"三年租米"之误，故将该简校释为：

简 56°. 运黄龙二年小溪僦米五十一斛五斗叛士黄龙二年限米二百黄龙三年租米（［肆］5003/图 26－8）

以"小溪"为关键词进行搜检，得如下 4 简：

简 57. 入三州仓运黄龙二年小溪僦米五十五斛九斗（［肆］5035/图 26－40）

简 58. 领黄龙二年小溪僦擒米一斗七升（［肆］5043/图 26－48）

简 59. 其一斗七升黄龙二年小溪僦擒米（［肆］5069/图 26－74）

简 60. 其五十五斛九斗三州仓运黄龙二年小溪僦米（［肆］5113/图 26－118）

故简 56°前简最后三字应为"三州仓"。以此为关键词进行搜检，未发现合适简例，但在简 56°附近有 1 简：

简 61. 五十二斛私学黄龙二年限米一百七斛新吏黄龙二年限米五十六斛九升税□（［肆］5005/图 26－10）

仔细参照"税□"图版（图一〇，2），"税□"应为"三州仓"之误。参照"五十六斛九升"图版（图一〇，3），"九升"似也可释为"七升"，而"五十六斛七升"正是简 57 + 简 58 或简 59 + 简 60 之和，故将其校释为：

1　　　　2　　　　3

图一〇

简 61°. 五十二斛私学黄龙二年限米一百七斛新吏黄龙二年限米五十六斛七升三州仓（［肆］5005/图 26－10）

置于简 56°之前。

（六）对残缺部分的尝试性复原

现将已复原部分列出：

简 1°. 出仓吏黄讳潘虑所领吴平斛米四千三百八十九斛八斗其一百六十六斛黄龙元年（［肆］4012/图 18－2）

简 47′. 税米六十斛吏帅客黄龙元年限米八十九斛私学黄龙元年限米一百廿三斛□（［肆］4050/图 18－40）

简 61°. 五十二斛私学黄龙二年限米一百七斛新吏黄龙二年限米五十六斛⑦升⑥州⑥（［肆］5005/图 26－10）

简 56°. 运黄龙二年小⑥僦米五十一斛五斗叛士黄龙⑥年限米二百黄龙⑥年⑥米（［肆］5003/图 26－8）

简 49°. 一千七百六十六斛六斗三升黄龙三年税米一百六十四斛吏帅客黄龙三年限米九⑩⑧（［肆］5008/图 26－13）

简 51. 斛佃吏黄龙三年限米二百廿九斛私学黄龙□年限米一百卅斛新吏黄龙（［肆］5026/图 26－31）

简 54°. 三年限米六十八⑥佃卒黄龙三年限米一百⑧⑥邮卒黄龙三年限米二百廿⑤（［肆］4988/图 25－138）

简 38°. 斛新还民黄龙⑥年限米一百六十二斛监池司马邓邵黄龙三年限米八十⑥⑥⑥（［肆］4978/图 25－128）

简 36°. 马黄升屯田黄龙三年限米一百一十九斛民还价人李绥米册⑥斛⑥⑥黄武⑦年（［肆］4987/图 25－137）

简 21°. 佃禾准米廿六斛吏文董备黄龙三年芋种贾米⑥⑥斛吏文水备⑥师⑥（［肆］5138/图 26－143）

简 6°. ⑥⑥等⑥米五十九斛大男常硕黄龙三年转⑥兵贾米与刘阳仓周⑥（［肆］4117/图 19－40）

简 2°. 米一千五百六十斛⑥⑥仓吏⑥仁米五十斛二斗通合吴平斛米六千斛被督（［肆］4100/图 19－23）

简 4. 军粮都尉黄龙⑥年十二月廿一日己酉书付监运掾杨遗运诣集三年十二月廿六日（［肆］5138/图 19－...

简 4110/图 19－33）（"集"下或脱"所"字）

简 5°. 付书史⑥（?）应⑥师文平等（［肆］4097/图 19－20）

将其中位于"出（临湘）仓吏黄讳潘慮所领某米"和"与＋某某仓吏某某米"之间的所有数字相加：

166＋60＋89＋123＋52＋107＋56.07＋51.5＋200＋1766.63＋164＋98＋229＋130＋68＋108＋225＋162＋81＋119＋46＋26＋24＋59＝4210.2

这个数字与 4389.8 之间相差 179.6。

因为已无其他可供参考的依据，故笔者只能在文档中将未被利用的简牍一一尝试，最终发现了这枚简：

简 62. 斗民还黄龙二年⑥米十八斛民还黄龙二年租米□一斛吏帅客黄龙二年限米（［肆］4029/图 18－19）

1＋8＝9，与所缺数字的个位相同，且简的最开头也包含一个斗字，为 6 斗留下了空间。仔细参照"十八斛"图版（图一一，1），其似应为"八十八"。而通过搜检，在文档中可复原出另一组出米简：

简 63. 出仓吏黄讳潘慮所领民还黄龙二年租吴平斛米六斛二斗四升为禀斛米六斛五斗被督（［肆］4980/图 25－130）

简 64. 军粮都尉黄龙三年⑩⑥月四日⑥寅书给监运掾⑥⑥所领书史尹仕□[11]（［肆］4976/图 25－126）

简 65. 三人三年十一月直其一人二斛五斗二人人二斛三年十二月四日付士陈双翁激（［肆］5137/图 26－142）

此简亦为黄龙三年十二月出米简，出米名目为"民还黄龙二年租吴平斛米"，与简 62 中"民还黄龙二年租米"属于同一名目的米，将两者相加，结果为 94.24，而这与简 66、67 中的数值相应。

简 66. 其九十四斛二斗四升黄龙二年□米

（［肆］4710/图 23 - 103）

简 67. 其九十四斛二斗四升黄 龙 □ ☑（［肆］5059/图 26 - 64）

根据"十月旦簿"的复原结果，月旦簿中"出"米项中另有"其"简，将本文所复原的这类出米简予以综合，分名目统计出每种米的出米总数。如"十月旦簿"中的"其七十四斛九斗一升一合私学黄龙二年限米"就对应着出米简［肆］4173 中的"七斛三斗七升私学黄龙二年限米"与出米简［肆］5102、［肆］4314 中的"六十七斛五斗四升一合私学黄龙二年限米"[12]之和。以上"民还黄龙二年租米"的情况与此类似，可作为一种证明复原可靠性的旁证。

参照"□一"图版（图一一，2），图像并不清晰，但"一"上空间确实可包含两字，若复原不误，这里应该是"九十一"。剩下空缺的 6 斗应在简 62 之前一简的尾部。而简 47′尾部正好缺一字，故笔者推测这缺的一字即是"六"。故笔者将简 47′、简 62 分别校释为：

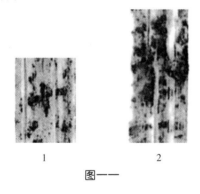

1　　　　2
图一一

简 47°. 税米六十斛吏 帅 客黄龙元年限米八十 ⑨ 斛私学黄龙元年限米一百廿三 斛 ⑥（［肆］4050/图 18 - 40）

简 62°. 斗民还黄龙二年 税 米 ⑧ 十八斛民还黄龙二年租米 ⑨ ⑩ 一斛吏帅客黄龙二年限米（［肆］4029/图 18 - 19）

至此，复原基本完成。

三　复原结果

下面将以上复原出的简组完整列出：

简 1°. 出仓吏黄讳潘虑所领吴平斛米四千三百八十九斛 ⑧ 斗其一百六十六斛黄龙元年（［肆］4012/图 18 - 2）

简 47°. 税米六十斛吏帅客黄龙元年限米八十 ⑨ 斛私学黄龙元年限米一百廿三 斛 ⑥（［肆］4050/图 18 - 40）

简 62°. 斗民还黄龙二年 税 米 ⑧ 十八斛民还黄龙二年租米 ⑨ ⑩ 一斛吏帅客黄龙二年限米（［肆］4029/图 18 - 19）

简 61°. 五十二斛私学黄龙二年限米一百七斛新吏黄龙二年限米五十六斛 ⑦ 升 ⑤ ⑨ ⑥（［肆］5005/图 26 - 10）

简 56°. 运黄龙二年小 溪 僦米五十一斛五斗叛士黄龙 二 年限米二百黄龙 三 年 租 米（［肆］5003/图 26 - 8）

简 49°. 一千七百六十六斛六斗三升黄龙三年税米一百六十四斛吏帅客黄龙三年限米 ⑨ 十 ⑧（［肆］5008/图 26 - 13）

简 51°. 斛佃吏黄龙三年限米二百廿九斛私学黄龙□年限米一百卅斛新吏黄龙（［肆］5026/图 26 - 31）

简 54°. 三年限米六十八 斛 佃卒黄龙三年限米一百 ⑧ 斛 邮卒黄龙三年限米二百廿 ⑤（［肆］4988/图 25 - 138）

简 38°. 斛新还民黄龙 三 年限米一百六十二斛监池司马邓邵黄龙三年限米八十 一 斛 司（［肆］4978/图 25 - 128）

简 36°. 马黄升屯田黄龙三年限米一百一十九

斛民还价人李绥米册六斛诸将黄武七年（［肆］4987/图 25 - 137）

简 21°. 佃禾准米廿六斛吏文董备黄龙三年芋种贾米廿四斛吏文水备锻师伍（［肆］5138/图 26 - 143）

简 6°. 监寒等廪米五十九斛大男常硕黄龙三年转罪兵贾米与刘阳仓周春（［肆］4117/图 19 - 40）

简 2°. 米一千五百六十斛醴陵仓吏刘仁米五十斛二斗通合吴平斛米六千斛被督（［肆］4100/图 19 - 23）

简 4. 军粮都尉黄龙三年十二月廿一日己酉书付监运掾杨遗运诣集三年十二月廿六日（［肆］4110/图 19 - 33）（"集"下或脱"所"字）

简 5°. 付书史朱（?）应杝师文平等（［肆］4097/图 19 - 20）

将所有细目相加：

166 + 60 + 89 + 123.6 + 88 + 91 + 52 + 107 + 56.07 + 51.5 + 200 + 1766.63 + 164 + 98 + 229 + 130 + 68 + 108 + 225 + 162 + 81 + 119 + 46 + 26 + 24 + 59 = 4389.8

与首简中的总数相应。

对复原结果进行观察，可发现其对细目罗列顺序基本按照黄龙元年、二年、三年的顺序，根据这条规律可将简 51 校释为：

简 51°. 斛佃吏黄龙三年限米二百廿九斛私学黄龙三年限米一百卅斛新吏黄龙（［肆］5026/图 26 - 31）

这也可从侧面证明复原的合理性。最后将复原后的简牍排列顺序图示如下（图一二）。

以上复原结果可以为进一步复原"中仓三年十一月旦簿"、"十二月旦簿"提供帮助。

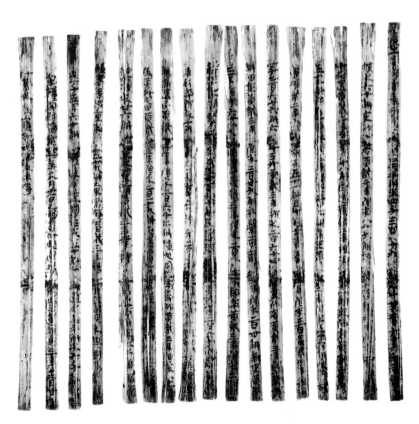

图一二　复原后的简牍排列顺序

注释：

[1] 详参拙作《走马楼吴简"出米简"的复原与研究》，未刊稿。

[2] 详参拙作《走马楼吴简三州仓出米简的复原与研究——兼论"横向比较复原法"的可行性》，《文史》2013 年第 1 辑；《对三州仓"月旦簿"的复原尝试——兼论"纵向比较复原法"的可行性》，《文史》2014 年第 2 辑。

[3] 为与原释文相区别，在 1 后加"°"，新释字外加"○"作为提示。其余诸简的校释标记以此类推，不再出注。

[4] 原释为"六斗四升醴陵仓吏刘仁米二千二百册九斛□斗二升通合吴平斛米六千"。参照图版及其与简［肆］4032、［肆］4754、［肆］4752 之间存在的加成关系，笔者认为"二千二百册九斛□斗二升"应校释为"二千二百㊉④斛⑧斗二升"。

[5] 原释为"米四斛监运兵曹张象备黄龙二年斧贾米一千五百六斛黄龙二年盈涵米"，属于拙作《走马楼吴简"出米简"的复原与研究》中已经复原的以简［肆］4032 为首简的出米简中的一支。

[6] 原释为"郡仓吏监贤米一千一百五十六斛七斗四升刘阳仓吏春这收米一千七百七十六斛"，属于拙作《走马楼吴简"出米简"的复原与研究》中已经复原的以简［肆］4032 为首简的出米简中的一支。

[7] 原释为"其四斛二斗五升诸将黄武□年佃禾准米"，在拙作《走马楼吴简"出米简"的复原与研究》中校释。

[8] 原释为"斗五升诸将黄武七年佃禾准米七斗黄龙二年□租准米五斗黄龙三年 酱 ▨"，其属于拙作《走马楼吴简"出米简"的复原与研究》中已经复原的以简［肆］4032 为首简的出米简中的一支。

[9] 这里简号后用"′"而不使用"°"，是表示暂时校释。

[10] 原释为"二年限米一斛四升别领黄龙 二 年限米九斛五升监运掾妲度溃米四斛二"，其属于拙作《走马楼吴简"出米简"的复原与研究》中已经复原的以简［肆］4032 为首简的出米简中的一支。

[11] 原释为"军粮都尉黄龙三年 二 月四日□寅书给监运掾 黄 礼 所领书史尹仕□"，参照简［肆］4815 与图版，改" 黄 礼 "为"章礼"。参照图版"□寅"应为"壬寅"，黄龙三年十二月一日为己亥，十二月四日为壬寅。

[12] 原释为"六十七斛五斗一升一合私学黄龙二年限米"，参照图版，并考虑其与简［肆］4750、［肆］4314 间的加成关系校释。

关于"乌获"等神兽图像的探讨

焦 博（南京大学）

内容摘要：有一种流行于魏晋南北朝时期的神兽，它的基本特征十分明显，即火焰形肩饰和二趾三爪，这些均来自汉画传统，所以这种新的神兽形象是汉画传统发展的产物。这种神兽的造型是当时的流行画法，传统的乌获、雷公、屏翳等力士天神都采用这种形象。换言之，它不是某种特定的神兽。神兽的分布有地域的差别，汉魏之间神兽多出现于石刻和画像砖上，出现于壁画的创作则起始于北魏，发展并成为壁画的成熟题材是在东魏北齐时期。

关键词： 畏兽 乌获 魏晋南北朝 祆教

一 问题的提出及学界研究

随着考古材料的不断发现，有一种肩生羽翼的神兽形象受到了学界的关注。这一类神兽的特征非常明显。首先，它在形象上很稳定，兽面人身，肩生羽翼，长尾，后腿悬附两条羽翎（或兽尾），三爪二趾，抓踏如狂（图一）。其次，在出现的时间上相

图一 河北磁县湾漳北朝大墓壁画所见神兽形象

（河北省文物研究所：《磁县湾漳北朝壁画墓》，科学出版社2003年，第161页）

对比较集中，就目前的发现而言，主要出现在魏晋南北朝时期，下限到唐初。第三，出现的数量比较多，而且在分布地域和适用的身份等级上比较宽泛。河南、河北、甘肃、山东、山西、江苏等地方均有发现。既出现于佛教石刻莫高窟的壁画上，又出现在北齐湾漳大墓等高等级墓室壁画中，南朝帝陵陵前神道柱底座的线刻，祆教徒墓葬的石棺床上都可以见到这样的神兽。在目前所见的遗存中，大多与墓葬有关，可以见到近50处这种神兽的图像。

前人在探讨这些神兽时，一般笼统地将其称为"瑞兽"、"怪兽"或者"方相氏"等，意见并不统一。不仅是命名的问题，这类神兽图像主要流行于魏晋南北朝时期，原因何在？诸多问题都还有值得进一步探讨的空间。

学界对于这个图像关注已有很长时间。先行研究讨论的问题主要集中于三个方面：第一，神兽的名称；第二，神兽的来源；第三，神兽的性质和功用。学者关注的重点在于神兽的命名问题，其间得出了不少有价值的观点，但存疑之处尚多。以下，对先行研究略作分类梳理。

关于这类神兽的性质和命名，主要可分成三类意见。

第一类，汉代传统。较早提出这种观点的是宿白先生（以下敬称略），他在《参观敦煌第285窟札记》一文中认为这种图像是《山海经》中"计蒙"等象征风雨之物[1]。王子云在《中国古代石刻画全集》中则认为它是方相氏[2]。长广敏雄也提出神兽应该来源于汉画传统[3]。林巳奈夫通过对汉代铜镜的研究，指出这种神兽应该是比最高等级的神略低一级的自然神[4]。之后美国学者卜苏珊提出它是"雷公、风神"[5]，持相同观点的还有马采，他认为

这种图像是汉代传统神话中的"风师"[6]。近年来,孔令伟提出了一种新的解释,指出它应该来自郭璞的"畏兽画",是山海经古图中的神兽或者汉宫十二兽乐舞中的形象,而且在不同场合,其名称、形象和意义会相应改变[7]。孙武军在其学位论文中,认为它不是天神而属于力士形象,应为"乌获"[8]。

第二类:佛教图像。这种观点最早在1981年由史苇湘提出,他认为这种图像是佛教借助传统图案中的"雷神",表现的是佛教天龙八部中的鬼神"人非人"[9]。之后也有学者表达了类似的观点[10]。

第三类:祆教图像。这类观点主要是随着近年来一批来华粟特人墓葬材料的出土而提出的。这些墓葬包括2000年发掘的安伽墓,2003年发掘的史君墓和2004年发掘的康业墓。姜伯勤提出,"我们并不怀疑异兽图像是汉代即已见到的传统中国美术中的神怪图像,值得注意的是,在北齐安阳所出石棺床画像石中,这种传统传袭而来的图像,被祆教美术采纳为祆教天神图像"[11]。施安昌提出其来源是波斯、粟特[12]。尹夏清在其博士论文中认为是祆教中驱邪镇墓的"畏兽"[13]。

对以上研究进行总结,大致可以分为从文献、早期图像和外部因素寻找这几种思路。需要注意的是,这类神兽图像的特殊之处在于它不是一直传承下来的,而是这一时期新创造的图像。如果纯粹从文献中寻找,往往找到的结果并不完全符合。他们在某些方面可能是一致的,诸如《山海经·中山经》中记载"神计蒙处之,其状人身而龙首,恒游于漳渊,出入必有飘风暴雨"。又如《周礼·夏官司马下》郑玄注中所记的方相氏,"方相氏掌蒙熊皮,黄金四目,玄衣朱裳,执戈扬盾,帅百吏而时难以索室疫"。还有上文提到的人非人,人非人可以解释为佛教天龙八部中,幻化成人形,与人混在一起听法的非人、夜叉,也可指天龙八部众之一紧那罗,即乐神。但是这些文献记载中的形象非常抽象,而且各种要素无法完全相符,如果没有图像的自名,这种讨论就很难有说服力。

从外部因素寻找的主要代表是施安昌。但是在图像论证上,他主张畏兽的面部比较像西域人,而翅膀的画法则类似祆教,笔者认为这样的论证也比较牵强,汉画像石上出土的就明显更相似。至于他从语言学上考证,将元氏墓志所见的十八个"畏兽"与"祆教十八天神"一一对应,笔者会在下文对元氏墓志的讨论中有涉及。

二 神兽起源与命名——基于考古学材料的分析

(一)神兽来源于汉画传统

笔者认为,基于现在从文献方面辨明困难,而有很多考古学材料支撑的情况,我们不如从图像学的角度来重新审视这种神兽。一种新图像的凭空发明是困难的,而在原有基础上进行改变则相对容易。因此,我们可以从图像本身的特征,如兽面人身、肩生羽翼、长尾、后腿悬附两条羽翎(或兽尾)、三爪二趾、抓踏如狂等方面出发展开图像学的探讨。虽然神兽面部或衣着都是有变动的,但是图像的主体,尤其是肩膀上火焰状的装饰和三爪二趾则是相对固定的,我们可以利用图像学的分析,试着将神兽的各个部位分开来探讨。

探讨来源问题,必须以早期材料为准。通过在对考古出土的众多材料进行分析,火焰状的肩饰和形态可以在沂南汉画像石中找到原型(图二)沂南汉画像石墓的推测年代是东汉晚期,具体而言是公元193年之前,其所反映的图像学资料基本是汉

图二 沂南汉画像石上的带翅神兽

(曾昭燏、蒋宝庚、黎忠义:《沂南古画像石墓发掘报告》,文化部文物管理局1956年,图版40与图版26)

代传统，没有什么外来的因素[14]。而祆教的"鸟身祭司"（图四，1、2）也是人兽结合的形象，他的羽翼则明显是中亚有翼神兽的传统，源自于斯基泰文化，这两种羽翼画法有很大不同。这样类似火焰的肩上羽翼其实与拜火的"祆教"在羽翼的表现方法上有很大的区别。三爪二趾的构图方式在南阳麒麟岗的画像石上已经出现（图三），南阳麒麟岗也属于东汉中晚期的遗存。祆教的"鸟神祭司"（图四，2）佛教中的"迦楼罗"（图四，3）是属于类似的鸟身神人，他们在表现手指和脚趾时，是直接用的鸟爪，手则是人手的形状，并不是这种"三爪二趾"的构图。

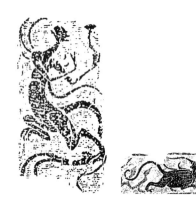

图三 南阳麒麟岗汉画像石二趾三爪画像

（黄雅峰：《南阳麒麟岗汉画像石墓》，三秦出版社2008年，图版119与图版117）

这就说明，构成这种神兽的基本特征都是来源于汉画的传统，把这些已有图案组合起来需要画家的创作。分别找出神兽图像的各个构成部分所对应的汉代传统并无必要，在其流传的过程中有可能有其他的异域因素加入，但也是在这个图像的基础之上。这种神兽的基本要素是从汉代传统中传承的，这一点是可以肯定的。反言之，如果神兽是祆教图像或者具有外来的某种特定含义，可以如此广泛地被采用，而且可以频频在高等级的墓葬中出现是很难想象的。

综合得知，这种神兽图像来源于汉文化传统。至于具体来源于何处仍然是难以讨论的。比如宿白提出来源于沂南画像砖，林巳奈夫认为来自于汉代铜镜或者孔令伟主张来源于"畏兽画"或者汉宫十二乐舞。人兽结合的鬼怪可能与楚文化有关，然而，将来源固定到某个具体的事相上是困难的，目前的讨论只能止于此了。

（二）命名问题

弄清神兽图像的起源后，我们可以结合现有的考古资料来考虑这种图像的性质和命名问题。孔令伟已经将发现的考古材料中的神兽形象进行了整理，共有46处，本文将其中有图像的资料尽力搜集并加以补充，共29处，以便根据神兽所处的位置判断它

1   2   3

图四 祆教鸟身人祭司形象及迦楼罗

1. 陕西省考古研究所：《西安北周安伽墓》，文物出版社2003年，图版1；2. 杨凯军：《北周史君墓》，文物出版社2014年，第89页；

3. 大报恩寺建筑构件，笔者摄于南京博物院

的功能和性质。在这些考古材料中，最重要的一处无疑是元氏墓志，这是因为元氏墓志上刻有十八个神兽，并且都有对应的题榜。元氏是帝姓，与冯氏联姻，地位显赫，所以墓志十分华美，上面的题榜具有重要的参考价值。以下主要是对元氏墓志的神兽图像和题榜进行分析，并参照其他的考古材料，以期确定这种图像的功能、性质及名称。

1926年洛阳城西东徒沟村西出土《辅国将军长乐冯邕妻元氏墓志》，元氏墓志上面刻有十八个神兽，每一个都有对应的题榜（图五）。笔者对同时期洛阳地区有这种图像的出土墓志（及石棺饰）进行了统计：其中元昭墓志在志盖部位有三个神兽；王元义墓志在志座部位每边四个，共十六个神兽；侯刚与苟景墓志在志盖有四个神兽。除了元氏墓志外，其余未见题榜。因为这些墓志均为522—529年洛阳地区的遗物，我们可以比较并得出这样的结论：一方面，神兽形象已经固定，而且得到相当程度的认可。另一方面，虽然属于一个系统，但并不是固定数量的组合，可能神兽之间的功能区分还是混乱的。

图五 元氏墓志志座神兽图像及题榜

（关百益：《河南金石志图正编》，河南通志馆1933年）

首先对元氏墓志上的题榜进行分析。志盖题榜：攫天，唅螭，拓仰，拓远。志座题榜：挟石，发走，攫天，唸石，挠撮，掣电，懂憘，寿福，乌攫，礔电，攫撮，迴光，捅远，长舌。

对元氏墓志上的题榜早已有人解读，施安昌从这十八个题榜图像的发音来论证其来自中亚语系[15]。此外，孔令伟亦将题榜与汉宫十二兽的名称进行比对，认为"攫撮"是"甲作"的转音，"发走"是"肺胃（胄）"的转音[16]。卜苏珊认为这些题榜，基本上属于同一来源的术语，定名也很牵强，可能是匠人并不明白这些图像在南朝实际的用途，又想模仿而即兴书写的[17]。

这些神怪因为时代久远而不为人知，考虑到当时工匠的文化水平，这些题榜很可能是根据发音写出，很难明了其中的意思。仔细分析这36个字，有多个字是重复使用的，攫（掑）出现了3次，拓、远、天、石、撮（获）、撮、天都出现了2次，攫天、挠撮、攫撮，挟石、唸石，拓远、拓仰，攫天、攫天，这些名称表达的意思相近而且在组合上有随意性，笔者倾向于卜寿珊所说的"即兴而书"。

据目前所知的材料，这些长相类似的神兽中，只有元氏墓志上有自名，我们不妨将其与其他的图像资料相比对。元氏墓志中出现"乌获"，"乌获"一词历史悠久，《吕氏春秋·孟春纪第一》提到"使乌获疾引牛尾，尾绝力颤而牛不可行逆也。"乌获为秦武王的力士，能够举起千钧。乌获在元氏墓志上也表现为体格威武的举重力士，这与文献没有冲突。墓志中还有自名为"挟石"的图像（图六），它的手中拿着一块长条形石头，敦煌壁画中也有与它类似的拿着石块的神兽（图七），这样就可以辨别手中拿着长条形石块的神兽可以称为"挟石"。元氏墓志中的"长舌"特征也很明显，吐着长长的舌头，这种形象在南朝萧秀墓的碑身上也能看到（图八）。综上，从元氏墓志中可以辨识出"乌获"、"挟石""长舌"的形象。

图六 元氏墓志中的挟石图像及题榜

（关百益：《河南金石志图正编》，河南通志馆1933年）

图七　敦煌西魏 285 窟挟石形象

（敦煌文物研究所：《中国石窟·敦煌莫高窟》（第一卷），文物出版社 1981 年，第 121 页）

图八　萧秀墓碑长舌形象

（林树中：《六朝艺术》，南京出版社 2004 年，第 41 页）

雷公在汉代已经为人熟知，在《论衡》中就记载："图画之工，图雷之状，累累如连鼓之形。又图一人，若力士之容，谓之雷公。使之左手引连鼓，右手推椎，若击之状，其意以为雷声隆隆者，连鼓相叩击之意也。"[18]考古材料佐证了这一点，如图九所示，雷公踩着五只连鼓，手中拿着两个锤子，采用的也是这种固定的形式，但不能确认是否对应墓志上的礔电或者掣电。除去考古材料，传世画作《洛神赋图》是按照曹植《洛神赋》创作的，描绘的是曹植见到"洛神"的情景。《洛神赋》中有"屏翳收风，

川后静波，冯夷鸣鼓，女娲清歌，腾文鱼以警乘，鸣玉鸾以偕逝，六龙俨其齐首。"画家在再现所描述的情景时，创作的神兽是代表的收风的"屏翳"，它的嘴部会有一团云气代表能够收风。在河南巩县石窟寺也有这样嘴部有云气的神兽（图一〇）。

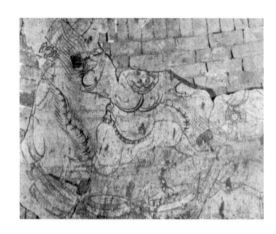

图九　山西娄睿墓雷公形象

（《太原市北齐娄睿墓发掘简报》，《文物》1983 年第 10 期，图版 3）

图一〇　巩县石窟寺 3 窟屏翳形象

（河南省文物研究所：《中国石窟·巩县石窟寺》，文物出版社 1989 年，第 116 页）

这些长相雷同的神兽可能有不同的功能，也就是说不同的神兽都采用这种相似的形式，我们是否可以得出这样的结论：不是这种神兽有不同的功能，而是不同的神兽都采用了这种固定的形式。

如此一来，关于命名的问题便清晰了很多，之前关于命名及功用的讨论基本基于这是一种神兽的不同功能，明了了这是当时神兽的固定画法，就可以按照现有的认识，基本能区分开的有身为力士的"乌获"，脚踩连鼓的"雷公"，吐舌的"长舌"，收风的"屏翳"。而元氏墓志上的其他有题榜却不知道具体功能和区别的神怪，因时代久远，已经不得而知了，进一步的研究需要新的考古资料作为支撑。

以上的讨论主要集中在神兽的命名问题上，从图像学的角度将构成神兽的主要部分分别讨论，得出火焰状肩饰和三爪二趾均属于汉画系统，即这种神兽的基础是汉画传统的结论。从题榜上又能得出这是神兽的固定形式，现在能区分出的神兽有乌获、长舌、屏翳、雷公，因为作为力士的乌获形象比较多，所以可以在命名时统称为"乌获"。

三　从地域差异看文化交流

这种图像的发展正值文化交流频繁的时期，所以和佛教、祆教等因素混杂出现就不足为奇。这种图像在东晋、北魏、南朝、西魏、东魏、北齐均有发现，结合前面得出的它属于汉代传统神兽的结论，也充分说明了对汉代文化的吸纳是各个政权都需要做的事情。

但是也应看到，毕竟这是一个分裂的时代，各个地方的独立性以及区域之间的差别会加强。在这些区域的差异中，我们可以看到区域自身的创新发展和它们之间的交流。依据笔者统计，北魏、南朝、西魏一般会出现在石刻，志盖，或者画像砖上，除了北魏元乂墓墓室顶部的神兽图像是绘制而成，其他不见于壁画。而之后在东魏北齐时期，这一题材频现于高等级墓葬的壁画上。根据郑岩在《魏晋南北朝壁画墓》中对"邺城规制"的叙述，"邺城地区东魏北齐墓葬壁画代表了汉唐之间墓葬彩绘壁画的最高水平"[19]，笔者认为神兽图像的传统表现形式是出现在石刻上，即以雕刻的形式出现，在北魏元乂墓壁画上出现后，被东魏北齐吸收，并加以发展完善，运用于诸如湾漳大墓、茹茹公主墓等高等级墓葬，最终成为有制度因素的题材之一。这种神

兽的发展恰恰可以反映出，东魏北齐在吸收了北魏的壁画艺术后（这里表现为对元乂墓神兽的借鉴），加以创作和改造，形成了制作精美的壁画的过程。出现于石刻的神兽是东晋、北魏、南朝、西魏的传统做法，运用于壁画上则是东魏北齐借鉴北魏后新创的特征。葬于655年的李思摩墓壁画出现了相同题材的内容，可以得出这是吸取了东魏北齐的做法。杨泓在《隋唐造型艺术渊源》[20]中也对这一问题进行了深入的分析，他认为从隋到唐初，造型艺术作品的外部形貌吸收了北齐风格、北周风格和南朝风格的凑集，彼此之间结合地很生硬，根据这些区域性的差异，可以判断其文化因素的来源。

除此之外，外来宗教在传播过程中往往借助汉化的形式，对汉人固有的图案或借用或改造。529年苟景墓志、550年茹茹公主墓、北齐安阳石棺床上的双阙、579年安伽墓以及隋唐时期的天水墓等都伴有明显的外来因素。祆教徒墓葬中的神兽，基本上位于不重要的承重位置，在营建时还是多以粟特人自身的图案为主，根据上文所述，神兽图像基本采取石刻的表现方式，也表现了其吸收的是南朝北魏及西魏的传统做法。还有一个比较特殊的例子是葬于579年的史君墓，发现了墓室门楣上有这样一个佛教造像（图一一），报告中称其为"四臂神"，这个四臂神后有背光，在祆教徒的墓葬中发现的这个佛教造像采用的是三爪二趾的构图方式，可见当时的工匠在表现这些神怪之物时，往往混杂了多种因素，其中重要的一部分是对汉文化因素的借用。

图一一　史君墓墓门门楣佛像

（杨凯军：《北周史君墓》，文物出版社2014年，第71页）

附表　笔者所见神兽图像及推测名称

时代	纪年	地点	所据资料	推测的神兽名及种类
东晋	409（依据唐兰判断）[21]		洛神赋图	屏翳
北魏	517—523	河南巩县	巩县石窟寺第第一、三窟	乌获、屏翳
	522	河南洛阳	北魏冯邕妻元氏墓志	长舌、乌获、其他
	524	河南洛阳	元谧石棺前档	乌获
	524	河南洛阳	元昭墓志志盖边缘	乌获
	526	河南洛阳	元乂墓顶壁画	雷公
	528	河南巩县	巩县石窟寺第四窟	乌获
	529	河南洛阳	苟景墓志志盖四边	乌获
		河南洛阳	石棺底左右侧	屏翳、乌获
		河南沁阳	石棺床前面上部	长舌、乌获
西魏		甘肃敦煌	莫高窟 249 窟	雷公
	538（539）	甘肃敦煌	莫高窟西魏 285 窟	乌获、挟石
	534—547	河北	响堂山石刻	乌获
东魏北齐	550	河北	茹茹公主墓壁画	乌获
	551	山东	崔芬壁画	乌获
	560	河北	湾漳大墓壁画	乌获
	570	山西太原	娄睿墓壁画	雷公
	571	山西太原	徐显秀墓壁画	长舌
		河南安阳	石棺床左右双阙	乌获
南朝	502	江苏镇江	梁文帝萧顺之建陵神道柱	乌获
	518	江苏南京	萧秀墓神道碑碑身侧面	长舌、乌获
	523	江苏南京	萧景墓神道柱	乌获
	526	江苏南京	萧宏墓神道柱	乌获
		江苏常州	常州南郊戚家村画像砖	乌获
		湖北襄阳	襄阳贾家冲画像砖	乌获
		江苏邗江	江苏邗江南朝画像砖	乌获
	579	陕西西安	安伽墓围屏石榻榻腿	乌获
隋唐		甘肃天水	石棺床座底	乌获
	655	陕西西安	李思摩墓壁画	乌获

_____

注释：

［1］宿白：《参观敦煌第 285 窟札记》，《文物参考资料》1956 年第 2 期，第 20 页注释 20。

［2］王子云：《中国古代石刻画选集》，中国古典艺术出版社 1957 年。转引自尹夏清：《北朝隋唐石墓门及其相关问题研究》，四川大学博士学位论文 2006 年，第 143 页。

［3］长广敏雄：《六朝时代美术的研究》，东京美术出版社 1969 年。转引自孔令伟：《畏兽寻证》，载范景中、郑岩、孔令伟编《"考古与艺术史的交汇"国际学术研讨会论文集》，中国美术学院出版社 2009 年，第 431—432 页。

［4］林巳奈夫：《兽环·铺首的若干问题》，《东方学报》，京都，第 57 册，1985 年 3 月。转引自尹夏清：《北朝隋唐石墓门及其相关问题研究》，四川大学 2006 年博士学位论文，第 143 页。

［5］卜苏珊，张元林译：《中国六世纪初的和元氏墓志上的雷公、风神图》，《敦煌研究》1991 年第 3 期。

［6］马采：《艺术学与艺术史文集》，中山大学出版社 1997 年，第 220 页。

［7］孔令伟：《畏兽寻证》，载范景中、郑岩、孔令伟编《"考古与艺术史的交汇"国际学术研讨会论文集》，中国美术学院出版社 2009 年，第 436—438 页。

［8］孙武军：《北朝隋唐入华粟特人墓葬图像的文化与审美研究》，西北大学 2012 年博士学位论文，第 135—149 页。

［9］史苇湘：《敦煌佛教艺术产生的历史根据》，《敦煌研究》1981 年第 1 期。

［10］石炯：《敦煌莫高窟的"人非人"形象及其启示》，《陕西师范大学学报》2013 年第 1 期。

［11］姜伯勤：《中国祆教艺术史研究》，生活·读书·新知三联书店 2004 年，第 41—42 页。

［12］施安昌：《火坛与祭司鸟神——中国古代祆教美术考古手记》，紫禁城出版社 2004 年，第 43—49 页。

［13］尹夏清：《北朝隋唐石墓门及其相关问题研究》，四川大学 2006 年博士学位论文，第 154—157 页。

［14］曾昭燏、蒋宝庚、黎忠义：《沂南古画像石墓发掘报告》，文化部文物管理局 1956 年。报告中认为沂南汉画像石大致是汉代传统，其中手印和佛光应该是受佛教影响，而且作手印和头后佛光的人都不是佛像，推测是当时画家对于佛教艺术只是一知半解，见到一些因素，便采用到自己的作品中，是佛教艺术在中土萌芽的现象。所以沂南汉画像石墓基本属于汉代传统。

［15］施安昌：《北魏苟景墓志及纹饰考》，《故宫博物院院刊》1998 年第 2 期。

［16］范景中、郑岩、孔令伟：《考古与艺术史的交汇》，中国美术学院出版社 2009 年，第 438 页。

［17］卜苏珊著，元林译：《中国六世纪初的和元氏墓志上的雷公、风神图》，《敦煌研究》1991 年第 3 期。

［18］王充：《论衡》，上海人民出版社 1974 年，第 100 页。

［19］郑岩：《魏晋南北朝壁画墓研究》，文物出版社 2002 年，第 181 页。

［20］杨泓：《隋唐造型艺术渊源简论》，初刊《唐研究》第四卷，1998 年。后载其著《汉唐美术考古和佛教艺术》，科学出版社 2000 年，第 156—164 页。

［21］唐兰：《试论顾恺之的绘画》，《文物》1961 年第 6 期。

旧山楼赵氏致张星鉴手札小笺

张宪光

内容摘要：《小莽苍苍斋所藏清代学者书札》收录了常熟藏书家、旧山楼主人赵宗建、赵宗德致友人张星鉴的四通手札，为我们了解旧山楼赵氏兄弟的交际圈打开了一个小小的窗口。本文结合上海图书馆所藏抄本《旧山楼诗录》，对此四通手札略作笺释，在考察诸人生平的基础上，尝试复原他们在咸丰庚申前后两幅不同的生活图景，探讨了"庚申之乱"对吴中文化的影响。

关键词：旧山楼　赵宗建　赵宗德　张星鉴

2013年7月，成都曾氏所藏清代学者手札以《小莽苍苍斋所藏清代学者书札》[1]为名影印出版。该书收清代学者手札千余通，尤以乾嘉学者手札最为繁富，琳琅满目，珠玉杂陈，不仅与此前出版的《小莽苍苍斋藏清代学者法书选集》相互呼应，而且为研究清代学术史提供了新资料，洵为清代学术史研究的一件盛事。其中收录了常熟藏书家、旧山楼主人赵宗建手札三通，其兄赵宗德手札一通，受信人均为张星鉴。这四通手札，虽是吉光片羽，对于了解旧山楼主人的交游情况却不无裨益，而赵宗德一札则记录了咸丰庚申乱后昆山残破的景象，尤为触目惊心。今就知见所及，对这四通手札略作小笺。

第一札

问月仁兄大人足下：都中一别，载更寒燠，虽音问时通，而系念之私屡形梦寐。嗣又奉到手书并惠陵纪游之作，昔人谓太白、坡公虽生长于蜀，常适他方，未得遍历其山川之胜，播诸诗歌，以为憾事。而足下以一书生为万里游，一览其胜，开拓心胸，发为文章，振笔而书，乃蒙不弃鄙野，特邮相寄。弟则家兄不家，摒挡一切，不暇出游，得毕而

读之，其胜处如获从游，藉洗龌龊，不独千里相思，一朝而慰也。尊大人老伯数学益精，为周文之太守所钦佩，可为寿征。惟令弟四兄以少年不禄，老伯幸素性夷旷，不至过哀。足下手足之痛，既在远方，亦当抑情慎疾，为老亲慎重，是所望焉！手此布覆，敬问起居，乡里琐事，固非足下所乐闻，亦未敢缕述。不宣。小弟赵宗建顿首。二月十又一日。（第837—839页）

赵宗建（1824—1900），字次侯，一字次公，一作次山，号非昔居士，其藏书楼为旧山楼。受信人张星鉴（1819—1877），字纬余，一字问月，号南鸿，新阳人（今昆山市），陈奂弟子，著有《国朝经学名儒记》、《仰萧楼文集》、《仰萧楼文话》。咸丰九年夏，星鉴随李德仪按试四川，遍历川南北，八月中秋与友人嘉禾钱清泉、王姓判官同游汉昭烈帝陵，作《谒惠陵记》。后李氏卒于试院，遂独自取道关中归京。故此札当作于咸丰十年二月十一日，此时太平军尚未肆虐吴中，故词气雅淡从容，无愁苦气。星鉴此行，经宝鸡古栈道入蜀，渡泸水，过大凉山，踪迹远至邛筰，所经之处，皆有文记之，"一书生为万里游，一览其胜，开拓心胸，发为文章，振笔而书"，洵非虚语。星鉴读书处为仰萧楼，取宗仰萧统《文选》之意，故治学之余，每好为六朝文。星鉴之父序均，字礼庠，精于算学，著有《算小学》、《虞氏易义补正》，未刊。星鉴《书曳月楼曝书图后》云："余家亦有藏书，今俱为贼毁。尤恨者先人所著《算小学》，测圆海镜，发明畴人家言，诸书未及付梓，悉归炬劫，竟至不传。乌呼！先人所购之书，异日可以复聚；先人所著之书，异日其可再得乎？此余所以览是图为君家书惜，而不觉自顾汗颜天地也。"其实序均二书当时皆有潘道根钞本传

世,《虞氏易义补正》今存上海图书馆,《算小学》曾见于王荫嘉《二十八宿研斋善本书目》,今不知尚存否。序均自序云:"余于算学留心有年,每见士友讲《四书》者,或详于说理,或精于数典,而于关算术者盖阙如也,岂非读书者之阙事也欤?爰就《四书》中有关天文算术者,取先儒所说,阐发明之。不偏汉宋之说,聊存中西之学。"[2] 系阐发《四书》中与算术有关之研究。星鉴曾请周星诒、李慈铭为此书撰序,今皆未见。周沐润(1814—?),字文之,号柯亭、朗泉,室名蛰室、复素堂等。山阴人,寄籍河南祥符,周星誉之兄。道光十六年(1836)进士,历官知县、常州知府,著有《蛰室诗录》等。宗建《旧山楼诗录》有赠诗。

第二札

问月仁兄大人足下:奉到手札,藉稔侍履安吉,甚慰!所赐《旧山楼记》可与汪钝翁《传是楼记》并传,顾弟不克当之耳!前月在昆,蒙杯酒相欢,归作小诗奉报,别纸录呈。非敢箴规,第愿吾兄节饮慎言,盖湛酒涠肴,发词偏荡,非涉世之道。大抵才人皆坐是而穷,穷则益愤时嫉俗,而尚不自悟其致此之由也,慎毋蹈此辙。戆直之言,尚祈恕之。番银二饼,聊为荠菜御冬之需,伏希检纳。亭林先生像及令弟诗卷,暇当与肖陶题就奉寄。弟近况托庇安适,唯以篱前菊花盛开,反致俗客到门,亦大不得意事,一笑!肖陶及家兄附候。手此布覆,顺颂道安,不尽觊缕。愚小弟赵宗建顿首。十月十九日。(第840—841页)

此札或作于咸丰六年(1856)旧历十月十九日。宗建于是年八月中移居旧山楼,有《丙辰秋仲移居北墅旧山楼偶成》诗记之:"旧屋三间结构新,移家人外避嚣尘。四维水竹皆吾友,一带云山是比邻。岂为著书营别室,未妨种菜老吟身。寸心自有桃源地,肯向渔郎苦问津。"邵渊耀与张瑛均为之作《旧山楼记》,而星鉴所作今不见集中,或已佚。而札中所提及赠诗、及俗客到门二事,均可与赵氏诗作相参证。《旧山楼诗录》中《赠张问月(星鉴)》诗

云:"秋晚蓬蒿满户庭,论心酒畔惯忘形。振襟原宪贫非病,荷锸刘伶醉不醒。垂老衰亲头自白,无多知己眼谁青。何如收拾狂奴态,未是兰言我莫听。"诗寓劝讽意,与书札相合。又《篱菊盛开喜邵环林(渊耀)丈暨令孙曼如(震亨)吴寿之丈并肖陶柱顾对菊饮酌而冠盖突至不啻催租之败兴也因赋一律即呈环林太夫子》诗云:"篱落秋芳带露妍,晚菘早韭佐筵开。连朝游客恼成队,几辈诗心能杂仙。共喜飞觞消酒数,忽闻喝道到花前。山居清福犹难享,说与先生一惘然。"[3] 所谓"俗客到门",盖指此也。邵渊耀《旧山楼记》云:"兹楼居其北,地最高朗,岚彩溢目,迤延远揽,足领全园之要。菊花富时,相邀宴赏,予力疾赴之。"[4] 则旧山楼秋以菊花胜,邵文亦作于秋冬间。星鉴与宗建为多年友好,此札于星鉴狂态坦言规劝,足见二人相交之深,故集中每有文字往还。如集中《汉北海郑君生日祀于虞山赵氏书斋记》一文,亦为赵氏作。肖陶,吴鸣岐字,与宗建交好,咸丰十年死于兵祸。

第三札

问月仁兄大人足下:前奉瑶华,慰藉素志,尘事坌集,致迟报琼,尚祈谅之。迩惟侍履纳福,闭户力学,定符鄙颂。惟际此时艰,宜善自守,古人穷愁中尚著书,慎勿以此累心。如君之才,贫何患焉!尊作《东皋记》慨当以慷,立言远胜于吴铸翁所为者,他文称是。蒙易拙作,具见手笔,服膺之至。王宝之师及肖陶书已为代致,肖陶即时作答,其书存于弟处,遂失去,缓日晤彼,当令其重书以寄。于无意中为殷洪乔之事,可博一笑。先著三集暨伯生先生集两种,附呈左右。总宜山房修葺尚未迄工,于其旁别构一堂,且筑小楼,周以回廊,种梅数本,更营一台,可以舒啸。落成之后,能以佳文贺我,则幸甚!前在鹿城时曾赋小诗为赠,以未尽善,暂为藏拙,他日当奉正也。秋凉在迩,诸惟珍摄,不宣。小弟赵宗建顿首。立秋日。

老伯大人前叱名请安,家兄均此奉候。(第842—843页)

此札当作于咸丰五年（1855）立秋。是年宗建访星鉴于昆山，出范引泉作《东皋纪胜图》并自记，属星鉴撰序，星鉴因作《东皋纪胜图序》，见于《仰萧楼文集》。文曰："乙卯夏，次侯来访，为余述范引泉作《东皋纪胜图》，并以自记见示，属一言为序。"又云："虞山赵氏自文毅公以清节传家，代有人杰。次侯为公十世从孙，好金石，爱山水，珠玉之玩不陈于前，钟鼎图书萧然自得，余故乐与之交。犹忆乙巳冬次侯延余游虞山，宿东皋旬日，极一时文酒之乐，今不登虞山者有年矣。"[5] 东皋本为瞿式耜耕草堂遗址，瞿氏集中多次吟咏，乃至于七律十四首、七绝十六首，宗建仰慕前人，亦请范玑绘图三十三帧，赋诗作文记之。范引泉，即范玑。《光绪常昭合志》有小传："范玑，初名用琛，字引泉，常熟人。早孤，家贫多累。间读书，过目不忘。性耿介，不随俗。工山水，自谓得其所以然，作《画论》一卷，以是鉴别笔法。学王石谷而独辟境界，臻逸品。母病痹数十年，玑搔仰扶持，备竭心力。里人欲举为孝子，固却之。少从单学傅游，为诗幽奥高古，有《过云庐画论》。晚学于张尔旦，深入禅理。"[6] 其《过云庐画论》云："画以养性，非以求名利。世俗每视人名利之得失而重轻其画，此大可鄙，莫为所惑！尝见古人显晦蚤暮不同，多有如子昭、仲圭之异，苟或遇涩而遂汲汲于名利，致笔墨趋时，遗本逐末，多陋习矣。即志得意满，何足羡哉！"[7] 盖亦不以世务婴心，而品格高洁、画艺精湛之人。宝之，王振声（1799—1865）字。星鉴《怀旧记》云："王孝廉振声，字宝之，昭文县人。道光十七年举人，精音韵之学，晚好桐城书，渐入宋儒。著《归文考异》，诗、古文稿若干卷。同治四年冬以疾卒，年六十七。学者称文村先生。"[8] 与季锡畴同馆铁琴铜剑楼瞿氏，瞿氏藏书志基本上出自二人之手，而以振声力为多。总宜山房为宗建曾祖同汇藏书处，此时宗建开始加以修缮，所谓"于其旁别构一堂"，或即双梓堂，所筑小楼当即旧山楼。"先著三集"，指《赵氏诗集合刊》，有咸丰五年木活字本。"伯生"，蒋因培（1768—1838）字，

号辛峰老人，常熟人，历知滕县、汶上、泰安、齐河等县，著有《乌目山房诗存》、《秦篆残字跋》等。"当以佳文贺我"，应指星鉴后来所作、第一札提及的《旧山楼记》。

第四札

昆邑前借夷鬼之力攻复，故遂据以为功，城中半为鬼穴。客夏由沪返虞山，道出马鞍山下，庐井萧条，荆榛蔽野，昔日阛阓之地，皆已鞠为茂草。怪鸟啁唽，人声阒然。埤堄之间，时有数鬼聚语，每一謦咳，声如枭鸣。水流绿腻，风来皆腥，极目苍凉，（殆）非人境。西过巴城湖，远望断苇丛筱中，始渐有炊烟扬起。虞邑附郭五六里间，其荒凉与昆邑略同，乡市遭劫稍轻，濒海或偶有一二完善之地。东皋所留仅有一树一石，旧时闾巷，模糊莫辨。总宜老屋及贞寿堂基，间架尚存，惟四无邻居，虽修葺完固，亦非住所矣。山中古寺，如维摩、普仁，均瓿石无存，山峰、破山，仅留数椽。城中昭明读书之台，言子弦歌之里，靡不毁弃净尽，千年遗构，荡焉如扫。时遇相识，执手汍澜，并无一语。伤哉伤哉，劫何酷欤？南省自苏垣锡金收复后，又连得捷音，荆、宜于前月收复，昨又报收复溧阳。贼势益孤，闻有败窜豫闽之意，金陵渐有可图之机矣。常郡尚无消息，想亦不难得手也。西方军务如何，尊处有闻见否？如遇便羽，泐惠数行为祷。灯下拉杂作此，殊多遗漏，维希亮察。不宣。问月仁兄左右。弟宗德再顿首启。廿四日二鼓。（第742—743页）

赵宗德（1824—?），谱名宗藩，字价人，号白民，奎昌子，官户部郎中，以勤敏称。性好客，喜交游，工山水画，摹石谷，设色水墨，并极秀润，而不轻为人作。札中"山峰"应为"三峰"，与"破山"均为常熟名刹。据郭廷以《太平天国史事日志》，同治二年（1863）旧历四月十三日，江西南赣镇总兵程学启、洋人总兵戈登带领洋枪队围攻太平军，由水路攻下正义镇。十五日，攻占昆山、新阳县城。同治三年（1864）旧历二月初一，溧阳太平

军守将吴人杰以所部一万五千人降。此札当作于同治三年三月二十四日。宗德此札摹画昆山战后惨烈图景,不啻一篇沉痛的纪实文。常熟、昆山号称富庶,而战乱结束一年后仍然如此残破,让人触目惊心。星鉴本年春佐学使休宁黄钰幕,似有山西之行。次年,星鉴始返回故里,并撰《怀旧记》,追忆十位在战乱前后过世的老友。

这四通手札,虽然很短小,却折射出两幅不同的图景:一幅是庚申乱前吴中一带诗酒风流的图景,赵宗建与他的友人们来往于苏州、常熟、昆山之间,过山塘酒肆,登山泛湖,把酒论文,何等潇洒自在,另一幅则是战后昆山、常熟一带宛若鬼都的图景。吴中的文人学者在随后的文字记载中多弥漫着今昔之感,实是非常自然的事情。赵宗建在《旧山楼诗录自序》中说:“庚申家山沦陷,所藏书籍碑版大半皆遭劫火。……昔游如昨,胜地俱非,朋辈无多,死亡过半。回忆向之登临之境,燕集之乐,渺不可得,能不掩卷而潸然出涕耶!”李炳宗在为宗建诗集作序也说:“读卷中之诗,当时登眺之乐,觞咏之盛,半为身所亲历,乃沧桑倏变,朋旧凋零,书籍园林皆已荡为冷烟荒草。追念昔游,恍如昨梦,所为俯仰伤怀、欷歔感涕而不能

自已也者。”[9]曾为旧山楼作记的张瑛在《河之顾君传》中写道:

呜呼!自庚申之变,大江以南藏书画毁于兵燹,一时老儒宿学,皆流徙江湖,迄无乐土,甚者遭难穷阨以死。以余所知,如长洲马钊、元和陈君克家以殉难死,太仓季君锡畴、长洲陈君奂以老病死,幸而存者,如太仓叶君裕仁、吾邑王君振声,皆遁迹江北,余亦频岁奔走吴、越,家室播迁,书卷灰烬,方约二三同志,俟东南稍平,相率入山,闭关著述,而君不及待。嗟乎!不特良友丧亡为足悲悼,而使吾郡失此读书种子,文献无征,益使人有荒江寂寞之叹矣![10]

这段极为沉痛的文字,表达了吴中文士一种普遍的哀号无助的心理。赵氏两兄弟,宗建亲身经历了庚申之变,并招募兵勇与太平军作殊死战,其英风豪气具见于翁同龢《故太常寺博士赵君墓志铭》;而宗德一直担任京官,远离战争烽火,时常与翁同龢逛琉璃厂、饮酒博塞,故而他返乡时的描述更具冲击力。可以说,这四通手札为我们窥探咸丰十年前后与旧山楼赵氏兄弟有关的交际圈打开了一个小小的窗口。

注释:

[1] 陈烈主编:《小莽苍苍斋藏清代学者书札》,人民文学出版社 2013 年。四通手札均引自该书,并随文注出页码。

[2] 引自王荫嘉:《二十八宿研斋善本书录》,稿本,苏州图书馆藏。

[3] 《旧山楼诗录》,抄本,上海图书馆藏。

[4] 《旧山楼书目》附录,上海古籍出版社 2005 年,第 86 页。

[5] 《仰萧楼文集》,光绪刻本,上海图书馆藏。

[6] 《中国地方志集成》影印光绪三十年活字本,郑钟祥、张瀛修、庞鸿文等撰,江苏古籍出版社 1991 年。

[7] 潘运告主编、云告译注:《清代画论》,湖南美术出版社 2003 年,第 173 页。

[8] 《仰萧楼文集》,光绪刻本,上海图书馆藏。

[9] 以上二序,均见《旧山楼诗录》卷首,抄本,上海图书馆藏。

[10] 转引自《顾千里集》,中华书局 2007 年,第 414 页。

四位一体，拱卫留都：明中后期江南防御体系的建构

——以郑若曾《江南经略》为例

史献浩（苏州大学历史系）

内容摘要：明世宗嘉靖时期，为了防御、抗击大肆侵扰东南沿海地区的倭寇，出现了众多的抗倭、海防著作。其中，苏州府昆山县人郑若曾的《江南经略》一书，将江南地区防御置于东南水陆防御这一整体视野下，从海防—江防—湖防—陆防四方面来构建以留都南京防御为目标的"江南防御体系"，可谓匠心别具。由于本书多为一时权宜之计，故其历史价值较多地停留在军事思想史的纸面上，其具体实践效果似乎显得比较有限。然而，对于后人了解、考证与研究明代中后期江南的历史、地理、军事等内容，本书具有一定参考价值。

关键词：郑若曾　《江南经略》　江南防御体系

明代嘉靖时期，倭寇大肆入侵东南沿海并且深入内地，烧杀劫掠，严重破坏明朝地方安定与百姓生活、生产。然而，明初建立起来的卫所管理体系如今已逐渐无力抵御倭寇进攻。从嘉靖二十五年（1546）开始，明代政府全面整治海防。在此时代背景下，社会上相继出现众多抗倭著述，如戚继光《纪效新书》、唐顺之《武编》等。其中，郑若曾所撰《江南经略》一书另辟蹊径，从东南水陆防御的整体视野出发，建构起较为完整严密的"江南防御体系"，可谓别具匠心，独具慧眼。

目前，有关郑若曾及其军事防御思想的研究成果不多，且研究视角与所用史料比较单一。在研究视角上，大多孤立研究其海防、江防思想，独立成篇，如林为楷《明代的江防体制：长江水域防卫的建构与备御》（明史研究小组印行，2003年）、宋泽宇的《从〈江南经略〉看明后期抗倭中的江防》

（《沧桑》，2011年第6期）、许海华的《前近代中国的日本国图认识——以郑若曾〈日本国图〉为例》（唐仕春主编：《近代中国社会与文化流变》，社会科学文献出版社，2010年）等，而忽视从整体上把握郑氏"海防—江防—湖防—陆防"这一系统防御体系。在史料方面，郑氏早期的《筹海图编》一书是研究焦点，如范中义的《略谈〈筹海图编〉的版本》（《中国历史文献研究》（一），华中师范大学出版社，1986年）、童杰的《郑若曾〈筹海图编〉的史学价值》（《史学史研究》2012年第2期）等，而其晚年集大成之作——《江南经略》及其整体上的"江南防御体系"则缺乏足够关注。有鉴于此，本文主要从《江南经略》的作者、内容及其价值三个方面来重点阐述明中后期苏州学者郑若曾的"江南防御体系"思想及其价值。

一　郑若曾与《江南经略》

（一）郑若曾生平简介

郑若曾，字伯鲁，号开阳。明孝宗弘治六年（1503）出生于苏州昆山一书香门第。良好的家庭教育环境为郑氏的成长提供了便利的条件。

少时"性笃孝友，学宗程朱。幼有济世之志。凡天文、地理、山经海籍，靡不周览"[1]。师从昆山大儒魏校，成其女婿，受其器重。嘉靖十四年（1535），郑若曾以邑庠生身份进入国子监学习。然而，世事难料。在次年考试中，虽然名列第一，但因为对策直陈时弊而被列入副榜。四年后，又因与主考官争执而再次被列入副榜[2]。从此，他无意于

科举致仕之路,而是归隐乡里,潜心学问。

在嘉靖朝倭寇猖獗时期,肩担抗倭重任的总制胡宗宪、总兵戚继光"延若曾入幕中参赞机务"[3]来辅佐平倭事宜。这一期间,郑氏撰有多种海防著作,为抗倭胜利作出了重要贡献。因平倭有功,朝廷"授锦衣世荫"、"荐修国史",但郑氏皆不受,而是"归而著书"。

郑若曾著述颇多,在海防战略方面,除《筹海图编》外,还有《江南经略》八卷、《万里海防图论》二卷、《海防一览图》一卷、《江防图说》一卷、《日本图纂》一卷、《朝鲜图说》一卷、《安南图说》一卷、《琉球图说》一卷、《苏松浮粮议》一卷、《苏淞税法》一卷、《苏州府城守事宜》一卷等书。此外,郑氏还编著有《尚书集义》六卷、《原性录》一卷、《孝经阐注》一卷、《八闽通志》八十七卷、《金闾遗稿》十二卷、《留耕书草》十卷、《燕台杂录》五卷等书[4]。

郑若曾一生心怀匡时济世之宏愿,"历与王守仁、唐顺之、罗钦顺、王畿、茅坤、王艮、归有光诸人研摩实行,不角立门户、为空言、无补之学。所著书皆切实经济,不以文词为工也"[5]。虽然一生未仕,但正如其好友归有光所评价:"以伯鲁之才,使之用于世,可以致显仕而不难。顾以诎于时,而独以重于乡里之间。"[6]郑氏的整体海防战略思想既是时代的产物,也是自身思考、实践考察的成果,在明代军事史及中国古代军事思想史方面具有重要地位。

(二)《江南经略》简介

在郑氏诸多著述中,因《筹海图编》中的海防思想对当时抗倭胜利产生了重要影响而备受学界重视,研究成果颇多。然而,郑氏另一著作《江南经略》则少有人关注。与《筹海图编》纵横沿海海岸线,宏观布防不同,《江南经略》立足于"江南"地区,从整体上来论述防御体系,可谓郑氏沿海防御思想的区域化、具体化。

根据郑若曾所作《江南经略原序》[7]、《江南经略凡例》[8]和林润所作《郑伯鲁江南经略序》[9]中内

容得知,《江南经略》成书于隆庆二年(1568),主要为抗倭而作,兼及盐盗、土贼。

郑氏所谓"江南"表面上仅仅包括苏、松、常、镇四府及其所辖州县,不同于今日一般认为之八府一州"江南"。究其原因有二,其一、郑氏在是书《凡例》中有所说明:"杭嘉苏松本当合为一书,但今制杭、嘉二郡事属浙江兵备道,浙江抚按主之。苏、松、常、镇四郡事属苏松兵备道,直隶抚按主之。"如此看来,在郑氏防御体系中,苏、松、常、镇、杭、嘉六府及其所辖地区皆在江南经略范围之内,只是受限于行政区划设置,郑氏只能就其所目击之苏松兵备衙门管辖范围进行筹划,将经略推行于桑梓之地。恰恰因为所经略之四府乃郑氏熟悉之地区,若曾"得参所闻,发明宣述,为图为论"。其二、杭、嘉、湖等府事宜,郑若曾"已别载《筹海图编》,同志者合而观之,当互见矣"[10]。既然《筹海图编》已撰写有杭、嘉、湖地区防御筹划,此处专记苏、松、常、镇四府之防御体系亦可理解。

《江南经略》后被收入《四库全书》之"子部·兵家类",而异于"史部·地理类·边防"之郑氏另一巨著《筹海图编》,这恐怕是该书未受重视之重要原因!全书共计八卷,每卷又分上、下两卷。卷一之上为"兵务举要",卷一之下为"江南内外形势总考";卷二之上至卷六之下分撰苏州、松江、常州、镇江四府所属山川、险易、城池、兵马形势,并各附以土寇、要害;卷七上、下论"见行兵政",包括"戒谕将吏"十条、"行军节制"五十六条、"禁革事宜"四条、"水兵号令"三十三条、"水操事宜"八条、"弥盗事宜"十条、"海防条议"五十条;卷八上、下则杂论战具、官兵、屯田、水利、积储与苏松之浮粮等三十五篇奏议[11]。不难看出,全书以江南防倭为主旨,因地制宜,兼及东南水利、积储、赋役等内容,在江南区域史、军事思想史、历史地理学等方面具有较高的史料价值。

《江南经略》全书体大思精,内容翔实,所用资料、撰述内容皆经过郑若曾亲自寻查探访,多方考证。正如郑氏所言:"所至辨其道里通塞,录而识

之；形势险阻斥堠要津，令工图之。相□于居民，爰谘于父老，集一方之识，即为一方之计，务求切实可行，不必奇诡迂诞也……凡水、陆道路，躬亲阅历，多方考正，一一着明。而于其中所当设险之处又为图为说，罔敢阙略。庶后之经略者可考而知焉。"[12]古人云，"读万卷书，行万里路"，书斋里的研究应当与实地考察相结合。由于受到江南地区"实学"思想影响，郑氏亲自走访探查、考辨各地形势，使该书具有较高的真实性、可信度。

二　从《江南经略》看郑若曾的"江南防御体系"

郑若曾的"江南防御体系"，实际上以留都南京为中心，包含海防、江防、湖防、陆防四个方面，地域范围涉及苏、松、常、镇四府及其所辖地区，因地制宜，皆有部署，分工明晰，浑然一体。以下简要分析之，试图初步勾勒出"江南防御体系"的整体轮廓。

（一）四府防御之层次

苏、松、常、镇四府地域千里，在经济上担负着国家重要的钱粮、赋役，在军事上为"奸雄之所垂涎"，在交通运输上是南北交通之咽喉，"乃朝廷命脉之地"。此外，更为重要的一点在于，"留都（南京），四郡特其祖褓也"。在郑氏看来，"海寇窥留都之门户有四"，分为陆上与水上两种方式。陆路又分"正道"与"间道"两条，由苏州、常州、丹阳而进，此谓之"正道"；由宜兴、溧水、丹徒、龙潭而进，此之谓"间道"。水路亦然，"正道"是"溯长江，抵龙王关"，"间道"为"溯吴淞江，泛太湖，入宜兴，越新兴坝而进"[13]。因此，四府在江南防倭体系中具有重要的战略价值。

不过，在郑若曾看来，四府及其所辖州县在重要层次上仍然有所不同。一旦倭寇从东南海上进犯，"华亭、上海首当其冲，次太仓，次常熟"，因此，海防应当以松江为首，苏州次之。若倭寇入江，"常熟首当其冲，次靖江，次江阴武进，次丹阳丹

徒"[14]，故江防以苏州为首，常州、镇江二府次之。由此不难看出，依照倭寇由海入江的进犯路线，"江南防御系统"分为海防与江防两大类。海防方面，松江府首当其冲，苏州府次之，所辖郡县中又以华亭上海为先、嘉定、太仓、常熟次之。江防方面，苏州府次之，常州、镇江二府又次之。其所辖郡县又以常熟为重，其下依次为靖江、江阴、武进、丹阳和丹徒。

（二）四位一体之防御体系

海防为首。"倭寇航海而来，自东而西，其犯直隶也。南自钱塘，北抵大江，冲突焚劫，千里相共。"而"御寇之法，海战为上"。因此，在郑氏"江南防御体系"中，首当其冲便是海防。苏、松海洋是"倭寇"向内地进犯的上游，战略地位重要。因此，防御倭寇，勿使之登岸便是海防之目标。郑氏认为，"海防之策有二，曰'御海洋'，曰固海岸"[15]。其中，御海洋为上策，即"哨捕于海中而勿使近岸，是为上策"[16]。倘若无法消灭"倭寇"于海上，那么，将其"据守于海塘、海港而勿容登泊"[17]，亦不失为中策。若让"倭寇"深入内地，残害地方，那么，负责海防事务的总兵、参将、游击把总、兵备道、巡抚、军门"首当坐罪"。关于海防的战略思想与实际部署，《筹海图编》堪称典范，而在《江南经略》一书中，郑氏虽有论述，但所谈不多。究其原因，恐怕在于《江南经略》针对的是明后期江南防御体系问题，主要包括海防、江防、湖防与陆防四大方面。海防仅为其中一个方面，且相关内容已刊印于《筹海图编》中，此书不必赘述。

江防次之。长江经苏、松地区入海，故江防与海防联系紧密。海防一旦有事，江防重要性凸显。由于留都南京是明人政治观念中的南方政治中心，而长江下游乃留都南京的门户，若倭寇"溯江深入则留都为之震动"。因此，拱护留都便是江防重点，而保护留都之"至要至切之务"则是"备御江之下游"[18]！具体来说，江防与海防类似，亦有上、中两策。上策为"遏寇于江海之交，勿容入江"，

"截杀于江中关隘，使贼不得溯流而西"则为中策。倘若江防失守，震惊留都，那么身为责任人的参军、游击把总、兵备道、巡按、军门皆"罪在不原"。

三则湖防。倘若"倭寇"进入太湖，又该如何是好？从地理位置上看，太湖地区西近留都东面，南北跨苏、湖、常三郡，"论水利则三郡（苏、常、湖）田赋丰歉系焉，论兵防则三郡封疆安危系焉，全吴利害亦无大于此"[19]，战略意义重要，故"湖防"也应是郑氏"江南防御体系"题中之意。与"海防"、"江防"目标类似，御敌于湖上，"勿容流注地方"是上策。在具体方法上，郑氏建议采用"各郡湖船会剿协逐"，互相配合，协同作战。

以上皆水上防御，如果倭寇登陆上岸，又该如何呢？郑氏提出了"江南防御体系"中另一方面——陆防。郑氏"陆防"包含四郡州县、各沙要害及腹内地方要害三个组成部分。

从江南地缘结构上看，苏、松、常、镇四郡构成一种唇齿相依，休戚与共的地理关系。一旦倭寇进犯，"至境御之，过境追之，贼犯邻境援之"，此为四郡防守之大原则。在州县防御方面，郑氏自有方案。四郡所辖十八州县虽然在行政区划上各有统属，但是在抵御倭寇方面实不该有地域之见，而应奉行"贼至而捍御之，贼过而尾击之，贼攻邻邑而翼击之"的准则。这一点与四府相同。关于沿海各沙要害的防御，由沙耆民、沙船者承担，责任明确，赏罚分明，严格执行。至于各州县腹内地方要害的防御，则由团长、乡兵承担，州县巡捕官与巡检司负责提供民壮、弓兵。上述部分目标明确，各地官兵责任分明，各司其职，可以保证江南防御系统的整体运行效率。

郑若曾构建的"江南防御体系"可以看作宏观上的部署，然而，落实到具体实战中则需要将领与兵卒切实有效的执行。因此，在《江南经略·兵务举要》中，郑氏从御将、揽权、选兵、养兵、练兵、设险、分合、赏罚、兵戒、兵器、重守令、守城和土寇等方面进行提纲挈领的论述，一目了然。可以

说，《江南经略》一书是郑若曾抗倭防御思想在江南地区的区域建构，代表郑氏关于江南防御体系思考的理论成果。

三 《江南经略》的价值

15世纪中后期开始，大明帝国遭受着日益严重的"南倭北虏"问题。在东南沿海地区，面对严重的"倭患"，一批关于筹海、海防、抗倭的著作纷纷出现，《江南经略》便是其中之一。此外，不像《筹海图编》面面俱到，《江南经略》将眼光聚焦在江南一隅。虽然着眼于区域防御，但是，郑氏将"江南"置于东南水陆防御的整体视野中，从海防—江防—湖防—陆防四方面来构建以留都防御为目标的"江南防御体系"，并且重视官兵训练与生活。这是《江南经略》的出彩之处。因此，对《江南经略》的价值应当给予公允的评价，既不过高，也不过低。

所谓价值，无外乎历史作用与后世价值两种。历史作用便是事物在其特定的历史时段、历史场景中的作用与影响。就《江南经略》而言，其历史作用更多在于思想史意义上。它为当时的江南抗倭提供了一种思想体系、一种防御解决之道。或许由于史料搜集能力有限，笔者并未发现这本书的实际效果，也就无法判定该书的实际影响。从时人林润的《郑伯鲁江南经略序》以及《四库全书总目》的评价中，不难看出其当时的影响力并不大，"多一时权宜之计"[20]。不过，该书对后人却有着重要的价值！清代永瑢在《四库全书总目》中说："（若曾此书）所列江海之险要、道路之冲僻、守御之缓急，则地形、水势今古略同，未尝不足以资后来之考证。究非纸上空谈检谱而角抵者也。"正是基于亲身考察，"凡水、陆道路，躬亲阅历，多方考正，一一著明。而于其中所当设险之处又为图为说，罔敢阙略。庶后之经略者可考而知焉"，为后世保留了大量真实而准确的历史信息，对后人了解、考证、研究明代中后期江南的历史、地理、军事等方面内容具有宝贵的参考价值。

总而言之，郑若曾在《江南经略》一书中将"江南"置于东南水陆防御的整体性视野中，从海防—江防—湖防—陆防四方面来构建以留都防御为目标的"江南防御体系"，并且重视官兵训练与生活，可谓匠心独具。正如明人林莆在《郑伯鲁江南经略序》一文中所言：该书"图江海之形势，列水陆之官兵，上之树留都之防，下之谋生民之瘼，堂东南一雄籍也"[21]。不过，如果从历史作用与后世价值两方面来考察此书，不难发现，《江南经略》一书的历史作用力、影响力有限，且局限在思想史的纸面意义上。或许这与该书是郑若曾晚年总结之作有关。但是，对于后人而言，该书在江南的历史、地理、军事等研究方面具有宝贵的参考价值，值得进一步深入研究。

注释：

[1]（清）董正位、叶奕苞等纂修：《（康熙）昆山县志·文学》，国家图书馆藏，第 42 页。

[2] 姜国柱：《中国军事思想通史》（明代卷），中国社会科学出版社 2006 年，第 143 页。

[3]《（同治）苏州府志》卷九十三《人物二十》，《中国地方志集成（江苏府县志辑）》，凤凰出版社 2008 年，第 428—429 页。

[4]《（光绪）昆新两县续修合志》卷四十九《著述目上》，《中国地方志集成（江苏府县志辑）》，凤凰出版社 2008 年，第 249 页。

[5]《（光绪）昆新两县续修合志》卷三十《文苑一》，《中国地方志集成（江苏府县志辑）》，凤凰出版社 2008 年，第 510 页。

[6]（明）归有光：《震川先生集》卷十四《郑母唐夫人八十寿序》，《四部丛刊》（初编）集部，第 263 册，上海书店 1989 年。

[7]（明）郑若曾：《江南经略·原序》，《四库全书·子部·兵家类》（第 728 册），上海古籍出版社 1987 年，第 3 页。

[8]（明）郑若曾：《江南经略·凡例》，《四库全书·子部·兵家类》（第 728 册），上海古籍出版社 1987 年，第 4—5 页。

[9]（清）董正位、叶奕苞等纂修：《（康熙）昆山县志·艺文》，国家图书馆藏，第 70 页。

[10]（明）郑若曾：《江南经略·凡例》，《四库全书·子部·兵家类》（第 728 册），上海古籍出版社 1987 年，第 4 页。

[11]（清）永瑢：《四库全书总目》卷九十九《子部·兵家类》，中华书局 1965 年，第 839 页。

[12]（明）郑若曾：《江南经略·凡例》，《四库全书·子部·兵家类》（第 728 册），上海古籍出版社 1987 年，第 4 页。

[13]（明）郑若曾：《江南经略·苏松常镇四府总论》，《四库全书·子部·兵家类》（第 728 册），上海古籍出版社 1987 年，第 26 页。

[14]（明）郑若曾：《江南经略·凡例》，《四库全书·子部·兵家类》（第 728 册），上海古籍出版社 1987 年，第 4 页。

[15]（明）郑若曾：《江南经略》卷一下《海防论一》，《四库全书·子部·兵家类》（第 728 册），上海古籍出版社 1987 年，第 31 页。

[16]（明）郑若曾：《江南经略·凡例》，《四库全书·子部·兵家类》（第 728 册），上海古籍出版社 1987 年，第 4 页。

[17]（明）郑若曾：《江南经略·凡例》，《四库全书·子部·兵家类》（第 728 册），上海古籍出版社 1987 年，第 4 页。

[18]（明）郑若曾：《江南经略》卷一下《江防论一》，《四库全书·子部·兵家类》（第 728 册），上海古籍出版社 1987 年，第 43 页。

[19]（明）郑若曾：《江南经略》卷一下《湖防论》，《四库全书·子部·兵家类》（第 728 册），上海古籍出版社 1987 年，第 55 页。

[20]（清）董正位、叶奕苞等纂修：《（康熙）昆山县志·艺文》，国家图书馆藏，第 70 页。

[21]（清）董正位、叶奕苞等纂修：《（康熙）昆山县志·艺文》，国家图书馆藏，第 70 页。

"吴门画派"的薪传者

——清吴门画家刘彦冲生平及其绘画艺术

邹绵绵

内容摘要：吴门画家刘彦冲（1809—1847，名泳之），工于诗词古文辞，善绘事。由于短寿，因而在绘画艺术上"未能大成"，然其绘画作品在其生前生后均为人所重，其绘画作品现大多为国家博物馆所藏，有画迹被选入《中国绘画史图录》。本文通过对刘氏生平事迹和诗词、绘画艺术的渊源、特色的考察，可以认识他的绘画与"吴门画派"的主要特征有着明显、密切的联系。由此可以认识刘彦冲应为晚清传承"吴门画派"的重要画家，可以为梳理、研究"吴门画派"传承脉络提供相关资料。

关键词：吴门　画派　刘彦冲

肇创于明代中叶的"吴门画派"[1]，在中国绘画史中具有深广的影响和重要地位。潘天寿《中国美术史》中称它为"竟掩有中原而独步之势。随潮涌水，直使清代三百年之山水画，亦全属此派范围之下，其情况真不可一世之概"[2]。因此，对它的形成、发展和传承，素为学界研究的重要课题。而主要活动于清道光年间的吴门画家刘彦冲（泳之），工于诗词古文辞，善绘事，兼擅古琴。由于他的短寿（终年三十九岁）使其在绘画艺术上未能"自立门户"，然其绘画作品在其生前生后均为人所重，有画迹被选入《中国绘画史图录》，作品大都为国家博物馆所藏。本文通过对刘氏生平事迹，诗词、绘画艺术的渊源、特色的考察，可以认识他与"吴门画派"的主要特征如：吴门画家沈周、文徵明等发展了元代文人画传统，注重笔墨表现，主体上追求诗情画意相连，主张平淡自然、恬静平和的格调，有着明显、密切的联系。由此可以认识刘彦冲应为晚清传承"吴门画派"的重要画家，同可为梳理、研究"吴门画派"传承脉络提供相关资料。

一　画家刘彦冲其人其艺

画家刘彦冲（1809—1847）初名荣，又名泳之，字彦冲，改字梁壑，又字巨源，原籍四川梁山县，故别号梁壑子，室名归实斋、操缦堂。他的曾祖父士伟，是乾隆乙丑（1745）武进士，官参将。祖父维五，官江苏某县县丞。父致敬，监生，从宦来苏州，娶苏州王氏，嘉庆十四年（1809）二月二十九日彦冲生。在他四岁时，父亲故世后，与母亲王氏相依为命。由于从他祖父起，到他的父亲，死后都权葬在江苏丹徒夹山，才未改隶户籍。因此他虽生长在苏城，而按例也就不能参加苏城的科考，"故君以布衣终。君虽不事举子业而好读书，浏览载籍，喜为诗古文辞"[3]。家贫，他为孝养母亲，终生未娶。母亲王氏长病，他精心服侍，加上生活的困苦而致疾。其母死后不久，他于道光二十七年（丁未，1847）四月十八日因贫病而死在苏城，终年仅三十九岁[4]。由于他在苏城鲜有亲族，而无法指认刘氏在丹徒夹山的祖坟，其身后由其生前故交、弟子姚耕一、杨元洁（白）、汪月生（献玕）、顾大昌（子长）等为之请旌孝子[5]，并于其年六月七日将其与母王氏同葬于吴县福寿山万青字圩之马家村（即在今苏州石湖风景区的福寿山旁）。并由生前故交汪献玕、杨白等将其诗文辞章整理并编刊为《归实斋遗集》（十卷，道光二十八年刊本）[6]。另有《操缦堂诗》手稿二、三两卷，现藏苏州博物馆。

有关刘氏"归实斋"室名之由来，刘有《"归实斋"说》，其中略谓："所谓能归于实者，亦甚难矣。惟君子能安其易而高企其难，则天下之至实者，无不实归于我矣。……姑著其说以归实斋名我休息所寓舍，欲勉其所难，以侥幸于不足。"从中可知他是以此用于自勉耳。

而他的"操缦堂"，"操缦"一词，按《礼记·学记》："不学操缦，不能安弦。"况且琴艺也是古代文士必修的艺能。由此也可知刘氏生前之所以会与以精于古琴著称的杨元洁（白）结为至交。

有关刘氏其人，汪献珏称他"著画有名，贫不为利市之行"，"至贫困以病死而不悔"，可见他秉性的狷介。杨元洁（白）《刘梁瑬先生事略》中称赞他："好读书，工诗词古文，自少以画名，进益深造山水人物花卉之属。靡不抗心师古，俯视一切，知者谓近百年来所未有也。然极矜贵，非其人不与；又耻以是术利，故生平所作半，皆与古人友善者。他以货术，必视其人品礼意以为报。"[7]可知他于文学有着很高的修养，自少就以画著名，从师画家朱昂之（青立）学画进益深造后，他的山水、花卉画得师门指授，能传师法。复肆力于古，临摹各家，无不得其精髓而画名益著，并为知者称之谓"近百年来所未有也。"但正是由于他秉性的狷介，和对于自己的绘画十分看重，作品才非相知者不与，即使鬻画，必须根据求画者的人品为报。这也在一定程度上成为他"但名不远传，北京等地，就不大有人知道他"（徐邦达语）的原因之一。同时也显示出刘氏虽为始终生活在贫困之中的一介寒士，但他把写诗、填词、作画成为他生活中的主要内容，和精神寄托，并将自己的性情挥洒于文字泼墨之间。这是他受自宋元以来，文人画家作画强调主观性和非功利性，标榜"聊写胸中逸气"，画作"非其人不与"，如元画家倪云林，到明代吴门画家沈周、文徵明等无不如此的影响，而坚守着一种自我独立不随时俗的操守。

有关他的诗艺，吴县董国华《归实斋遗集·诗序》曰："小浮山人（潘曾沂）以诗相视，幽峭隽洁。彦冲一生心许隐逸生活，可见其心志的幽隽。"[8]吴江董兆熊《归实斋遗集·诗序》曰："其诗幽澄绵渺，原本性情俦讨，登涉之作颇似大谢（谢灵运）。而其感时、伤事、拊景、怀人不自知，其情一往而深也。"[9]嘉兴沈涛《归实斋遗集·文序》

曰："观刘君之诗，托想幽峭而取径高迥，绝去时流疲庸叫嚣之习。其古体义心苦调，大类酸寒孟尉（孟郊），近体隽洁少俗韵，亦不减杨朴（北宋布衣诗人。字契元）、魏野（北宋诗人，字仲先，诗风清淡朴实，无艰涩苦瘦的不足）。"[10]他有《〈梅花〉戏效半山体并用其韵》云："冷中吐奇不媚世，亦如偃蹇冰雪中。未须玉颜数憔悴，讵有膏木愁飞蓬。"[11]可说是他借此来自抒胸臆。

晚清词学家吴县戈载《归实斋遗集·词序》中谓："其有汪君彦石，以余略谙声律，录其词，属为编校，余受而读之，觉笔力豪爽，神韵悠长，激昂慷慨，操纵自如，柔情曼态一洗而空之，诚不鄙矣。或有疑其艳者，而摛写性灵，妙有清气行乎其间；风骨本自出尘，旨趣更为拔俗，居然可谓之雅音已。"[12]在《归实斋词》有如：《相见欢·柳絮》云："绿天一抹含烟，草芊芊。不道水花落尽，日如年。（下片）才眼底、吹还起、到谁边？怎信伤春几夜未曾眠。"又如：《朝中措》有句云："小楼寒重画帘垂，点点雨声来。梅朵渐开笑口，远山何事低眉。"从中都可见得他的"出尘"和"拔俗"。他又尝自谓："东坡先生虽著小令，读之亦豪气可掬，我词不当如是耶？"可见他赞赏苏东坡的豪爽之气。按刘氏在《归实斋词》卷后自题云："鄙人久不作小词，阅旧稿亦甚技痒，第羞为妇人语耳。"因而他的词作数量较少，存世仅七十余阕。然其"笔力豪爽，神韵悠长"的词风，同是他绘画的主要特色。

又如：潘曾莹《墨缘小录》中对画家刘彦冲有如下记述：

> 刘彦冲泳之，原籍四川梁山县，侨寓吴门。力贫事母，不妄干人。工山水、人物、花卉，抗心师古，深造自得。然自矜贵，非其人不与。又耻以是求利。卒穷困以死。著有《归实斋集》。古文及词，皆卓卓可传，尤深于诗，《临水》（案：据《操缦堂诗》手稿，诗名应为《闲步》）云："临水人家白板扉，菜畦黄处蝶来飞。浓荫立久忽逢雨，知是松花落满衣。"《梅雨》云："檐角残红网户粘，风来苍葛（栀

子花）暗香添。空庭雨过绿蒲长，蝴蝶上阶新卷帘。"《连雨喜晴》云："清明寒食连朝雨，吹落春红漫如许。晓来檐日却穿窗，已有山禽隔花语。"《废园》云："亭林余结构，寂寞此名园。墙短邻鸡入，池荒野雀喧。树非前日貌，苔似隔年痕，纵有游人迹，春风不再论。"峭洁孤冷，读之想见其人矣。[13]

从上可知画家刘彦冲乃一介贫寒之士，他的诗画能受到当时士大夫的如此称赏，殊属不易。读了以上《闲步》等诗作，可见他诗笔信手拈来，写景状情，无不清新自然，且诗情中充满着画意，这也直接影响着他绘画的艺术风貌。

在刘氏平生交游中，除上文已提到的生前一些故交之外，他还与晚清文学家、画家姚燮（字梅伯，著有《疏影楼词》等）也交谊深厚[14]。对此笔者特略作考察，按潘曾莹《墨缘小录》对朱昂之、姚燮二家的记述中，可知刘、姚结交应有缘于刘师朱昂之，而刘、姚的交好更主要的是由于两人的性情相若，才艺相当，所谓莫逆于心，遂相与友。这些在《归实斋遗集》中刘就有如《壶中天·题姚梅伯〈疏影楼词〉》等不少诗词作品，而在现藏苏州博物馆的刘氏《操缦堂诗》手稿上，不仅留有姚燮墨书"丁酉（1837）八月朔梅伯弟姚燮读过拜服"的观款，而且还在刘氏诗稿中如《闲步》诗作上姚作的批语"元遗山神来之笔"，还加钤有"燮"小印，这些当可证两人交情之深且厚矣。

又董国华在《归实斋遗集》总序中评介其画谓："余不识梁瓘也，先睹其画于黄毂原斋中，笔意超逸，不规规于形迹，而神与古合，相与叹绝。"可知刘氏画艺还为当时画坛前辈名家黄均（字毂原）所剧赏，亦属十分难得[15]。

二 画家刘彦冲与诗人江湜

由于种种原因，对于画家刘彦冲个案研究，可以说至今尚属空白。所见除徐邦达先生《刘泳之生卒年岁考订》一文外，至目前仅见近年由广东省博物馆研究员朱万章撰写的《刘泳之人物画解读》一文。而按笔者之见，要了解画家刘彦冲的生平事迹，及其诗词、绘画艺术方面的情况，可从刘氏诗友诗人江湜《伏敔堂诗录》[16]所存不少与刘氏相关的诗作中来探索并加以认识。也正如当代学界在"江湜研究"中而对于画家刘彦冲的生平艺事就多有述及[17]。因此，以下把诗人江湜其人其诗，及其与刘氏相关的诗作作些简要的叙述。

诗人江湜（1818—1866），字持正，又字弢叔，别署龙湫院行者，室名伏敔堂。长洲（今苏州）人。先世居歙县之江村，清初为避疾疫迁于苏，遂为长洲人。家境甚清贫，无田可耕。他五岁始上学，十一岁在塾读书，尝有志于医卜。十二岁通诗书，翌年开始学作文。十六岁受业于汪月生（献玗）先生之门，学业大进。二十一岁时所作《咏怀二首》，为其诗集收录诗作之始。他在应试的道路上屡遭失败，直到二十四岁时，始成诸生。他二十六岁，由运河北上，游京师。年末游齐鲁。至1846年夏归里，寓僧寺读书。冬，赴福建入表丈彭蕴章（1792—1862，字咏莪，江苏长洲。道光进士，官至军机大臣。时任福建学政）幕。旅闽三年后归里，于1849年初夏回到家乡。咸丰七年（1857），他已届四十岁，入京谒表丈彭蕴章，得其资助，就此捐了个候补浙江县丞（从九品）。随后赴杭州，奔波于浙江境内。翌年试用期满，入海运局。1860年，太平军进逼杭州城，他随运使缪梓守城，城被攻破，缪梓死难，他幸存避于葑门外之角直镇。五月初，太平军四出焚掠，他受生父母之命，携八弟澄（梅生）离别双亲，从平望乘夜偷渡，取道湖州而到杭州。同年冬十一月，他在温州闻得本生父母在家殉难之讣。同治二年（1863）他佐幕福州，编同治元年三月至岁除所作诗共得95首，辑为《伏敔堂诗续录》卷一，并予刊刻。翌年（1864）他摄长林场盐课司，寓塔山寺，境况枯窘。翌年五月，他到杭州，薛慰农守杭州，邀其共事，始佐治海运。至同治五年（1866）春，在嘉兴，旋有徽州之行。七月初三（8月12日），卧病逝于杭州旅舍，年四十有九。遗命葬角直其生父补松公墓侧，墓碑书"清故诗人江弢叔之墓"。

从上可知，江湜生逢乱世，一生贫穷困厄，四十岁后虽为小吏身在官场，然多格格不入，自感不合时宜。他死后八弟梅生在挽诗中有句："吾兄不尽误儒冠，误在家贫买一官。"说得很是贴切。他的诗为近代诗界所重，并为当代学术界称之为兼具诗人心史和时代诗史的双重价值。如诗人陈石遗（衍）评称其为"咸、同间一诗雄也。"诗人金松岑评称："弢叔曲折洞达，写难状之隐，如听话言。"当代诗人钱仲联评称："江湜诗，是清代的孟郊、杨万里，而又不为两家所限。……他是有意识地在摆脱陈规，自创新面目。"当代作家、学者钱钟书评称谓："余于晚清诗家，推江弢叔与黄公度如使君与操。弢叔或失之剽野，公度或失之甜俗，皆无妨二人之为霸才健笔。"[18]因此，《辞海》修订本（上海辞书出版社 1979 年版）就收有"江湜"词条："江湜，清代诗人。字弢叔，江苏长洲（今吴县）人。诸生，道光间（案：应为咸丰间）官浙江候补县丞。其诗不用典故，以白描瘦折取胜。有《伏敔堂诗录、续录》"。

有关刘、江二人的生死交谊。在江湜《伏敔堂诗录》中作于道光二十二年（1842）有《和刘彦冲泳之七首》，当时江二十五岁，刘三十四岁，可知二人的结交当早于此。两人都是生活在社会底层的士人，他们的交谊纯缘于相互对诗画才艺的赏识而结为同道。当 1843 年江始游京师，刘有《自叙此作诗与江弢叔》其中略谓："弢叔每得拙诗，辄有所许，或讽咏再三，……今束装北游，索鄙人稿，将载之行旅，其意盖有足多者。嗟夫，同志之好，有此吾弢叔者乎？"从中可见二人的"同志之好"和交情之笃。

1847 年，江湜在福建，尚作《次韵寄答元洁（杨白）并怀彦冲四首》。不久即闻至友刘彦冲、沈山人（谨学，字秋卿）死讯，江有《闻沈、刘二君之丧哭之逾日作二诗志哀》、《得元洁（杨白）书知彦冲已葬为诗哭之凡五首》，其一云："呜呼吾友有刘君，为人纯孝又多文。如冰之清雪之洁，以膏自煎香自焚。生当图画屈原庙，死合穿附要离坟。寻

常岂尽识其美，谓不异于古所云。"诗中还有"有时为母觅甘旨，等闲写出胸中山"，"君以药言攻我疾，昔之镜诫从今休"等出于肺腑的诗语来悼念这位因贫病而死的道义之交。

诗人江湜"工书"[19]。再从其《写云山得米家笔法自为题句》、《观旧画山水杂幅》、《新得彦冲画两卷为诗纪之一为〈虎丘图〉，一为〈西湖图〉》有句："刘子善画复吾友，时观落笔嗟神全。学琴不果欲学画，誓与刘君长周旋。"等来看江氏兼能画。因此，在他如《观彦冲画感怀有作》、《题彦冲山水小景四首》、《彦冲画柳燕》、《新得彦冲画两卷为诗纪之一为〈虎丘图〉，一为〈西湖图〉》等不少诗作中，对刘画艺所作的鉴赏品评，更可真实地反映画家绘画艺术的风格和特色。如《彦冲画柳燕》诗云："柳枝西出叶向东，此非画柳实画风。风无本质不上笔，巧借柳叶相形容。笔端造化有如此，真宰应嗔被驱使。君不见昔年三月春风时，杨柳方荣彦冲死，寿不若图中双燕子？"诗人借以有形的柳叶，写出无形的风这一巧思，正是对亡友刘彦冲"笔意超逸，神韵悠长"画艺特色的诗化概括，又以此赞叹亡友于绘画天分的奇绝和画艺的高超。

彦冲死后两年，诗人回到家乡后诗作有如：《过彦冲墓》、《题彦冲桃花便面》、《观彦冲画感怀有作》、《新得彦冲画两卷为诗纪之》、《彦冲长江月图雁》、《彦冲画罗浮蝶》、《题彦冲山水小景四首》等等诗作中无不对亡友的画艺作有真赏，尤其有如《典衣买彦冲画一幅赋诗解嘲》中写道："岂曰无衣一敝裘，质钱不与妇相谋。将沽官酿供朝饮，却买山图作卧游。四壁尚存聊润色，百年难度此消愁。君看画手刘梁瑑，早枕青山成古丘。"诗人瞒着妻子典去了"敝裘"，将所得的钱并非为换酒，而是买下故友的山水图遗作，以当卧游，以此来打消此生的困苦穷愁。从中便可见诗人当时处境的艰困，而对亡友画艺的珍爱，和两人的生死交情。也正是由于诗人对亡友感情的真挚感人，民国年间常熟人言敦源（仲远）出于对诗人江弢叔的推重，斥资刊印《伏敔堂诗选》，并附刊了诗人至友刘彦冲的《归实

斋遗集》，让二位挚友的诗词遗作都为一集，成就了他们"长相周旋"的遗愿。

三　刘彦冲画学渊源和画艺特色

徐邦达《刘泳之生卒年岁考订》[20]中写道："清嘉庆、道光年间苏州画家刘泳之（彦冲），是朱昂之的学生，画笔秀润，可谓青出于蓝。刘氏未享大年，所以作品传世亦较少。解放前，上海、苏州等地鉴藏家，不惜重金收购，一轴临王石谷画，可与王石谷真本同价。但名不远传，北京等地，就不大有人知道他。刘氏山水花卉画一般面貌，还近朱昂之中年之笔，山水以仿王叔明（蒙）一派为最多。其他临摹宋、元人物界画，大都工细明丽。但因短寿，未能大成，到死还没有确立自己的门户。"

从上可知刘氏自少就以画著名，从师画家朱昂之学画深造之后，他的山水、花卉画得师门指授，能传师法。复肆力于古，临摹各家，无不得其精髓而画名益著。按"刘氏山水花卉画一般面貌，还近朱昂之中年之笔，山水以仿王叔明一派为最多。"（徐邦达）而据画史记载："朱昂之（1764—1840，字立青，江苏武进，今常州人，侨居吴中，今苏州）于画染濡家学，尤得力于恽南田、王石谷。中年临古之作，有笔有墨，深得古人神髓。晚年纵笔挥毫，未免失之尖薄。即邱壑位置亦太刻露，无浑融沉古之气。尝自言每一运腕，即为三王、吴、恽所缚，不能脱其范围。一艺之成，固非易事。"[21]

现藏上海博物馆的刘氏《松风山馆图》（图一），为纸本轴、设色，纵135、横57厘米，作于道光十五年（1835），刘氏时年二十七岁。是图写峰峦连叠，其间楼台隐现于苍松白云之间，山下曲径迂回，平坡上有馆舍数楹，主人静坐其间，庭前有白鹤理羽，清流围绕，画面全为左下部耸立的长松掩映，是图布置巧妙，意境超逸幽静而引人入胜。画笔峭秀细润，所写峰峦的结构体貌虽尚有其师朱昂之"邱壑位置亦太刻露"的影子，然该图系小青绿体格，加上所写松树全以细笔精勾细染，又山石的

设色填染取法于文徵明，而文氏此法直接元代赵孟頫。即清人方薰《山静居画论》所谓："衡山太史，书画瓣香松雪，笔法到格，骎骎乎入吴兴（赵孟頫）之室矣。"潘天寿《中国绘画史》中将元代的山水画分为四派，"一为钱选之青绿巧整派，二为赵孟頫之集古细润派"，后者即包括以工致娴雅而见长的细笔小青绿体格。是图布置妥帖，意境超逸秀美而引人入胜。诚如刘氏在是图上有"右录古风一首"其中有句云："少年爱山水，未行意先留。但恨守户庭，何暇穷遨游。兴来写峰峦，狂率不自谋。此山岂能名，秀出东南邱。"即其诗友江弢叔所谓"等闲写出胸中山"是也。

图一　《松风山馆图》

而再从所见现藏故宫博物院的刘氏《仿黄鹤山樵设色山水》（图二）、《虎丘图（卷）》来看，前者作于道光二十年（1840）[22]，刘时年三十二岁，是图中山峰巍峨，远山以色笔染出，远处台阁隐现于树杪，近处四周松桧杂树蓊郁，草堂中有宾主清话，屋后云气弥漫，前有溪流，树岸边有钓艇，意境清逸幽雅。是图的山石结构较诸王叔明略显疏秀，而树木则点染细润，画笔峭秀清苍，设色清淡秀雅，是图虽称仿王叔明，画却有着自己面貌。后者《虎丘图（卷）》（纸本设色，纵 25.7、横 109.1 厘米），据图左下款题"仿衡山、古农（明画家杨补）两家

图二　《仿黄鹤山樵设色山水》

本意，乙巳夏日彦冲"，"乙巳"为道光二十五年（1845），他时年三十七岁。是图中的山石多用乾笔皴擦，远树用攒笔点写，近树则精勾细染，画笔工细秀逸，确有文徵明细笔一路风貌，而以其中的山石的结构体貌来看，与文徵明、杨补均有所不同，也有着他自己面貌。

又如：从上海博物馆藏刘氏《临恽（南田）、王（石谷）山水册》（十一开，作于 1842 年）[23]、苏州博物馆藏刘氏《仿陆治山水人物册》（五开，作于 1844 年）、《仿古山水册》（六开，作于 1845 年）和南京博物院藏刘氏《杂画》（八开，画花卉、山水、人物，其中有题款"仿白阳山人"、"仿文太史真迹"、"背临宋人本"）等作品来看，刘氏"抗心师古，深造自得"也可见一斑。

纵观上述，可以见得刘氏山水画的取法师承，能跳出其师朱昂之"为三王、吴、恽所缚"藩篱，主要是由明代文徵明上溯元代赵孟頫、王蒙诸家。因此，徐邦达称其"画笔秀润，可谓青出于蓝。刘氏未享大年，所以作品传世亦较少。解放前，上海、苏州等地鉴藏家，不惜重金收购，一轴临王石谷画，可与王石谷真本同价"，良有以也。

又如所见刘氏作于壬寅（道光二十二年，时年三十四岁）秋九月的《〈松荫高士图〉仿文徵仲本》（图三），图上有今人吴湖帆题识一则，识谓："刘孝子彦冲，天赋画苑奇才，秉笔峭劲直入文、唐堂奥，惜未享大年，殁仅三十许。所存遗稿得其至友江弢叔为之理传。孝子初名荣，字泳之，后以字行，号彦冲，所居曰'归实斋'，有诗稿行世，即弢叔所梓也。此图虽仿征仲，实具六如、十州（洲）诸家之精华而出，非汤（贻汾）、戴（熙）诸公可到也。孝子精英，当有吉祥云随处呵护。壬午（1942）冬日，后学吴湖帆谨识。"[24] 从中可见堪称手眼两高的吴湖帆对刘氏画艺的推重如此，同时也可见刘氏画笔确是直接明代吴门文徵明、唐寅、仇英诸家。而题识中最为重要的是"此图虽仿征仲，实具六如、十州（洲）诸家之精华而出，非汤（贻汾）、戴（熙）诸公可到也"之语，可知刘氏画艺不仅追踪吴门文、唐、

图三　《松荫高士图》

仇诸前贤的遗范，尤为可贵的是能从中能吸收其精华而不袭其貌，正所谓"笔意超逸，不规规于形迹，而神与古合"而自成家数，此实为艺术的旨要。这与画家诗艺的"托想幽峭而取径高迥，绝去时流疲庸叫嚣之习"堪称是异曲同工，殊途同归了。

有关刘氏的人物画，朱万章《刘泳之人物画解读》[25]中有谓："刘泳之人物画多为比较工整细致的一路，颇类费丹旭、改琦风貌。其人物画一如山水画，多从古人处得径，尤得力于宋元人较多，均为设色明丽的风格。目前所知公库所藏其人物画有北京故宫博物院所藏之《李德裕见客图》、《松荫鸣琴图》、《听阮图》和《钟馗故事图》、广东省博物馆所藏之《梧桐仕女图》、上海博物馆所藏之《送子观音图》、苏州灵岩山寺所藏《观音像》和苏州博物馆藏《仿陆治人物图》等。"朱文就此以上述公库所藏刘氏作品择要作了简要的赏析。而由于在朱文中对刘氏《听阮图》未作赏析，笔者在此有必要就该图画笔渊源作些简要的考察。

从所见现藏故宫博物院刘泳之三十七岁作于清道光二十五年（1845）的《听阮图》（卷，绢本，设色，20.7×78.1厘米）所写人物、仕女的笔线细劲，设色妍丽，形象生动优美，实脱胎于吴门画家唐寅的人物、仕女画法中"线条细劲，设色妍丽"（唐寅画人物、仕女，在画法上大致可分两种，另一种笔墨流动，挥洒自如，如《东方朔偷桃图》《秋风纨扇图》）所作人物、仕女形象之遗范。再从是图所作衬景来看，所写湖石以线勾后染出，形体堪称玲珑剔透；所写蕉竹，或以淡墨勾勒后填彩而成，或纯以水墨写出；所写梧桐五株，全用淡墨双钩法，唯于主干略施淡彩，以与大面积以花青渲染的铺地相呼应，又铺地中以细笔勾写的杂卉细草，茂密自然，使得画面益见清新明丽。再从所写人物抱膝而坐的石坛的石体的笔墨构成来看，其勾皴之画笔来看当出于南宋体格，并能与图中玲珑剔透的湖石形成对照。由于画家文艺修养全面，构思巧妙，笔墨表现手法多样，才使全图意境生动，清丽优雅，堪为其人物、仕女画代表作品之一（图四）。

图四　《听阮图》

在朱文中对刘氏人物画的取径、特色主要可归纳为"其人物画一如山水画，多从古人处得径，尤得力于宋元人较多，均为设色明丽的风格"；"《松荫鸣琴图》据作者题识可知是拟明代唐寅和宋代马远、夏圭之法，也和前作一样，已无多少前人影子。其松树、山石的画风明显受吴门画派影响较大，而人物之造型与环境之晕染仍然是自家风貌"；"刘氏之画，多具古意，画中常缀以小诗，以达诗画交融之境。……画境缠绵，诗亦婉约，用跳动的颜色与雅致之衬景将怀抱幽情的仕女刻画得生动形象，据此可见其驾驭画艺的高超能力"。以上这些评骘允当，在此就不再赘述了。

再有必要对刘氏花鸟画也略作考察。从所见刘氏二十七岁作于道光十五年（1835），为"珊珊尊兄"作《拟古花鸟十帧》[26]（纸本、设色，纵 18.4，横 33.6 厘米，选八）来看，从图七、图一〇中所作花卉衬景的湖石的结构形式来看，显然受朱昂之的影响。然其所作花鸟画，笔墨洒脱精劲，能见秀润，所作花卉除"图一〇《水仙》"之外，多以没骨写成，吸收了清恽南田没骨画法，而其画笔骨子里实是继承了"吴门画派"从沈周、唐寅，到陈道复、周之冕、陆包山等开创的水墨写意画法。再从"图五《仿包山子意》"、"图七《湖石海棠》"、"图八《荷花》"诸作来看，其色彩淡雅而富有变化，其奥妙实出于画家具有极高的文艺修养，和有着举重若轻驾驭笔墨的能力。而其所作禽鸟、松鼠，如"图六《春江水暖》"、"图九《松鼠葡萄》"、"图一一《梅竹山鹊》"、"图一二《红叶八哥》"中动物的造

型准确，而且形象生动，其风格也直接"吴门画派"小写意画格。

有关刘氏画学师承，还可参考无锡博物馆藏清刘泳三十五岁作于道光二十二年（1843）之《临吴小仙文会图》（卷，纸，墨笔）。该图上有画家自题云："予生平颇不喜戴文进，吴次翁辈画，以谓多马

图五　《仿陆包山》

图六　《春江水暖》

图七　《湖石海棠》

图八　《荷花》

图九　《葡萄松鼠》

图一〇　《湖石水仙花》

图一一　《山鹊梅竹》

图一二　《红叶八哥》

夏陋习。今观冷翁此卷，又乌可废耶！不多见真本而好为臆断，自失之也。执以论里苍士犹不可，况古人之贤乎？临次翁文会赠言图自记，且以志我过，梁瓒子。"[27] 从中正可反映刘氏画学师承主要为"吴门派"，所以才会有"予生平颇不喜戴文进（进），吴次翁（伟）辈画，以谓多马（远）夏（圭）陋习"之语，但当其晚年（终年三十九岁，故称）见到了浙派名家吴伟的人物画《文会图》，自觉亦有可取之处，所以才认识到自己以往的过失，并临吴氏《文会赠言图》一过，留下了这件画迹，由此可知刘氏于画能不囿于派别门户，取法多端。奈何天妒奇才！四年后他就夭折了。这也便是他在绘画艺术上未能“自立门户”的根本原因。

然而，清代诗人、书法家何绍基题刘泳之《仿古山水图册》云：“苍苍浪浪现奇慨，妙意本在丹青外。”[28]吴昌硕在题刘泳之《怡云图卷》称其“白云丽天，松影在地，似真不食人间烟火者”[29]。近代词学家、金石书画家郑文焯赞赏刘氏画“骨气奇高，尤得元人神妙”；“近人如吴湖帆、徐邦达等都对他极为推崇”（朱万章《刘泳之人物画解读》）。在他的绘画中所反映的“奇慨”、“似真不食人间烟火者”、“骨气奇高”，除了来自画家于画的天赋之外，当又与他的工诗词古文辞、擅琴，尤其是与他长期受到吴门文化的熏沐，和诗友、画苑同道的影响也是息息相关的。因此，尽管由于他的早逝而“未能大成”，但通过上述对刘氏生平、诗艺、画艺渊源、特色的考察，可以认识到画家刘泳之不仅是清道光时期画苑中的佼佼者，又堪为晚清传承“吴门画派”传统的重要画家。因此，他的绘画作品大都均为故宫博物院、上海博物馆、南京博物院、广东省博物馆、苏州博物馆收藏，并大都被收录在《中国古代书画图录》，作品《柳燕图（轴）》、《群峰秋翠图（轴）》，均图录于《中国绘画史图录》而名垂画史。

注释：

[1]“吴门画派”，此指“明四家”沈周、文徵明、唐寅、仇英，以及随后的明季吴门画家群体而言。而由于在当代画学界，如：1990年10月在故宫博物院举办的“明代吴门绘画国际学术讨论会”中，多有学者认为由于沈周、文徵明、唐寅、仇英四家绘画的师承、风格不同，而不能归属为一派。此可从会标“吴门绘画”之称，便可见得。

[2]潘天寿：《中国绘画史》，上海人民美术出版社1983年（依照1936年“大学丛书”重版），第206—208页。

[3]汪献玗：《刘君梁壑墓志铭》，刘泳之《“归实斋”说》，均见于《归实斋遗集》（道光本附录）。汪献玗，字月生、彦石，长洲（今苏州）人。系陈奂弟子，著有《禹贡锥指节本》《景无鄦斋诗录》等。汪系江湜本师，与刘泳之谊在师友间。

[4]《中国美术辞典·刘彦冲》称其生年为1807年，实误，第110页。

[5]旧制，凡忠孝节义之人，得向朝廷请求表扬。故冯桂芬同治纂《苏州府志·艺文四》载有《刘泳之传》。

[6]见刘氏《归实斋遗集》道光刊本。据苏州博物馆藏《操缦堂诗》手稿中沈涛题序墨迹内容可知《遗集》中的存诗即选采自《操缦堂诗》手稿。有关刘氏死后由生前故交汪献玗、杨白等为之殓葬，并将其诗文辞章整理编刊为《遗集》事，杨白《事略》：“殁之日囊无铢累，仅积抚古人手迹一簏，货之得如千金。凡先生殓葬祠屋及遗集刊版其资悉取给于是。”一代画人，死后竟以画自葬，令人嘘唏！特注之。

[7]见于言敦源选刊《伏敔堂诗选》附刊《归实斋遗集》附录。杨白，字元洁，号独石，吴县人。布衣，工诗文，精擅古琴，著有《独石轩诗抄》等。刘泳之与江湜之结识即在杨氏处。

[8]董国华（1773—1850），字琴南，号绿溪渔隐，吴县人。嘉庆进士，官至广东雷琼道。曾主紫阳书院讲习，工诗文倚声，词风婉约。有《香影庵词》、《云寿堂文集》、《绿溪笔谈》、《海南笔记》等。

[9]董兆熊（1806—1858），字敦临，苏州吴江人，咸丰举人，好骈文。著有《味无味斋稿》，另辑有《明遗民录》二十卷、《孝子传》二卷等。

[10]见于苏州博物馆藏《操缦堂诗》手稿中沈涛题序墨迹。沈涛（约1792—1855）字西雍，号匏庐，浙江嘉兴人。曾任正定府知府等职。有神童之称，曾从段玉裁游，生平专尚考订，兼嗜金石，著述精富，有如：《十经斋文集》、《匏庐诗话》、《瑟榭丛谈》等。

[11]见于《归实斋遗集》（道光本）。

[12]戈载（1786—1856）字孟博、弢甫，号顺卿，吴县人。诸生。著有《翠薇花馆词》，撰有《词林正韵》四卷，编有《宋七家词选》

等。工书，画善写意花卉，尤善写梅。

[13] 潘曾莹（1808—1878），字申甫，号星斋，吴县，今江苏苏州人。道光进士，官至吏部左侍郎。长于史学，工书画。著有《小鸥波馆文钞、诗钞、词钞、题画诗、画识、画品、画寄、墨缘小录》等。

[14] 姚燮（1805—1864），字梅伯，号复庄，又号大梅山民、野桥、东海生等，浙江镇海（今宁波北仑）人。道光举人，以著作教授终身。治学广涉经史、地理、释道、戏曲、小说。工诗画，尤善人物、梅花。著有《今乐考证》、《大梅山馆集》、《疏影楼词》等。

[15] 黄均（1775—1850），字毂原，号香畴，墨华居士，江苏元和，今苏州人。善画山水，初师黄鼎，继法王原祁，与王撰并驾，用笔用墨苍楚有致。为嘉、道间知名画家。

[16] 江湜：《伏敔堂诗录》，上海古籍出版社 2008 年，第 13、22、28、62、64、79、89、123—129 页。

[17] 熊健美：《江湜研究》，苏州大学硕士学位论文，2010 年 5 月。

[18] 诸家评语均见于江湜《伏敔堂诗录》附录，上海古籍出版社 2008 年，第 469 页。

[19] 俞剑华：《中国美术家人名辞典·江湜》，上海人民美术出版社 1981 年，第 237 页。

[20] 徐邦达：《历代书画家传记考辨》，上海人民美术出版社 1983 年，第 73 页。

[21] 《中国美术辞典·朱昂之》，上海辞书出版社 1987 年，第 107 页。

[22] 刘图上题年款作"庚戌长夏"，据徐邦达考订：按"庚戌"为道光三十年（1850），时画家刘氏已去世三载，而是图绝不能为伪，当以画证年款或为"庚子"（道光二十年，1840 年，刘氏时年三十二岁）之误。考鉴合理，遂从此说。

[23] 《中国古代书画目录》第三册"沪 1-4400 刘氏《临恽、王山水册》10 开"，而在《中国古代书画图目》第五册，笔者所见共 11 开，末一开为横幅，余皆直幅。

[24] 见于上海工美拍卖有限公司"2013 年春季拍卖会"刘泳之《〈松荫高士图〉松仿文徵仲本》（轴，纸本、设色，100×28.5 厘米）。案：吴湖帆题识中所称刘氏"所存遗稿得其至友江戣叔（刘泳之死，江氏尚在福州）为之理传"不确，实由其生前故交汪献玗、杨白等为之理传。

[25] 朱万章：《书画鉴考与美术史研究》（下编），文物出版社 2011 年。

[26] 见于上海文物商店藏"沪 11-493，清刘泳之，花鸟，十开，纸，设色，18.4×33.6（乙未道光十五年 1835）"。该画迹曾刊于上海书画出版社《朵云》（中国画研究季刊）1990 年第 4 期（总第 27 期）"古画集萃"。文稿中相关附图即从中翻拍。《朵云》在编刊中将画家刘泳冲，误作"张彦冲"。

[27] 刘泳之《临吴小仙文会图》图文，见于中贸圣佳国际拍卖有限公司 2001 年夏季艺术品拍卖会。图录中所附刊"录文：予生平颇不喜戴文进，吴次翁辈画，以谓多马夏陋习。……""说明：无锡博物馆旧藏（退赔）。"笔者就"说明"中事，特通过无锡博物院征编部主任盛诗澜求证，据盛答复：确系"退赔"。

[28] 刘泳之：《仿古山水图册》，现藏上海博物馆。

[29] 刘泳之：《怡云图卷》，现藏上海博物馆。

清代的地方望族：江西吉水固州承志堂张氏

——以固州承志堂张氏族谱为中心的考察

郭文安（南京大学历史学院）

内容摘要：据族谱记载，江西吉水县固州承志堂张氏的开基祖是元末明初的张仕渊（1336—1422）。元至正十五年（1355），仕渊从江西太和县宁山迁徙至吉水县固州。此后的明代，张氏宗族发展较为缓慢。入清后，张氏宗族人口繁衍渐盛。康熙五十八年（1719），张士敏命次子张子爵编纂族谱。在张子爵一代人的努力下，族人入官学成为生员、捐得虚衔、重建宗祠，在当地获得了威望。张氏族谱亦在乾隆、道光两朝得到重修。从明代至清代，固州承志堂张氏由普通宗族发展为具有一定影响力的地方望族。

关键词：清代　固州承志堂张氏　望族　族谱　宗族发展

今人从望族的视角研究宗族始于潘光旦先生，潘氏在《明清两代嘉兴的望族》一书中提出了"望族"这一概念；吴仁安、江庆柏则分别考察了明清上海、苏南地区的望族；张杰探讨了清代的科举宗族，认为科举宗族是望族的一种[1]。笔者认为，望族是在一定区域范围内有重要影响，得到区域内大部分人认可，拥有较高声望的宗族。望族可以是全国知名的宗族，如浙江海宁陈氏，亦可指在州县甚至是乡里范围内拥有较高声望的宗族，如江西吉水固州承志堂张氏。学界关于望族的研究已积累了一定的成果，但从地域的角度来看，以往的研究范围多集中于长江下游地区，笔者利用江西吉水县固州承志堂张氏族谱对该宗族进行研究，希望对于清代的地方望族有进一步的认识。

一　吉水固州承志堂张氏族谱

吉水县位于江西省中部，吉安东北部，是吉泰盆地的一部分。赣江纵流北去，将全县分为东、西两大部分。夏商之时属扬州地，春秋属吴，战国属楚，秦属九江郡之庐陵县；东汉为石阳、吉阳二县地，先后属豫章郡、庐陵郡。隋大业末，分庐陵水东十一乡置吉水县；唐先后改称吉水镇、吉阳场；南唐初为吉水场，保大八年（950）复升为县，隶吉州；元代元贞元年（1295）升县为州，属吉安路；明洪武二年（1369）复为县，属吉安府；清袭明制。固州东为丘陵，西临赣江，属于吉水仁寿乡第一都。东汉永元九年（97），固州为石阳县治；唐高宗永淳元年（682），治移吉州（今吉安），当地民谚云："吉州驻古洲，代代有知州"，因称故州，以志其地曾为州治所。后误为今称。

由于明修固州张氏族谱于明末兵燹时散佚，康熙五十八年（1719），张士敏命次子张子爵根据见闻经历及现存资料编纂了族谱。其后，乾隆四十年（1775）和道光二十三年（1843）族谱两次得以重修。终清一世，固州承志堂张氏共修谱三次。公元2005年，张氏第七次兴修族谱。为了能更清楚地了解张氏修谱情形，兹将谱中所附修谱大事记摘录如下（表一）。

表一　固州承志堂张氏编修族谱大事记

年代	编修人员
清康熙己亥年公元1719年	士敏公命次男子爵公历历抄誊
清乾隆乙未年公元1775年	应辰、拱辰等公
清道光癸卯年公元1843年	乔岳 克敬 孚先 广义 锡裘 丕照 鸿谋 鸿勋 光斗 广济 占元 廷选 丹桂 锡纯

续表一

年代	编修人员
中华民国十六年公元1927年仲冬（洪岁 丁卯）	主修：日铨（董事） 经理外务：琼瑲、琼珀、智礼、祥茂、日纯、日美、元祥、星道 区划章程：琼璋 对读校阅：炳荣（国学生）监样：廖维翰
中华民国三十八年公元1949年（洪岁 己丑）	主修：族长日钰 编辑：富仁　倡修：发荣 祥贵 日绎 誊录：翰溪 廖垂会
中华人民共和国公元1983年（洪岁 癸亥）	主修：日佑 启松 编修：启万 启富 启唐 学相 主笔：杨循诲
中华人民共和国公元2005年（洪岁 乙酉）	主修：族长 启唐 房长 启云 编修校订：启发 启珠 倡修：族房长和各房负责人 主笔：王政道　责任校对：刘志敏 王政道 财务：学培 学元

后记：承志堂张氏基祖仕渊公定居固州，迄今六百余年。其间，先贤诸公尽心竭力多次编修族谱（如谱序所载），使之昭穆有序，流传后世。由于年代久远，天灾人祸，政治动乱，兵燹之害，谱牒几经废毁，令人悲叹。幸赖本族有识之士，舍生冒死，保存族谱，功在千秋，为新编族谱提供了可靠依据。现仅据所存谱牒，编订本大事记。

清代固州承志堂张氏族谱始修于张士敏的次子张子爵。此前，张氏曾修有族谱，但遭明末兵燹，族谱散失。因此，张子爵修谱只能根据墓碑、文献和族人的回忆予以记载。乾隆二十七年（1762），张应辰发现了张氏基祖张仕渊的墓碑，记载了张仕渊生平：张仕渊，字资深，生于元至元二年（1336），于至正十五年（1355）徙居固州，殁于明永乐二十年（1422）；配西平李氏，生于元至元六年（1340），殁于明永乐二十一年（1423），育有三子，分别为张崇、张纲和张翰。张氏族谱自张士敏的祖父也就是张氏第十一世开始，属自身亲历，故内容比较可信。第二世到第十世除了发现墓碑的几世（四、七、八、九、十）外，其他皆待后人考证。

张氏族谱第二次编修是在乾隆四十年（1775），由张士敏第六子张子恒和第八子张子盛主修。张子恒是族长，张子盛为县学生员，二人对于修谱之事十分谨慎，对于张氏的世系源流尽量做到有据可依。然而此次修谱由于各种原因并未付梓。

张氏第三次修谱于道光二十三年（1843），参与修谱共十四人，包括族长张乔岳、生员张孚先、例授登仕郎张广义、例授太学生张广济等。张乔岳、张克敬、张广义和张锡裘是倡修人；全程参与经营管理的是张丕照、张鸿谋和张鸿勋；张光斗、张广济和张占元以及张廷选负责族谱修纂的开销；纂辑校订的部分则由张丹桂和张锡纯承担；张孚先为总负责。另外，此次修谱还邀请了进士张舒翰和姻亲解鼎和作序。张舒翰是道光二十一年（1841）进士，吉安永丰县三湾人。另一位是解鼎和，吉水三曲滩解氏。三曲滩与固州隔江相望，两个宗族世代交好。

在18世纪末19世纪初，第十五世的张序和张跃"倡起丁会，竭力管理生息，至今谱资有赖"。可见当时张氏族内成立了一个名为"起丁会"的组织，但是相关记载却又不见诸他处。据笔者猜测，起丁会应该是张氏宗族的共同财产管理会，用来资助族人业儒、修族谱、建宗祠等事务。

《固州承志堂张氏族谱》内容丰富，包括族谱题词、谱序、谱成定例序、谱例、家人题词、士敏公等诸公传记、士敏公等诸公像赞、恭祝恭题、祖山圹地基开后、承志堂张氏排辈字号、承志堂张氏修谱大事记、承志堂张氏近现代族房长一览、各房（各户购买族谱）族谱编号领谱登记表、重修族谱集资花名册、基祖仕渊公位下世系、子元公（长房）位下世系、子爵公（第二房）位下世系、子荣公（第三房）位下世系、子祥公（第四房）位下世系、子魁公（第五房）位下世系、子恒公（第六房）位下世系、子乾公（第七房）位下世系、子盛公（第八房）位下世系和大事纪要。

笔者认为该谱可信度较高，原因有两点：其一是没有攀附名人钜族，开基祖张仕渊只是普通百姓；其二是修谱的资料来源，除了亲身经历，主要就是靠发现的墓碑，尽量做到有据可依，而非凭空捏造。由此可体现修谱之人谨慎之态。解鼎和在为张氏族谱作序中这样赞道："世俗恒情往往攀援名宦、联合钜族以自夸耀，究之祖非其祖，而族亦非其族，反为有识者鄙，何荣之有？今览兹谱，自始祖肇基至今，十有九世，一脉相传，继继绳绳，不假借他人亦不疏略至亲，自成为孝友忠信、诗书礼义之家，真信谱也！孚先修此谱，矢公矢慎，寻源竟流，凡合姓之生娶殁葬、功名文物以及隐德事业，参互考订，分析备载，井井有条，允堪上成"[2]。可见固州承志堂张氏族谱的编修非常严谨，其后修谱也继承了这种风格。

二　吉水固州承志堂张氏的发展历程

吉水固州位于赣江东岸、县城北面，属于仁寿乡第一都。固州承志堂张氏的开基祖是出生于元惠宗至元二年（1336）的张仕渊。至正十五年（1355），仕渊由吉安路太和县宁山徙居固州。承志堂张氏自张仕渊徙居吉水固州后，发展较慢，人丁单薄。入清以后，尤其在雍乾时期，固州承志堂张氏发展较快，道光时期，最终跻身成为地方望族。以人口为例，张氏的人口增长速度从 17 世纪末开始加快，但是真正人丁繁盛是在 19 世纪中叶，即道光年间第三次修谱时。解鼎和在为张氏族谱作序中也讲到："数十年以前人烟尚属寥寥，自十三世士敏公举丈夫子八，不啻荀氏，八龙相与，雍睦一堂，奋发有为，自是子孙繁衍，比屋居处，迄今不下数十户"[3]。

人丁数目多寡于传统宗族十分重要，是宗族兴盛与否的标志之一。如明朝中叶思想家罗钦顺言，"语世族之盛，大率有三：源流深长、枝叶蕃衍，一也；簪组蝉联、墙屋华润，二也；才贤辈出、猷为克敏，三也；三者之中才贤为之本，苟有其人则所以维持之者，有其方光大之者，有其实其为江乡之

所推重，岂直蕃衍富贵云乎哉"[4]，将人口数量作为世家大族的重要表现之一。张氏宗族人口在张士敏下一代即十四世以后经历了稳步上升的过程。现依据族谱记载，将固州张氏从康熙中期至清末每一世、每一房所增加的人口做成下表（表二）。

表二　清康熙中期到清末固州承志堂张氏各房、世系人口增加数量

房 ＼ 世系	十四	十五	十六	十七	十八	十九
一	2	12	12	1		
二	2	6	8	10	5	8
三	2	9	17	15	17	13
四	2	8	16	9	5	9
五	2	17	41	87	141	149
六	2	7	25	16	18	13
七	2	7	11	15	14	17
八	2	6	18	33	31	24
总计	16	72	148	186	231	233

注：十四世始于张子元（1706—1758），该表所列的世系从十四世到十九世，时间范围是从康熙中期直至清末，大致每三十五年可以代表一世，其中第十九世绝大部分族人是清末光绪年间出生、成年，只有极少数是出生在民国初期，但是也有第二十世的族人出生、成年在光绪年间，这两部分数量相抵，故笔者按世系统计人数基本无甚出入。另外，所有的数字表示的是新增的人数，并不是当时族中的所有人口，因为人的出生到死亡绝大部分不会只经历一世，按照人的平均寿命，必然是有三世左右的人生活在一起，所以表中所记十六世总计 148 人，并不是说这一时期全族是 148 人，而应该要包括十五世、十七世甚至是十四世中的一些人。因此，道光年间修谱的时候，族人中其实包括了第十五世、十六世、十七世甚至十八世，所以这一时期的张氏族人应该有三、四百人。

表二显示，张氏宗族的人口总体呈上升趋势，但是族中各房的发展并不平衡。第一房止于十七世的张长年（1828—1866）；发展最快的是第五房，人口增长占全族增长的比重逐渐加大，第十七世时接近百分之五十，至第十八世和十九世则已经超过了一半，遥遥领先其他各房。

固州张氏能够成为地方望族的关键人物之一是

康熙年间张仕渊的第十三世孙张士敏。张士敏，字文达，生于康熙十六年（1677），自幼清贫，无兄弟，有三个姐妹；在县衙任库卒达十几年，不徇人情、不存私心，甚得长官器重。张士敏为人峻厉严肃、言出必行，行事光明正大，"乡民亦莫不敬畏"。待到家道渐丰，张士敏聘请先生教导后代，希望子孙能走上业儒之路。

张士敏共有八子：子元、子爵、子荣、子祥、子魁、子恒、子乾、子盛。长子张子元，字象尊，"生平端正方直，不委蛇徇世"，因家庭成员日增，"食指浩蕃"，迫于生计，遂决定经商养家，在赣江对岸三曲滩开办棉花铺。在三曲滩开铺十多年之后，张子元回到固州，嘱咐几位弟弟合力建宗祠。张士敏的次子张子爵，字申伯，英资聪敏，读书勤奋，却始终未获功名。为培养后代，张子爵卖酒营生，并亲自教导儿子读书习举业。张子爵热衷与文人交往，经常邀请文人至其酒舍把酒言欢。其子张尹二十多岁即入泮为生员，"乡族中莫不啧啧称道"。张士敏第三子为张子荣，字誉章，"秉性刚真，善行不倦"，虽然只是农民，然最重孝道，"族党至今啧啧称道不衰"，而且他也重视族人教育，常鼓励后辈习儒。老四张子祥，字迎禧，"秉性雍和，处事循理"，跟随长兄张子元于三曲滩经营棉花铺。张子魁是张士敏的第五子，"生性浑朴，安守本分"，从事耕作，曾一度与三哥子荣、四哥子祥合爨，但最终"食指浩蕃，难以支持"，三人不得不分家析爨。合爨期间，张子魁"家由公理，毫无私心"，三哥、四哥都很信任他；晚年勤俭持家，资产日丰，担任族长三年。张子恒，字应辰，号灿垣，张士敏的第六子，生平正直端正，担任族长十八年，"振厉家风，族众慑服"；张子恒自小即习举子业，但一直没能获取功名，最后"捐授登仕郎"；晚年修祖庙，公正无私，承志堂即其所建，修成后每年与八弟张子盛及族中小孩在祠中念书，培育族人可谓尽力。张士敏第七子张子乾，字秉健，"天资敏捷，胸怀潇洒"，是众兄弟中最洒脱之人，平生不受俗世所牵，或饮酒或高歌、旁若无人，但对世务了若指掌，"息人争竞，

剖断是非，人自服之，最重为士而严训诸子"。张子盛是张士敏最小的儿子，名拱辰，字拔萃，号北坦，是吉水县学生员，"秉性耿介，立志读书"。然其乡试数次不售，生活清贫淡泊。与此同时，子盛开馆授业、教书育人，并热心宗族事务，大力支持祖庙之修建，终生不离教育事业，受其教诲获得功名之人"不可悉数"，其子亦成为岁贡生，侄子、孙子皆为生员。张子盛为师数十年，育才无数，获得极高声望，"乡人仰慕至今，犹啧啧称其师范不衰云"。

吉水固州承志堂张氏在张子元这一世析爨，自此，承志堂张氏分为八房，之后老三子荣、老四子祥和老五子魁一度合爨，但最终还是以析爨结束，原因是"食指浩蕃，难以支持"。八个房其后的发展命运各不相同，第一房到十七世的张长年就绝嗣断脉；第五房和第八房发展较好，以修谱为例，道光修谱之时，参与修谱共十四人，第五房六人、第八房三人，共九人，远超其他六房人数之和，而且第五房六人中包括了族长张乔岳、太学生张广济、登仕郎张广义；第八房中的张孚先是县学生员，道光版的族谱即其负责统筹。可见张氏族谱兴修由发展较好的两房主导。

人才辈出是望族的重要标志之一，清朝的人才最重要的指向是拥有功名之人。固州承志堂张氏族人在清代取得了一些功名，虽然没有高官显宦，但对于提升宗族的声望亦是十分重要且有效的（表三）。

表三 清代吉水固州承志堂张氏功名一览表

房	世系 姓名 功名、虚衔
二	十五世 张尹 国子监生
三	十七世 张贞远 恩授九品顶戴
四	十七世 张炳荣 太学生
五	十六世 张广立 恩荣九品张广义 例授登仕郎张广善 例授登仕郎张广济 例授太学生
	十七世 张锡凤 例授太学生张锡璜 恩授九品顶戴张锡昌 例授翰林院待诏
	十八世 张琼璫 例授登仕郎
	十九世 张日东 武生员

续表三

房	世系　姓名　功名、虚衔
六	十四世　张子恒　登仕郎
八	十四世　张子盛　生员
	十五世　张亨　恩荣九品张羽　岁贡生
	十六世　张鸿信　生员

张氏在整个清代有十七个人获得功名，但都是低级功名。其中第五房表现突出，有九个人拥有功名，超过了总数的一半，获得功名的时间集中在第十五、十六和十七世，大致是乾嘉道时期。人口的快速增加、功名的获得，对于提升固州承志堂张氏在当地的声望作用甚大。

对于固州张氏而言，张士敏是一个转折性的人物，此前，张氏发展缓慢，在当地并不突出，但经过张士敏的努力及其后代的苦心经营，张氏步入快速发展之路。张士敏长子张子元，带领四弟张子祥在三曲滩经商十多年，晚年回去之后嘱咐弟弟们建祠堂，并提供了主要的资金支持，贡献巨大。此外，张子元六弟张子恒、八弟张子盛亦为宗族兴盛贡献甚多。首先，二人皆有功名，张子恒是捐授登仕郎，张子盛是县学生员，不仅为族人树立榜样，并且提升了宗族的声望；其次，子恒、子盛还十分注重培养后代，子盛之子成为岁贡生、孙子成为生员，与二人之力不无关系；再次，张子盛开馆授业，士子受教者众多，在当地享有很高的声望；最后，乾隆四十年（1775），张子恒和张子盛主导重修了族谱。族谱、族田和宗祠是一个宗族兴盛的三大关键因素，在张子元这一代人的努力下，祠堂得以建成、族谱亦被重修，可见，固州张氏宗族在张士敏及其诸子的经营下，开始发展壮大。经过历代族人之努力，道光年间，张氏人口繁衍兴盛，声望日隆，终于成为了当地的望族。诚如道光间进士张舒翰在谱序中所言："皇清虽未有大显者，然胶庠廪贡代不乏人，诗礼文物世绵其泽，居然为吉邑望族"[5]。

三　固州承志堂张氏成为望族的原因分析

欲知宗族成为望族的原因需明晰其所在地之历史背景。江西吉水县自宋以来即为科举发达之邑。"吉水科名之盛，自宋至明，或一门而父子兄弟同登进士者，或一榜而三及第，或一科中式乡试者四十八人。呜呼！盛矣。"[6]尤其是明代前中期，科名独盛，大学士杨士奇赞道："四方出仕者之众，莫盛江西；江西为县六十有九，莫盛吉水。"[7]但是，到了明后期，尤其是进入清代以来，吉水县的科举势头一蹶不振（表四）。

表四　清代江西吉水县进士、举人统计表

时　期	进　士	举　人
顺治	5	4
康熙	7	30
雍正	4	11
乾隆	9	36
嘉庆	1	7
道光	1	5
咸丰	1	5
同治	3	11
光绪	5	24
合计	36	133

该表数据来源是光绪初年版的《吉水县志》。光绪朝的进士人数转自刘宗彬所著《吉安历代进士录》，该书利用多种史料对吉安府历代进士进行了总结、归纳，可信度较高。光绪朝的吉水举人数据转引自姜传松的《清代江西举人的地理分布及特点——明清比较的视角》，其同、光时期的数据来源于历科《江西乡试录》及《同年录》。

清代吉水县平均每八年才出一名进士，而举人为两年一名，这与明代吉水县的一百六十多名进士、七百多名举人、五名状元对比悬殊。可见，清代的吉水县，已称不上是科甲荣盛之地了。清代吉水县获得功名的人数大为减少，因此，每一个功名的获得即愈显珍贵。固州承志堂张氏在清中期成为了地方望族，非常重要的原因之一是功名的获得。据族谱记载，乾嘉道时期是张氏获取功名最盛之时，虽然张氏的功名都是低级功名，但这对于一个乡里宗族而言亦是不易。清代吉水县科举的衰落，无疑在客观上加重了功名的分量，所以，张氏的低级功名仍然可以为其带来较高的声望。

功名的获得，源自承志堂张氏对于业儒的重视。早在康熙时期，张世敏即"延师课读，择二子而教之"。第十四世的张子爵读书勤奋，但是屡试不中，故其细心培育后代，最终其子张尹入泮成为县学生员。十四世的张子恒、张子盛亦十分重视读书业儒，常在祠堂内教导族人读书，"祖庙既成，每年训五六童子与八弟在祠内昼夜谈诗书、朝夕多共饭"，最终，承志堂张氏获取功名的族人日增。可见，张氏宗族重视业儒以及对于后辈的细心培养，是其成为望族的重要原因。

在固州承志堂张氏走向兴盛的道路上，族人经商是另一个重要助力。清中期的吉水县，从商逐末已然成为了社会风尚，"地土瘠薄削隘，物力无所出，计亩食口，仅可得十三焉，民多取四方之资以为生"。第十四世的老大张子元和老四张子祥在三曲滩经商多年，晚年回乡建宗祠主要仰赖二人经营棉花铺所得。张子爵河边卖酒，其子成为生员亦得益于此。而张子恒能够捐得功名，其资金来源亦归之于族人经商所得。张子元和张子祥经营棉花铺所获利润，支持了张氏建祠堂、修族谱、捐功名，足见其重要性。另外，太平天国运动后，吉水遭遇了"粤匪入境，窜扰闾阎，士农工商皆失职守"，张氏族人张撵可毅然放弃了举子业，投身商业，"与其贻误于后，不如见几于早，爰弃举业而就货殖，虽有前辈昆玉诸贤倡谋于前，亦赖吾兄佽助于后也，故能再振家声、复辟土宇焉"。由此可知，固州张氏在太平天国运动以后能够重振家声，主要依靠的就是

张撵可从商所得。张氏族人对经商之态度亦可反映经商于兹的重要性，"今观固州仁轩先生，本我邑之望族，为张氏之世家，其生平大节大概不离乎孝友者近是。其始父母俱存，兄弟无故，甫弱冠即能牵车服贾、奔走贸易，是大展经营，以故父母伯仲毫无间言"。纵观承志堂张氏的兴盛历程，发现商业活动在这一过程中起到到了极为重要的作用。先辈族人通过经商所得对于宗族兴盛之作用是十分直接和明显的，无论是祠堂的修建还是功名的捐取、生活的改善或是对下一代的培养，众多族人从商在很大程度上改变了张氏宗族的命运，使其成为地方之望族。

四　结语

康熙中期，吉水固州承志堂张氏在十三世张士敏及其下一代的共同努力下，发展较快。在十四世张子元一代，张氏宗族修族谱、建祠堂，族人入官学成为生员，到道光年间，张氏成为当地望族。究其原因，主要是重视业儒、培养后代，以经商所得投资业儒、重建祠堂、兴修族谱。清代固州承志堂张氏的发展历程可谓一部宗族的奋斗史。

清代的吉水县失去了以往的科举繁荣景象，宗族间的竞争更趋多元化。世人对于经商逐末的态度悄然转变，经商之人与日俱增，这是明清时期商品经济发展的产物。宗族是社会的组成分子，是国家在基层社会组织的延续，其内部的发展，受到国家制度、社会风气、地理环境等因素的影响。明清鼎革，不仅仅是王朝更替，对于基层社会而言，更为具体、深入的影响是政治、经济环境的变化，而这，亦是影响地方宗族发展的重要原因。吉水固州张氏的发展为我们提供了一个较好的素材。

注释：

[1] 参见潘光旦：《明清两代嘉兴的望族》，上海书店出版社1991年；江庆柏：《明清苏南望族文化研究》，南京师范大学出版社1999年；吴仁安：《明清江南望族与社会经济文化》，上海人民出版社2001年；张杰：《清代科举宗族》，社会科学文献出版社2003年。

［2］《固州承志堂张氏族谱》，2005 年，第 20 页。

［3］《固州承志堂张氏族谱》，2005 年，第 20 页。

［4］（明）罗钦顺：《整庵存稿》卷九，《上模曾氏重修族谱序》，台湾商务印书馆 1986 年，第 129 页。

［5］《固州承志堂张氏族谱》，2005 年，第 18 页。

［6］（道光）《吉水县志》卷二十《选举志》，道光五年刻本。

［7］（明）杨士奇：《东里续集》卷十，《送徐崇威金宪致仕还乡序》，台湾商务印书馆 1986 年，第 493 页。

苏州博物馆馆藏谢家福档案选辑校释（七）

——凌淦（等）致谢家福（等）函稿

徐钢城（苏州博物馆）

十九　凌淦致费延釐、谢家福、王伟桢函（光绪四年七月十四日）

芸舫、绥之、仙根诸仁兄大人均鉴：

径启者：淦于六月廿二日与纯翁分道，另办修武北山，具详初九日怀庆所发函中。初十日由覃怀重赴济源，补查孔山之龙潭、靖上两里。查两里自四月十八日后，未得透雨，补种之，秋颇为减成。正开办间，昨得崔季翁来函，云：专差往林县探视，悉该处于十四、十六等日雹灾甚重，灾民纷纷逃至彰德，愁惨之状，难以笔罄！目前权其缓急，不如暂舍各处，急救林县云云。弟即致书纯翁，嘱其赶办荣泽一带；致书佑翁，嘱其赶办修武、延津等处。弟等办孔山，地不甚广，二十以前可以竣事，将会合驰赴林邑。刻接高云翁来函：原武自六月初八日后未曾得雨，日上蝗蝻滋生，田陇间如蜂屯蚁聚云云。弟等自渡河以来，所有查赈各处，惟视被灾最重之区而趋之，赖南边款子源源接济，得以藉手。方冀秋收可望，遗黎或有更生之庆。不料林县忽遭冰雹，原武又生蝗孽，非常之灾，层见叠出，令人顾此失彼，疲于奔命！为今之计，原邑惟有认真搜捕，贤令如高君，度不至束手无策。林县办法，惟有将逃亡彰德者资遣回籍，确查灾区，分别给发麦种、资本。惟是秋间种麦，须俟明年四月方有收成，饥民嗷嗷待哺，为日甚长，非格外施恩，断难存活（林县被灾本重，且地方辽阔，又在万山之中，办理非易）。仰赖南中乐善诸君子大发慈悲，为山覆篑，造塔合尖，救人救彻，功德无量！弟等承乏奔走，惟有竭尽心力，仰副诸君子之盛德，断不敢因时事孔棘，稍存畏难之心。青松白石，共鉴此诚！专此

彪布，敬请台安。

弟凌淦顿首

七月十四泐于济源西门外启运书院，

时漏下二鼓

苏、沪诸君子前均此致意

附录彰德武卫门禀报一纸（季翁抄来）：

敬禀者：顷奉宪谕，询查林邑雹灾情形。遵即查问，据过往难民称：起自该县东北三十里之可连山、至于县东之鹿山，长三十余里、宽四五里不等，共二十八村，内极重者十三村。据林县知县报：彰德府于六月十四、十六等日，东北河顺村以及北乡任村等处被冰雹，损伤田禾五十余村，长五十余里，河顺二十一村被灾尤重。各等情查：连年旱荒饥疫，死者过半；自三月后，雨后设法布种，及到谷黄待收之时，遽遭此灾！该县黔黎何以为生，可惨可怜云云。

（朱丝栏笺，四纸。每纸八行，笺纸左下角有"长泰斋"）

按：覃怀者，地名。在河南温县，旧怀庆府地。《书·禹贡》有："覃怀底绩，至于衡漳。"传："覃怀，近河地名。"疏："河内郡有怀县，在河之北。盖覃怀二字共为一地，故云近河地名。"覆篑者，典出《论语·子罕》："譬如平地，虽覆一篑，进，吾往也。"马融注："加功虽始覆一篑，我不以其功少而薄之。"谓积少成多，积小成大。宋范仲淹《上执政书》有："夫天下祸福，如人家道，成于覆篑，败于疾雷。"合尖者，造塔工程时须塔顶合尖，方能宣告功成。故以喻最后一步。宋赵昇《朝野类要·余记·破白合尖》有："选人得初举状，谓之破白；末后一纸凑足，谓之合尖。"孔棘者，紧急，急迫。

《诗·小雅·采薇》有："岂不日戒，玁狁孔棘。"郑玄笺："孔，甚也；棘，急也。"亦作艰危，困窘。南朝梁·沈约《郊居赋》有："伊皇祖之弱辰，逢时艰之孔棘。"黔黎者，百姓。黔，黔首。《礼·祭仪》有："明命鬼神，以为黔首则。"唐孔颖达疏称，庶民因以黑巾裹头，故称。晋潘岳《河阳县作》诗有："黔黎竟何常，政成在民和。"

凌淦和陈常于8月3日赶回怀庆，稍事休整，8月8日绕道温县的覃怀，接赈孟县的西北岭，然后重赴济源，补查孔山所属龙潭、靖上二里。此处在济源首赈时就曾考虑经办，后因急办原武而作罢，但该地自5月19日后，就未降透雨，旱情严重，其苦万状，令义绅们终究不忍割舍。惟8月初，熊其英等正在荥泽、郑州、武陟一带办赈，而获嘉赈局的严作霖等正在延津、修武一带办赈，皆分身乏术，故凌淦又一次奔赴救急，会同8月6日先行赶去察勘的瞿家鑫一起查放。因孔山地域狭小，估计8月18日之前即可完毕。但正所谓福无双至、祸不单行，8月6日崔季芬从开封回到怀庆，告知林县先后于7月13日、15日遭受冰雹袭击，从县东北三十里的可连山、到县东的鹿山，方圆一百五十余里（一说二百余里）农田庄稼毁损殆尽，县东北的河顺等十三村（一说二十一村）被灾尤甚。8月11日他再次写信给凌淦，称派专差到林县探视，了解到当地平民罹此灭顶之灾，死亡过半，幸存灾黎正大批逃往彰德府城安阳，其状惨不忍睹，当务之急应先救林县。8月12日高云帆又来信，禀知原武自从7月7日起，一个多月滴雨未下，方苦亢旱，不料又爆发蝗灾，陇亩间密密麻麻，疯狂啃食夏麦，急需驰援。此情此景，让自诩身体顽健、精力旺盛的凌淦亦感觉顾此失彼、疲于奔命，只能徒呼奈何！权衡利弊，他决定先救林县之灾，考虑到林县辖地辽阔，又在万山丛中，济源赈局一己之力难以应付，只能期待与获嘉赈局通力合作。另一方面，他们还想由孟津、济河接办新安、渑池，和胡培基等主持的灵宝赈局成犄角之势、彼此呼应。此函书于1878年8月12日。

二十　凌淦致费延釐、谢家福、王伟桢函（光绪四年七月二十四日）

芸舫、绥之、仙翁仁兄大人均鉴：

飞启者：怀庆一带自七月十五日起、二十二日止，连日狂风暴雨，时而白昼晦冥，气象愁惨，沁水陡发。二十日河内、武陟两处同时决口，河内之亢村地方，抢险堵住，幸而无患；而武陟西乡、原村地方，离城五里，竟开口七八十丈，泛滥横决，淹没村庄无算。闻难民逃出者，避居高阜，颠连之状，有非《铁泪图》所能绘者。弟初九日由怀庆寄函一通，十四日由济源寄函一通。孔山之龙潭、靖上两堡，于十六日查竣，于十七、十八两日开放，因连日风雨，廿一日始放毕。大口给银六钱、小口四钱，大约计六千口，尚未结算。廿一日季翁专差来函，廿二清晨弟即赴怀庆，路上泥淖难行，乘季翁坐车，两驴绝健，傍晚始至。昨日向河内索车四辆，赴济接星五诸君，一面预备驴马，俟诸君到后，仝往武陟，拟将露处难民先行设法赈给。该处一经水淹，车不能行，昨晚风雨交作，黄昏大雨倾盆，三更方止，决口地方有不堪设想者。林县赈事，已函致纯叔赶紧前赴矣。先此布闻，详细情形，容俟到后续布。

弟凌淦顿首
七月二十四日上

（据原稿副本录）

按：颠连者，困顿，苦难。元王冕《江南民》诗有："无能与尔扶颠连，老眼迸泪如飞泉。"明宋濂《故庐陵张府君光远甫墓碣铭》亦有："君配刘氏，轻财重义，人有颠连者，解衣推食无吝。"

1878年8月13日，高温盛夏、亢旱已久的怀庆府风云突变，狂风暴雨不期而至，猛烈地袭击着这片枯焦的土地。自13日至20日，连续八天倾盆大雨如泄如注，加上狂风肆虐，天色昏黑，白昼亦如黑夜般恐怖。18日，惨剧终于发生：由于暴雨导致上游山洪猛涨、来水量剧增，发源于山西沁源、流经济源、沁阳、博爱、温县、武陟的沁河两处垮坝决口。沁河下游本来就是水流曲折，落差极大，水势激荡多变，素有"沁无三里直"之称，且雨季洪水峰高势猛，瞬间流量变化迅猛，极易造成水患。而且沁河下游与黄河交汇处的武陟县段，由于泥沙淤积，加之长期受黄河洪水顶托，导致河床高出两岸达数米，成为地上悬河，即使枯水时节，也仿佛一颗定时炸弹悬在两岸百姓的头顶。在此番暴雨的连续侵袭下，河内亢村驿和武陟原村老龙湾两处最薄弱的堤岸，终于在同一天先后发生决口。前者经奋力抢险，幸而堵漏成功，未造成大害；而老龙湾决口则未能幸免，河堤崩塌溃口处长达二百多米，洪水从悬河决口奔腾倾泻而下，沁河北岸数十个村庄顷刻遭遇灭顶之灾。洪水裹挟着泥沙，所到之处，冲毁房屋、淹没田亩，并造成人员的重大伤亡。而由于消息闭塞不通，此时凌淦正在孔山的龙潭、靖上两地忙着查赈，对此突发灾况一无所知。他于12日从济源赶往孔山开查，14日查毕，原拟15至16日两天散放完毕，但因连日风雨大作，拖延至19日方才结束。19日，正当他忙于造册结账时，崔季芬派人送来紧急求救信函，凌淦这才知道武陟决口消息，20日清晨他即乘坐崔特意给其准备的驴车，赶赴怀庆。自孔山至怀庆短短一段路程，沿途泥淖难行、如陷沼泽，花了整整一天才到府城。由于车辆难觅，21日凌淦又向河内索要驴车四辆，并派其赴济源去接瞿家鑫等人，准备待诸君到怀庆后，再一同奔赴武陟。等待总是令人心焦，偏偏心焦又逢连夜雨：21日傍晚风雨再次大作，淫雨倾盆而下，直到半夜方止。望着窗外的雨幕，预想着决口沿岸的惨象，凌淦已不敢再继续往下想象。此函书于1878年8月22日。

二十一 凌淦致费延釐、谢家福、王伟桢函（光绪四年八月二日）

芸、绥、仙翁仁兄大人均鉴：

径启者：七月二十四日由怀庆挑递一函，计将达览。廿五日弟与星五诸君驰往武陟，急欲抚恤被水难民，季翁亦率队数十人前往，意欲至老龙湾抢险（原村在南岸，老龙湾在北岸，相距三、四里），恐此处一决，修武、获嘉、新乡适当其冲。行不二十里，闻老龙湾于廿三三更时漫口百余丈，属武陟者共淹二十余村。是夜宿王顺，次日五更赶程至武陟，适纯翁由原武亦至，遂同商议：纯叔回原，移局来办南岸（南岸原村地方，共淹二十三村，因老龙湾决口水已退出，惟田禾尽坏，坍塌房屋无数）；弟与星兄先办北岸。岸口只有渡船两只：一济难民，一备我们往来，季翁拨善泅水者十名，为拉船之用。廿七日弟与星兄渡河，先查中封村。水势急溜，船不能近岸，弟等用水夫负而趋。村中水冲之后，寸草全无，泥淖没胫。查该村房屋向有六百余间，今仅存一百余间；向有六七百人，饥疫死者三百余人，今存一百七十五人。房屋存者，泥土充塞，墙都裂缝，亦不能住。难民尽在高冈上露处，雨淋日炙，殆无人状。妇女幼孩啼饥之声，凄然欲绝。随带馍数百斤，先行给发。点查户口，不论大小口，每口给银一两，尤苦者倍给、或三四倍之。赈票不收回，以备将来续放。即择村中诚实者一、二人，来城中办粮食、锅子、席片，带往村中。次日查李梧槚村，情形亦复如是（计大、小口一百三十一名）。廿九日查岳梧槚村，弟因郭麓泉观察见招（适卓友翁自怀庆来），未克下乡。傍晚原局陈春翁、邹文甫至。初一日移居木兰店，借居王姓空宅。今日查杨梧槚，星翁与文甫往，此目前办理北岸被水各村之情形也。

弟等廿六日由王顺来也，晨过蒋桥地方（即大虹桥），有居民数十人跪道旁泣求云：该处之堤危险异常，数十村庄难以活命，急求拯救云云。季翁与弟急往堤上察看（离村里许），闻水声如雷，岸土已塌十余丈。正在指顾间，忽一声震动，又塌去丈余，离两人行走之处，亦不过丈余，令人胆裂！又行六、七里（离原村三里），至五七口，水势更猛，堤土塌去过半，大树随波而去。遂与纯翁、星翁定议，谓与其焦头烂额，何如曲突徙薪。于是用以工代赈之法：即招原村一带难民负料（料即高粱秆子）运土；虹桥嘱张如馨、尹莘臣司其事，昨又嘱陈春翁往；

五七口嘱陈少兰、司马书绅司其事。季翁派熟悉堤工之王守备在虹桥，而自己亲往五七口督理，约十日可以告竣，两堤修费约计共三千余金。至原村、老龙湾诸口工程，由官经办，我局概不与闻。此以工代赈、修筑两堤之情形也。

林县一节：我局势不能兼顾，且水不骤退，道路难行。现扬镇局侯敬翁在辉县，弟拟请其就近往办，已函致矣。

慈幼一节：济源共用银五百两有零，由张步翁经办；原武亦由步翁经手，已用千余金，现仍在火神庙开设粥厂。屡接诸君子来函云：此项以赵菘甫为主，张步洲、谈任之辅之。惟步翁与任翁意气不投，断难和衷共济。于是纯翁、菘翁与弟再三商酌，分局修武，专收无依孤孩，办理甚为妥善。岂知步翁大不以为然，昨由原武来书云："上海保婴一款，托弟专办，与苏局不涉，扬镇局更属牛马无关，何意将保婴款拨与赵菘甫，令人不解？"又云："保婴项下共寄来银六千三百金，济源、原武两处约用二千金，尚余银四千两零，究竟移作何用云云。"弟思同为善举，总贵实事求是，断不可存意气之私尔。我之见：菘翁聪明精细，经办此事，实心实力，必无贻误。步翁议论多而成功少，且痢疾初愈，精神不济，近纯翁又以一千金交渠自行斟酌办理，仍不舒服，且云将归矣。查阅历次来函，并无将申江孩款指交步翁一手经办之说，应如何办理之，更伏祈示知。禀稿读过，布置周密，钦佩之至！赵菘翁仍在修武，尚未移局怀庆。昨晚卓友翁来函云：修武水淹九十余村，东南较重，新乡城四面皆水，获嘉惟南门可通往来。刻拟专足至修，探听确实。佑翁现办延津，日上未通音问。常州潘孝廉振声于前月到原武，往林县勘灾，回来云：雹灾十余村，甚苦，其余秋种尚好。昨日来局，人甚朴诚，且能耐苦，今晨同星翁查户去矣。弟痢疾已止，顽健如常。前月廿八日接紧急家报，正在踌躇，昨得芸兄惠函及舍弟家书，欣慰奚似！内人病入膏肓，今得转危为安，实为万幸！继自今惟有努力办公，慎之又慎，冀得免于罪戾，幸矣。草此布

覆，敬请均安。

弟凌淦顿首
八月初二灯下　诸同人均此致意
（九月廿三到）

（朱丝栏笺，四纸。每纸八行，笺纸左下角有"长泰斋"）

按：木兰店者，即木栾店。柎者，本指木筏。《管子·小匡》有："（齐桓公）西征，攘白狄之地，遂至于西河，方舟投柎，乘桴济河，至于石沈。"又《楚辞·九章·惜往日》有："乘泛泭以下流兮，无舟楫而自备。"汉王逸注："编竹木曰泭，楚人曰柎。"此处概指以圆木编织成片状，打桩插入堤岸泥土中。五七口者，《熊函》中称五车口。

1878 年 7 月中旬起，河北地区经过江南义绅的大规模普赈，灾情大有转机；再加上普降甘霖，秋收似乎颇有把握。但残酷的现实很快粉碎了所有人的美好幻想：7 月 13、15 两日，彰德府的林县发生雹灾；8 月初，卫辉府的延津、封丘和怀庆府的原武、武陟等处均爆发蝗灾；8 月 18 日、21 日，流经沁阳、怀庆、武陟等地的黄河支流沁河，因连续暴雨而导致河水猛涨，先后决口多处，洪水破堤而出，汪洋恣肆，所到之处，波及武陟、修武、获嘉、新乡各县，冲毁房屋不可胜数，淹死平民一千余人。协赈诸君目睹此等惨惨之状，真是觉得天若有情天亦愁，不仅早先所作的努力全部化作乌有，救旱局也摇身一变而为救涝局。8 月 23 日，凌淦、瞿家鑫等人火速赶往此次洪灾受害最重的武陟县，恰好崔季芬也率队数十人前往，两路人马遂一同投入老龙湾抢险之役。当晚，他们一行夜宿王顺村时，就已得知：位于沁河北岸的老龙湾于 21 日晨决口，溃堤长度达三百多米，武陟县受淹村庄共计二十三个。24 日一早，众人继续赶路，路过沁河南岸的大虹桥乡（蒋桥）时，遇道旁灾民求救，称该处大堤岌岌可危。凌、崔二人赶忙上堤察看，发现决口已有三十余米之宽。正当两人在指顾之间，突然一声震动，离他们仅数步之遥的一段堤岸轰然崩塌，令人心惊胆战。从此处再向前行六、七里路，到五车口，情

况更为严峻，河堤已坍塌过半，水势凶猛。从五车口又行三里，凌淦等赶到位于沁河边的原村，距对岸的老龙湾决口仅三四千米之遥。同日，熊其英也从原武赶来，经商定，由熊立刻返回原武，将赈局全部人马火速移来武陟，驻扎在沁河北岸的木栾店，并分头行动，熊其英率谈国樑、邵天禄等查办南岸原村一带，凌淦和瞿家鑫则先办北岸老龙湾一带。至于急中之急的堤坝抢险，采取官民结合、以工代赈之法，由张如馨、尹荩臣、陈春岩，联合崔季芬派来熟悉堤工的王守备，负责大虹桥决口；陈常、司马书绅和崔季芬督理五车口决口。在当地招募民工，背负高粱秸秆及土包，投入决口堵漏。所有修筑费用和民工工钱均由助赈局出资，财务出纳亦由助赈局人手司账，一开始估计约需三千两，实际完工时耗费五千两。25 日，凌淦与瞿家鑫乘坐渡船过河，到北岸中封村查赈，26 日查李梧槚村，27 日查岳梧槚村，29 日查杨梧槚村。所到之处，田间泥深没胫、寸草全无，民居或者冲塌、或成危房，村民们逃至高岗避难，身无长物，日晒雨淋，饥肠辘辘，凄惨欲绝。仅以中封一村举例：原有房屋六百余间，水灾后只剩危房一百余间；原有常住居民近七百人，旱灾饥荒饿死过半，今复遭此劫难，再死一半，只剩一百七十五人，其余各村情形大同小异。凌淦等除随身携带干粮、每天查赈时随时给发外，不论大小口，每人施银一两，共计发放赈银一千三百多两，并派人到城中购置粮食、锅子、席片等生活必需物品，以解燃眉之急。随后邹文甫、潘民表亦先后赶来增援，老龙湾一带村庄急赈方告一段落。他们于 8 月 28 日移师沁河以南，借住在木栾店一户空宅内，同 25 日来此的熊其英等合办原村赈务。除武陟外，此番水灾尚波及修武、获嘉、新乡诸县，其中以修武为最严重，水淹之区计有九十余村，离居荡析，尤以东南各村为甚。获嘉城唯有南门尚可通行，新乡城则四面均被水围困。正在修武城外大王庙主持此地慈幼局的赵翰，每天紧急赶制馍一千个，分发给灾民；修武县令刘济臣也终于一改早先拒人千里的态度，主动前往木栾店，拜会江南义绅，恳请他

们赴修武查户。因此凌淦与熊其英商定，待原村一带查赈完毕，即全数移局修武。至于获嘉和新乡，由于势单力薄，难以兼顾，故特致函正在延津办赈的镇扬助赈局严作霖，请其从延津折回获、新两地，并从南方所汇善款中再次拨出一万四千两交其使用。而 8 月初曾经设想的两局合办林县之议，现在只能作罢。且潘民表自常州一到原武，就立即前往林县勘查灾情，回来告知：除受雹的河顺等十余村外，其余各属秋麦长势尚好。加上积水一时难退，道途不便，凌淦为此写信给正在辉县的镇扬助赈局侯敬文，请其北上兼办。9 月 4 日，又派瞿家鑫、尹荩臣携带赈银两千两以往，助其散放。慈幼方面，张文炳与谈国樑、赵翰的矛盾日渐激化，令凌、熊二人头疼无比。虽然实施分而治之，由赵翰管理修武慈幼局，由张文炳管理原武慈幼局，又将谈国樑调至熊其英身边，但张仍不满意，屡屡意气用事，处处掣肘责难，又放话说要撂挑回南方，叫人周旋为难。因此后方诸君，对张文炳亦颇有微词，在光绪四年十月初七日（1878 年 11 月 13 日）上海方面葛绳孝、郑官应等致谢家福函中，就有"张步洲既开支薪水，而不知分量如此，此等人，弟以为较御人越货者尤为罪，浮非激论也"之语。此函书于 1878 年 8 月 29 日。

二十二 凌淦致谢家福函（光绪四年八月十三日）

绥之仁兄大人阁下：

初四日奉布一函，度可达览。弟现寓武陟之木栾店，办原村、老龙湾两处决口，被水村庄，水灾之苦，更甚于旱。共有四十余庄，约月底可以竣事。出月拟办修邑，共淹九十余庄，而以东南为尤重，计村庄四十有六。林县雹灾，嘱瞿星翁会同镇扬局之侯敬翁往办矣。张桂一、蔡戒三初八日到木栾，均下乡查户，甚妥；苕翁、菊孙尚未知消息。收赎妇女一节，惜为之太晚耳。家乡赈款源源，实非始料所及，惟河北灾荒层见叠出，武陟决口，另发山水，波及修武、获嘉、

新乡三邑；林邑则雹灾甚重；原武则蝗虫遍野；且济源之邵原、西阳两里，自五月十八得雨之后，直至七月十五始得大雨，新种已稿，无可补救。此外各县虽有秋可收，而资遣回籍者，室庐毁矣，田亩荒矣，其田产卖尽之家，正不知凡几！现在似乎安静，而民穷财尽，一到冬天，万不免于死亡。若实事求是，赈务无从歇手、亦无了期。弟等承诸同人之委任，息肩不得。昨与纯翁商议：谓与其务广而荒，不如谋专而精，拟此月办武陟后，九月办修武，十月办济源。岁暮天寒，正饥寒交迫之时，或分头散放，或轮流办理，惟归家要在明年二月耳。原武大令高云帆爱民如子，且续发南漕四千石，此县度可无虞。南中蝻不渡江，雨旸时若甚为可喜。弟所备另用银已罄，祈嘱雨亭舍弟先汇银一百两来，因未便借用公款也。草此，即请近安。

弟凌淦顿首
八月十三日

（据原稿副本录）

按：稿者，即"槁"也。枯槁。南漕者，漕米。

凌淦于 8 月 24 日急赴武陟沁河决口段，熊其英亦于 25 日赶到增援。经协商，凌负责河北老龙湾一带二十余村，熊负责河南原村一带二十三村。两地紧邻决口处，直接受淹者共有近五十个自然村，因为是突发灾害、猝不及防，所以灾况较之旱时更为严重。28 日，凌淦结束北岸急救，移师河南木栾店，所有人员合办南岸查赈。经过助赈局义绅们紧急救助，加上抢修垮塌堤坝，局面稍有缓和，幸存灾民暂时摆脱了死神的威胁。但此番洪水来势凶猛，危

害波及之处尚有修武、获嘉、新乡三县，其中修武因离武陟最近，受害面积也最大：共计九十余村被淹，其东南比邻武陟的四十六个村庄灾情尤为惨重。兼以修武县令慌忙前来求救，一改早前自负倨傲之态，故凌淦等决定 9 月底结束武陟赈务后，拟往修武办赈，获嘉、新乡则交付镇扬助赈局办理。至于林县的雹灾，因为本就路途遥远，被水后道涂不通，人手又不够，实在鞭长莫及。但苏、扬两局还是想方设法，分拨体力强健者奔去援助。镇扬局派出的是侯敬文，凌淦这边亦嘱托瞿家鑫前往。8 月底，由江南抵达灾区增援的张桂一、蔡戒三到达河北，9 月 4 日他俩赶到木栾店，随后便马不停蹄下乡查户。浙江助赈局的金苕人和熊其英之侄熊祖诒为后到河南者，他们准备接手黄河以南新安、渑池、灵宝等地，可此时尚未有其消息传来（因为灾区通信不便，驿递拖拉严重，甚至经常会有信件丢失的事情发生。凌淦从济源写信给开封的李麟策，竟需要十多天才能送达，比从开封写信送达苏州所需时间还要长）。灾区的残酷现状彻底击碎了赈绅们全身而退的美梦，凌淦意识到河南之赈"无从歇手，亦无了期"，据他预计最快也要到 1879 年 2 月底，才有脱身回家的可能。虽然如此，明知陷入了循环往复、无休无止的轮回之中，凌淦和熊其英仍然觉得：不能抛下饥病交迫的中州灾民不管，在人财两缺的情况下，他俩议定选择灾情最重的武陟、修武、济源三地，逐月轮流查办，务求解决重点、力保大头无虞。此函书于 1878 年 9 月 9 日。

文徵明与吴门画派

周积寅　王凤珠（南京艺术学院）

内容摘要： 继沈周而领袖吴门画派的是文徵明。文徵明山水画有两种面貌：一种是"粗文"，源于沈周，笔致挺拔，水墨苍劲，但不是他的主要风尚；一种是"细文"，文雅秀逸，以工致见长，代表了他的主要风尚，乃从赵孟頫变化而来。文徵明也向沈周学习花卉，但他有自己的面目。文徵明之后，继承者大都囿于形式而没有发展。唯有陈道复与徐渭并称"青藤白阳"，对其后写意花鸟画的发展有深远的影响。

关键词： 地方画派　领袖　粗文　细文　山水画　花卉　文家天下

继沈周而领袖吴门画派的是文徵明。文徵明（1470—1559），初名璧，字徵明，后以字行，改字徵仲，号衡山，长洲（今江苏苏州）人。父亲作过温州太守。他曾任翰林院待诏，后人称之为文待诏。因对当时大贵族、官僚等腐朽的专横统治有所不满，采取了消极逃避的态度，三年辞归，长期过着诗文书画生活。著有《甫田集》。

他是沈周的学生，但他比沈年纪小得多，他出生时，沈已经四十四岁，所以当他从沈学画时，正是沈声名倾倒当世的时候，也正是吴门画派初生的时候。经过文徵明的努力，所谓吴门画派便更加壮大而巩固了。

文徵明何时开始从沈周学画，历史上无具体记载。嘉靖二十五年（1546）四月十五日文徵明七十七岁时为沈周补画一幅未完的长卷《沈周文徵明合作山水图》（美国翁万戈藏），其后的跋文，目前被认为叙述其师生关系的唯一资料：

王君虞卿尝得石田沈公画卷，联楮十有一幅，长六十尺，意匠已具，而点染未就，以徵明尝从游门下，俾为足之自顾拙劣，乌足为貂

尾之继哉？忆自弘治己酉（1489）谒公双娥僧舍，观公作《长江万里图》，意颇欣会。公笑曰："此余从来业障，君何用为之，盖不欲其艺事得名也。"然相从之久，未尝不为余尽大意。谓"画法以意匠经营为主，然必气韵生动为妙，意匠易及而气运别有三昧，非可言传。"他日题徵明所作荆关小幅云："莫把荆关论画法，文章胸次有江山。"褒许虽过，实寓不满之意。及是五十年，公殁既久，时人乃称余善画，谓庶几可以继公，正昔人所谓无佛处称尊也。此卷意匠之妙，在公无可遗恨，若夫气运，徵明何有焉。嘉靖丙年四月望，后学文徵明识，时年七十有七。

由此观之，己酉为明弘治二年，公元 1489 年，文氏二十岁，拜访了六十三岁的老师沈周的双娥僧舍，并观看沈作《长江万里图》，向沈学画当为斯年，其后，"相从之久"，沈周在世的时候，文徵明可能都是追随沈周学画的时间。

文徵明有些作品（传世的所谓粗文）如《溪桥策杖图》轴（故宫博物院藏）、《仿吴镇山水》卷、《古木寒泉图》轴、《绝壁高闲图》轴（以上台北故宫博物院藏），一看就是沈周的面貌，笔致挺拔、水墨淋漓、苍劲豪迈，足与沈周抗衡，但不是他的主要风尚。代表他风尚的，是传世所谓"细文"的作品，文雅秀逸，以工致见长。有青绿的，如《兰亭修禊图》卷（故宫博物院藏）、《万壑争流图》轴（南京博物院藏）；有着色的，如《江南春图》轴（台北故宫博物院藏）；有淡着色的，如《石湖清胜图》卷（上海博物馆藏）；有水墨的，如《绿荫长话图》轴（故宫博物院藏）等。其渊源是从赵孟頫学来。明谢肇淛《五杂组》云：

文徵仲远学郭熙，近学松雪，而得意之笔，往往以工致胜。

董其昌也说：

文太史本色画，极类赵承旨，第微尖利耳。同能不如独异，无取绝肖似。所谓鲁男子学柳下惠。——《画旨》

他早年由李思训、赵千里入手，始终不能从古人的框子里跳出。清梁廷枏《藤花亭书画跋》卷二跋他六十五岁所作的一幅画云：

待诏少喜小李将军、刘松年、赵千里，其后终不能弃尽本来面目。虽大气淋漓，粗中之细，若出性生，但于此中叹其不苟，而不知所以必然之故，有由来也。晚年变为长林巨壑，蹊径往往小异大同。举其胸中所至熟，临时增减出之。此卷年六十五作，而所谓层岩山献，细如丝发者，犹依然三五少年抹粉施朱伎俩。

因此文徵明的画，固然有人评为"以元季淋漓之趣，兼子昂秀润之色"（《王奉常集》），但总的说来，文雅秀逸有余，淋漓磅礴不足，骨力薄弱是其缺点。

当然，沈、文在山水画的创作上有其一定成就的，对传统也有所发展。但是总没有脱尽元季诸家的窠臼。不过是元末明初太湖沿岸自赵孟頫而下元四家画派的继续扩大而已。然而，他们两人的成就，较之元末明初诸家吴门画派的先驱者，却不可同日而语的。

文徵明时代的苏州，经济繁荣，超过了沈周的时代。这里是当时丝织和棉纺织中心，是江南重要的商业城市，也是对外开放的商业城市，自"吴阊至枫桥，列市二十里"，成化时莫旦作《苏州赋》就说："列巷通衢，华区锦肆，坊市綦列，桥梁栉比，……货财所居，珍异所聚。"在商业经济繁荣的形势下，必然刺激和影响绘画向手工业商品的性质发展。唐寅诗云："闲来写幅丹青卖，不使人间造孽钱。"文徵明的画，在当时的市场，比沈周在世时还要好，特别到了晚年，名望更高，据说，求他作画的纸绢堆积如山。《明画录》卷三说他卖画有"三不

肯应"："宗藩（藩王贵族）、中贵（宦官）、外国（洋人）"，可见买画的对象除了一般地主阶级知识分子外，更多的恐怕还是商人。

文徵明不但是当时了不起的画家，也是诗人、文学家和书法家。特别在诗的创作上，更有其较高的成就。他和唐寅、祝允明等人的诗是独标新格的。他们虽然没有公开提出反对所谓"前七子"复古理论的主张，但从他们的诗文创作中可以看出，在文学观点上和"前七子"是很不相同的。平易近人，不拘成法，是他和朋友们共同的宗旨。长于清丽而自然地写景抒情，颇得力于白居易。传世《甫田集》36 卷中，15 卷是诗（共计 741 首），其他便是文章，除了记、叙、题跋之外，为别人作的祭文、行状、传、墓志铭等数量相当多，可见当时不但画成了商品交换，卖文和卖字也是文徵明生活收入的一部分。

沈周的时代，正式浙派吴伟倾倒当世的时代。吴伟（卒于正德三年即 1508 年，第二年沈周也死了）死后，浙派的继承者，在人数上虽然很多，时俨、蒋贵、薛仁、张路、蒋嵩等都是继吴伟而起的浙派名家，在艺术成就上，实已后继无人，文徵明真可以说是画坛师首、艺苑班头了。经过文徵明半个世纪以上的努力，吴门画派更扩大了影响而风靡全国。

吴门画派经沈、文两家的努力，在当时画坛的势力和阵营是很可观的。沈周的家族继承他画派而有名字可考的有：

沈幽　　沈召　　沈轸　　沈丝
沈芦洲　沈恒（另一个沈恒而不是沈周父）
沈颢　　沈湄

他的学生及传他的画派的人，在著录上能查到的有：

文徵明	张复	项承恩	盛时泰
吴麟	周用	雷鲤	陈铎
陈焕	陆文	喻希连	孙艾
宗周	谢时臣	陈天定	杜冀龙
朱南雍	李著	徐弘泽	

阵营和势力虽然强大，但在这些家族和学生中，

能够跳出沈周的框子自成一家的，只有文徵明一人。其他人数虽多，大都囿于形式而没有发展。南京博物院、苏州博物馆藏有许多沈周学生的作品，其中以陈焕的山水画最为杰出，如《秋山闲眺图》轴、《寒山万木图》轴（以上南京博物院藏）、《重岩飞瀑图》轴（苏州博物馆藏），其笔墨意趣，不失明人（学沈）佳作。像这样的作品是很难得的，即使如此，也不过做到形式模拟而已，看不到什么新的东西。若谢时臣，虽"得沈石田之意而稍变"，有一定的技巧，但谈不到什么艺术构思，有些作品反因为技巧过于熟练而显得甜俗。其他碌碌者更不待言了。

文徵明的家人和学生继承他画派的人比之沈周，就更加多了。因为吴门画派，沈周以后，实际完全成了文家天下。我们先看文氏家族传文徵明画派的，如下表。从此表文氏家族观之，自文徵明起，累代善画，绵延至清代，见于著录的达三十余人，可算是中国历代最大的书画世家。其中的文彭、文嘉、文伯仁、文从简、文震亨、文淑较为突出。

文彭（1498—1573），字寿承，号三桥。授秀水训导，官国子监博士。能诗。精于篆刻，风格工稳，与何震并称"文何"。善书画，写墨竹直逼文同。亦工山水，墨气苍郁，类父风。传世作品有《墨竹图》轴（广东省博物馆藏）、《兰花图》轴（故宫博物院藏）等。

文嘉（1501—1583），字休承，号文水，官至和州（今安徽和县）学正。工小楷。擅画山水，笔法清脱，颇近倪瓒。《曲水园图》卷（上海博物馆藏），既继承文徵明秀洁的长处，也吸取倪瓒淡雅浑朴的特色，并自出新意。间仿王蒙皴染，亦颇秀润，《夏山高隐图》轴（故宫博物院藏）虽有王蒙特点，但山石数目则是自家画法。《瀛洲仙侣图》轴（台北故宫博物院藏），用笔细致，画山石多干笔枯墨渲染，再加青绿设色，这种松秀文雅的画风，是典型的文派风格。亦能花卉。好作诗，精于鉴别古书画。著有《钤山堂书画记》。

文伯仁（1502—1575），字德承，号五峰，又号

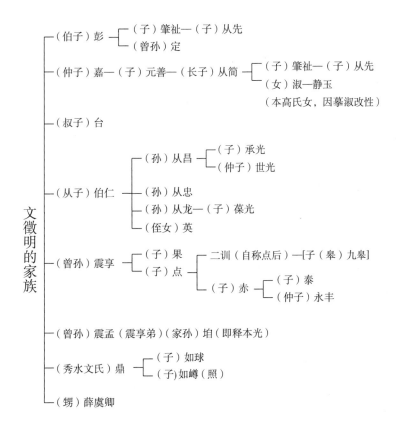

葆生，摄山老农。工画山水，宗王蒙，学"三赵"（令穰、伯驹、孟頫），而又不失家传，笔力清劲，布景奇兀，岩峦郁密。存世作品有《秋山游览图》卷（上海博物馆藏）、《溪山仙馆图》轴（广州美术馆藏）、《松冈竹坞图》轴（台北故宫博物院藏）等。兼善人物，亦能作诗。

文从简（1574—1648），字彦可，号枕烟老人。崇祯十三年（1640）拔贡。入清不仕。工书画。山水学王蒙、倪瓒，喜用枯笔皴斫，笔墨工细，构图平实，较少变化。作品有《介石书院图》卷（上海博物馆藏）、《郑州景物图》轴（故宫博物院藏）等。

文震亨（1585—1645），字启美。天启五年（1625）恩贡，崇祯元年（1628）官中舍人，给事武英殿。工诗。书画咸有家风，山水学宋元诸家，韵格兼胜。传世作品有《武夷玉女峰图》轴、《唐人诗意图》册（以上故宫博物院藏）等。著有《长物志》。

文淑（1595—1634），字端容。善画花卉草虫，勾勒精细，鲜妍生动，信笔点染，皆能得其性情。兼工仕女。亦能松石，笔迹老劲。传世作品有《写生花蝶图》卷（上海博物馆藏）、《萱石图》轴（故宫博物院藏）等。

他的学生和学他画派见于著录的更多，见《文徵明弟子及其流派一览表》，实际上还是不止这个数目的。

学文徵明的人数如此众多，在画史上可说空前了，我们从现存的作品来分析，自文以后，所谓吴门画派，实际上是文徵明画派了。对文的继承，可以分为两个方面：一是文的细密作风（正是前文所说李思训、赵伯驹的框子，文徵明没有跳出的部分），经文伯仁等人把它更加发展起来，更加细密纤弱，传世文伯仁画的部分不经意的作品，往往生气勃勃，不失名手，而绝大部分，都是刻意求工，重点都放在技术的追求上，结果空陈形式，除了细密的点和线外，实在没有什么画意可言。文伯仁是文氏家族和学生中的佼佼者尚且如是，其他可想而知。

二是文氏的青绿山水，即董其昌所说的最像赵孟頫而比较尖利的部分，也为门徒们所继承，但能超过文徵明的不见一人。陆治在学生中应是最杰出的了，传世的作品也很多，其《竹泉试茗图》轴（吉林省博物院藏），纸本，青绿着色。山峰重叠，云烟绕缭；山泉蜿蜒而下，流经竹林树丛。二高士正襟危坐在竹林下，旁有二童子正在树下调茗烹茶。属其早年风格。图上有文徵明嘉靖庚子（1540）四月七日的题诗，喜其意境清雅。南京博物院藏有一幅《天池诗书画合装》卷，是将文徵明的青绿山水和陆治临本合装在一起的，我们若将两者加以比较，便能看出陆氏的作品止于邯郸学步了。

文徵明虽以山水名家，花卉学石田颇富天趣，不像山水那么拘谨，虽然学沈，也和他学沈的山水画一样，有他自己的面目，他曾题花卉册页云：

> 嘉靖癸巳长夏，避暑洞庭，崦西先生邀余过其山居，挥麈清谈，颇为酣适。觉笔墨之兴，勃勃不能自已。崦西出素册索余拙笔，凡窗间名花卉，悦目娱心，一一点染。图成，崦西谬加赞赏。大抵古人写生，在有意无意之间，故有一种生色。余于此册不知于古法何如。援笔时亦觉意趣自来，非效邯郸故步者耳。——《石渠宝笈》续编

这一花卉传统，陆治也继承，成就不是很高，经陈淳而又独创面目。陈淳在文徵明门下声誉最高，他的写意花鸟画是林良、沈周之后的重要发展，与徐渭并称"青藤、白阳"，对后来写意花鸟画发展有深远的影响。他的花鸟画不论内容和形式都与前代画家有明显变化，首先是题材，一变传统的奇花怪石、珍禽异鸟，而大都是庭院中经常接触的花木，发挥了花鸟画的抒情作用；在表现上，不贵浓艳装饰，崇尚简率的笔情墨趣，不求劲挺豪放的气势，而得闲适宁静的意境；在造型上更以严于剪裁见胜；在技巧上，进一步发挥了水墨的表现功能，生纸性能的掌握，使笔墨水分在形象塑造中产生了前所未有的种种微妙效果。《百花图》卷（青岛市博物馆藏）、《葵石图》轴（故宫博物院藏）、《山茶水仙

图》轴（上海博物馆藏）、《花卉》册（中国重庆三峡博物馆藏）等，都是他的水墨写意成功之作。

过去，谈吴门画派的人，主要是指他们的山水画，而不言花鸟的。其实，吴门画派在花鸟画上的意义，并不小于山水画。

我们从这些人的籍贯知道，当时不论学沈、学文，绝大多数是苏州、吴县、无锡一带的人，南京（金陵、江宁）已经是少数，最远的北方到泰州，南方到杭州，常熟、华亭一带也都很少，实力都集中在苏州。许多文献说吴门画派统治当时全国画坛，如果从传习这一画派的人来说，似乎不完全符合当时的事实。

附表　文徵明弟子及其流派一览表

姓名	籍贯	艺术简介	见于著录
陈淳 （1483—1544）	长洲 （今吴县）	曾从文徵明学书画。少年作画，以元人为法，中岁斟酌大小米、高房山间，淡墨淋漓，极高远之致。其写生，一花半叶，淡墨欹毫，疏斜历乱之致，咄咄逼真，久之，并浅色浅墨之痕俱化矣。子栝长于花鸟。弟子吴枝工花鸟，皆得其传。	《无声诗史》卷三、《明画录》卷六、《吴郡丹青志》
陆治 （1496—1576）	吴县	曾从祝允明、文徵明学诗文书画。工写生，花鸟得徐黄遗意；山水规摹宋人，时露蹊径。	《无声诗史》卷三、《明画录》卷六、《图绘宝鉴续集》卷一、《吴县志》
王毂祥 （1501—1533）	长洲	善写生，渲染有法度，意致独到，即一枝一叶，亦有生色。	《无声诗史》卷三、《明画录》卷六
钱毂 （1508—？）	吴县	从文徵明学诗文书画。作山水自腾踔于梅花、一峰、石田间，爽朗可爱。兰竹兼妙。子允治、序能继父学；弟子有侯懋功、刘原起、张复。	《无声诗史》卷三、《明画录》卷四
周天球 （1514—1595）	长洲	少游文徵明门下。工书，善画兰。金陵强存仁效之。	《无声诗史》卷七、《明画录》卷六
陆师道 （1517—？）	长洲	工诗书画。从文徵明游，尽得其法。山水澹远类倪瓒，精丽者不减赵吴兴。子士仁，书画俱宗文徵明，山水雅洁有父风。	《无声诗史》卷二、《明画录》卷四
朱朗	吴县	文徵明入室弟子。以写生花卉擅名；其山水与文徵明酷似，多托名以行。	《无声诗史》卷三、《明画录》卷六
周之冕	长洲	擅写意花鸟，常观察所养飞禽动态；花卉多用钩花点叶法，设色鲜雅，论者以其能采陈淳、陆治之长。为万历间花鸟画能手。婿郁乔枝亦能画。	《无声诗史》卷三、《明画录》卷六
袁孔彰	吴县	山水学沈周、文徵明、唐寅。	《无声诗史》卷七、《明画录》卷五
王复元	长洲	曾事文徵明。工书画。山水类陈淳，写生仿陆治。	《无声诗史》卷六
王宠 （1494—1533）	吴郡 （今苏州）	善山水，得黄公望、倪瓒墨外之趣。工诗、书、篆刻。	《无声诗史》卷二
居节	吴郡 （今苏州）	文徵明高足弟子。山水画法简远，有宋人之风。	《无声诗史》卷三、《明画录》卷四、《苏州志》

续附表

姓名	籍贯	艺术简介	见于著录
殳君素	吴	钱榖、文嘉入室弟子。	《无声诗史》卷七
孙　枝	吴	山水宗文徵明。	《无声诗史》卷三、《明画录》卷五
钱　贡	吴	善山水，尤长于人物。间仿唐寅却能逼真。而他画亦往往出入文徵明。	《无声诗史》卷三、《明画录》卷四
陈　祼	吴郡	山水宗千里、松雪及衡山诸家。	《无声诗史》卷四、《明画录》卷四
杜元礼	吴	隆万间（1567—1620）以善画山水名，其画力追文、沈、唐三家。工小楷。	《珊瑚网》、《画髓元诠》
顾祖辰	吴	工诗画。与文彭友善。作画萧散有致。	《明画录》卷八
周顺昌（1584—1626）	吴	工画兰，间写山水。	《明史本传》、《周忠介年谱》
张允孝	华亭（今松江）	少游文徵明之门、工书画篆刻。善画山水。	《无声诗史》卷六、《松江志》
陆　昺	常熟	少从文徵明游。书画得其遗意。尤工诗。	《海虞画苑略》、《常熟志》
黄昌言		善画山水，不在文徵明下。	《明画录》卷五、《画史会要》、《历代画史传》
李　芳	泰州	与文徵明为莫逆交，山水也宗之。但笔力不及。	《明画录》卷五、《画史会要》、《历代画史汇传》
王孟仁	江宁（今南京）	画山水清润有法，文徵明极喜之。	《无声诗史》卷三、《明画录》卷三
严　宾	江宁	工诗书画。与文徵明交，画山水小景酷似之。亦能兰竹。	《无声诗史》卷六、《明画录》卷三、《江宁府志》
王元耀	金陵（今南京）	画山水从文氏父子入门，后学郭熙、巨然、倪瓒。	《无声诗史》卷三
陈　沂（1469—1538）	宁波（居金陵）	工书画。从小爱模仿古画，后在翰林与文徵明讲论，其画更进。	《金陵琐事》、《宁波府志》
张尧恩	杭州	善山水，气意与文氏相似。其子钖兰亦能绍艺。	《图绘宝鉴续传》卷一
王皋伯	福建闽清一作闵县（今福州）	画文徵明，精密秀雅。	《福州画人传》、《闵画记》
朱谋堇鸟		明宗室。山水花鸟兼文徵明、沈周、陆治之长。	《画史会要》

再论文徵明小楷《落花诗》

——以过云楼、虚白斋、琴几轩藏本比较为主

李 军（苏州博物馆）

内容摘要：本文在对落花诗创作源流作简要追溯的基础上，排比文徵明所书小楷落花诗的不同版本。有记录的七种版本中，有册页、扇面、卷子等形制，兹主要对周氏琴几轩本（《吴越所见书画录》存详细记录）、过云楼补图本（存过云楼集帖翻本）、苏博藏经纸本、刘氏虚白斋本等四种，逐一进行考察。针对启功先生认为刘氏虚白斋本为"唯一可证可信的一卷真品"的说法，通过对四种版本的书写字体、行格大小、题跋内容的多寡、文氏印记及收藏源流各方面，作详细比勘，提出不同看法，认为仅凭出现参差不齐的壁、璧变换，不足以判定其真伪、优劣。且它们相互之间并不存在母子关系，有理由相信，目前所知的四种《落花诗》如是真迹，则应是文徵明在不同时间用不同纸、笔所书。

关键词：落花诗 版本 真伪 文璧

文徵明（1470—1559），原名壁，字徵明。四十二岁起以字行，更字徵仲。与徐祯卿、唐寅、祝允明被合称为"吴中四才子"。其祖上本是武将出身，到文徵明的曾祖父文惠才开始从文业儒，又经过祖父文洪、父亲文林、叔父文森两代人的努力，到文徵明出生时，文家已然是书香门第。文徵明的前半生，除了与唐寅、祝允明、徐祯卿、都穆等人诗酒雅集外，还用功于八股文，积极进行科考。经过九次乡试失利之后，他虽被荐举入朝，授以待诏，但利禄之心渐渐淡去，作诗为文，往往述景抒情，逐其本性而为之。清代沈德潜《明诗别裁集》所录诗人，皆一时之选，"吴中四才子"中，除了徐祯卿之外，只有文徵明一人入选。而在集诗、书、画为一体的文氏作品中，《落花诗》无疑最引人注目。

一 《落花诗》的不同版本

吴中山水之胜，素来为文人雅士所称道，在文徵明的书法作品中，就有一件小楷《铁崖诸公花游倡和诗》卷，就是元人杨维桢等游石湖时，所作唱和诗，今藏江西省博物馆。该卷除了录杨维桢、顾阿瑛、郭翼、袁华、马麐、陆仁、秦约、于立八家诗外，文徵明另作追和一首于后，时在正德九年（1514）六月，这是个人书写与古人唱和的有机结合。而在此之前，因沈周的《落花诗》已引起吴门文人群体诗、书、画的集体创作。

弘治十七年（1504）春，沈周作《落花诗》十首，随之而来的是文徵明、徐祯卿、吕㦂、唐寅、申时行、罗㐸等人的唱和与沈周的反和。据张丑《真迹日录》著录，沈周有《落花图》卷，全诗三十首，末署款云："右咏落花诗三十首，弘治辛酉三月下浣书于东禅精舍，长洲沈周。"辛酉为弘治十四年（1501），盛诗澜《唐寅落花诗考》[1]称沈周《落花诗》为悼子而作，虽与弘治十七年（1504）春之《落花诗》十首不冲突，但与此三十首相悖。南京博物馆藏有《落花诗意图》，图后有沈周书落花诗三十首，未及时间，岂即张丑所见之物欤[2]？暂不论沈周作诗的缘由，仅从诗歌本身来看，仍然沿袭伤春悲秋的基调。都穆在《南濠诗话》中说：

> 沈先生启南，以诗豪名海内，而其咏物尤妙。予少尝学诗先生，记其数联，……先生又尝作《落花诗》，其警联云，"无方漂泊关游子，如此衰残类老夫"，"送雨送春长寿寺，飞来飞去洛阳城"，"美人天远无家别，逐客春深尽族行"，"懊恼夜生听雨枕，浮沈朝入送春杯"，

"万物死生宁离土，一场恩怨本同风"，皆清新雄健，不拘拘题目，而亦不离乎题目，兹其所以为妙也。[3]

这里偏重于从文辞上赞扬沈周的诗歌创作，至于诗歌的主题，却并未提及。若真像盛诗澜所推测那样，都穆似乎不会对悼子的主题无动于衷，仅将《落花诗》归入咏物这一大题目之下。

围绕《落花诗》，沈周、文徵明、唐寅在书、画方面，同题之作，均不止一件。沈周除了《真迹日录》著录《落花图》卷、南京博物院藏《落花诗意图》、浙江省博物馆藏《落花诗》扇面外，另有清内府所藏《落花图并诗》卷（引首题"红消绿长"），今藏台北故宫博物院。此外，他还曾为吴宽作《落花诗》画轴。唐寅《落花诗》，据盛诗澜《唐寅落花诗考》称，分别有辽宁省博物馆藏本、普林斯顿大学附属美术馆藏本、苏州博物馆藏本[4]、中国美术馆藏本，另有《图咏》之作，著录于《珊瑚网》、《式古堂书画汇考》，未见流传。而文徵明本人所书《西苑诗》，明清以来记载有二十余本，现存十三本，从嘉靖四年（1525）至三十七年（1558），横跨三十余载，面目各异[5]，则其多次书写《落花诗》的情况，庶几近似之。

据目前所知，文徵明手书《落花诗》，从弘治十七年（1504）至嘉靖二十二年（1543）前后四十年，即文徵明三十五至七十五岁间，多至六七种。清代《石渠宝笈》卷三著录有文徵明《落花诗》云：

> 明文徵明书《落花诗》一册，素笺乌丝阑本，小楷书。凡十二幅，前六幅书沈周原倡十首，后六幅自书和作。款识云："嘉靖己丑春二月廿四日，徵明重录于玉磬山房。"下有"徵明"连印、"徵仲父印"二印。前署"和答石田先生落花之什"十字，下署"徵明"。[6]

己丑为嘉靖八年（1529），此册不知现藏何处。在此之前的正德三年（1508）六月，文徵明曾于沈周《落花图并诗》卷后，以行书录其和作，末署"戊辰六月书一过，壁"，即今藏台北故宫博物院者。正德十一年（1516），文氏又以自作《落花诗》十首

书扇，并配以《落花图》，此扇今藏广西壮族自治区博物馆，诗后题"正德丙子孟夏，偶作落花图，因系旧诗十首，衡山文徵明"。又据周道振《文徵明年谱》著录，嘉靖二十二年（1543）二月十六日，七十四岁的文徵明为王穀祥作《落花图》，并书诗。

其实，早在弘治十七年（1504）十月，文氏就曾手录沈周《咏得落花诗十首》、文徵明《和答石田先生落花诗之什》、徐祯卿《同徵明和答石田先生落花十诗》、沈周《再答徵明昌穀见和落花之什》、吕秉之《和石田先生落花诗十首》、沈周《三答太常吕公见和落花之作》，并作自跋，此本有卷子、册页两种装潢。

册页本见于清人陆时化（1714—1779）《吴越所见书画录》卷三，题为"明文待诏蝇头小楷落花诗册"[7]。册前有周天球题"琴几怡情"四字引首，钤"江左"、"周氏公瑕"、"群玉山樵"、"仁山鉴定"，并录崇祯六年（1636）文从简（1574—1648）题记，称此为周天球琴几轩旧藏。卷前有"停云"（不全）印，题跋落款下有"文璧印"、"徵明"两印。另有"吴景旭印"、"仁山鉴定"二印。按吴景旭（1611—1682 后），字旦生，号仁山。浙江归安人。明诸生，入清不仕。著有《南山堂自订诗》、《历代诗话》。

卷子本则苏州博物馆、香港刘氏虚白斋均有收藏。

苏州博物馆藏小楷《落花诗》长卷，用金粟山藏经纸，长近两米，卷前上方存白文"生"字，下方存白文"印"字，比对文氏用印，应分别为"停云生"、"文璧印"之后半，接缝下方钤有"停云"、"怡情"等印，卷后有文氏后人"元发"白文方印及清人"钱泳曾观"朱文方印。此卷原为顾氏过云楼所藏，清末吴云、顾文彬、费念慈作跋。

香港收藏家刘作筹（均量）虚白斋所藏《落花诗》卷[8]，今藏香港艺术馆，与苏博本所收内容相同。该本与苏博本每行二十字不同，每行仅十八字，《落花诗》本身遂增多六十行，题跋较苏博本少九十字，但它总长度仍超过卷子本。首行标题作《赋得

落花诗十首》，与琴几轩本同，而与苏博本"咏得"稍异；卷首作者仅署"沈周"而无"启南"二字，则与琴几轩本、苏博本均不同。虚白斋本卷首阑外钤有"停云"白文长印，其余如"鹤山冯氏香漪楼"、"张祥凝藏"、"容氏文蔚"、"黄般若藏"均为清代及近现代藏印。

二 不同版本真伪之再检讨

关于苏博本与虚白斋本之真伪、优劣，启功先生曾作《文徵明原名和他写的〈落花诗〉》[9]一文，从两本中文徵明的署名判断，认为苏博本之"璧"、虚白斋本之"壁"中，以"壁"为真，故定署名、题跋相对简略的刘氏虚白斋藏本为真品。对于虚白斋本文徵明落款下的"文璧印"白文方印、"衡山"朱文方印，启先生认为是后人伪造添加。虽然两本有诸多的类似性，启功先生仍执"璧"、"壁"为唯一标准，认定题跋中出现"壁"字的虚白斋本为"唯一"真迹。

须指出的是，启功先生在文中列举顾氏过云楼本时，将《过云楼帖》第八册所节刻《落花诗》直接作为过云楼藏本，不甚妥当。只要翻检一下顾文彬《过云楼书画记》，就不难发现，在卷四书类四中，顾氏著录了两件《落花诗》。两本内容虽然相同，但前一件后"董思翁、陈眉公均有题记"[10]，为咸丰十年（1860）庚申前归张研樵（培敦）者，因陈眉公"书法永师，画法赵伯驹、松雪"之语，知其旧有图，故张氏以大青绿补图。由此可知，前一件为张氏补图本。

后一件与补图本相比，"小及其半，用金粟山藏经纸，乌丝阑书，只跋中节去'而先生为是'四句，其余皆同，甚至添注三字亦悉相合，盖一时所书，后有更定，遂两卷并改之耳"。由此可见，前者大而有图，后者小而无图。由此可见，苏州博物馆藏本应是小而无图本，即藏经纸本。

因此，在讨论过云楼藏《落花诗》时，需要将补图本、苏博本分别加以考察，不可混为一谈。启功先生在文章中所列举的《过云楼帖》本《落花

诗》，后有顾文彬跋，民国间上海天真美术馆曾据拓本珂罗版影印。顾氏跋文云：

> 《落花诗》沈石田首倡七律十首，文衡山与徐昌榖、吕秉之皆和之，石田亦一再答和，共得六十首。衡山手录成卷，长跋题识。兹仅刻沈、文诗各十首，及文跋，余皆未刻，盖限于篇幅也。光绪九年仲夏，顾文彬识。[11]

顾氏虽然没说刻帖所用底本是补图本抑或苏博本，但从每行二十一字，题跋落款下钤"文璧印"白文方印、"徵明"白文方印，与苏博本两印是"文璧印"白文方印、"悟言室印"白文方印。由此可知，《过云楼帖》以补图本为底本镌刻。虽然翻刻本未刻全六十首之数，但首尾两全，可见原卷面目，颇为可贵。

尤其值得注意者，尽管此本中文氏题跋中自称"璧"，但"和答石田先生落花诗之什"下署名作"文壁徵明"，从"土"旁。依照启功先生的标准，补图本原卷似也可归为文徵明手书。此卷前有"项芝房审定"朱文长方印、"小天籁阁主人"白文长方印。按项源字汉泉，号芝房，安徽歙县人。清乾嘉间收藏家。因与秀水天籁阁项氏同姓，故取斋名曰小天籁阁。

启功先生在《文徵明原名和他写的〈落花诗〉》中还提到，文徵明常称沈周为"石田先生"，而不直呼"石田"，这一点《石渠宝笈》著录《落花诗》册、琴几轩本、补图本、苏博本，都有尊称"先生"，反而是刘氏虚白斋本文壁"和答石田落花十首"一题无此二字。他的解释是：

> 文氏真迹中添注漏字、误字处极少，可见他下笔时的谨严。任何人录写诗文，不可能绝无错字、漏字时，所以没有的，只是不把有错漏字的拿出来而已。这类事情如在其他文人手下，本算不了什么问题，而在平生拘谨又极尊师的文徵明先生来说，便应算是一件大事，所以写完了卷，不忍弃去，又不愿算它是正本，便不盖印章。[12]

首先，据前文所述，过云楼藏补图本、苏博本，

刘氏虚白斋本，在"璧"、"璧"两字上三者均是杂用的，只是数量多寡不同而已。启功先生认为虚白斋本的"璧"字是后人作伪，在"土"旁上添写一短横所致。这是值得怀疑的，如果明知"璧"字是正确写法，收藏者只有想办法抹去多余的短横，而不是添加短横，使得"璧"变"璧"，由真转伪，世人往往求真恶伪，反其道而行之，实在有点反常。若坦承后人无知，将"璧"改"璧"，想必也知道要前后整齐划一，而今明显置题跋中"璧"字于不顾，岂非很蹊跷。

其次，三本之中，补图本后有明人董其昌、陈继儒题跋，有清乾嘉间收藏家项源藏印；苏博本卷末有文元发名印，清乾嘉间收藏家钱泳藏印，卷中并有"停云"椭圆印；虚白斋本除卷首的"停云"白文印外，其余藏印，多为清末、民国广东收藏家藏印。但从收藏源流看，虚白斋本被发现得最晚。再说各卷题跋落款下所钤两印，上一印"文璧印"白文印四者完全相同，下一印依次是"徵明"白文印、"悟言室"白文印、"衡山"朱文印及"徵明"印。若真如启功先生所说，虚白斋上下两印，均是后人伪造添盖，那么另外三件《落花诗》卷岂非曾在同一处收藏，或为同一人所伪造印章？可惜补图本、琴几轩本都不知何在，否则陈、董两家题跋、文从简题跋手迹都是证明真伪的有力证据。

再次，依一般常识而言，诗文题跋先简后繁，若从伪作角度论，则往往简出于繁。正如启功先生所言，虚白斋本脱字、误字不少。在四本之中，琴几轩本题跋最详，全文如下：

> 弘治甲子之春，石田先生赋落花之诗十篇，首以示璧，璧与友人徐昌穀甫相与叹艳，属而和之。先生喜，从而反之。是岁，璧计随南京，谒太常卿嘉禾吕公相与叹艳，又属而和之。先生益喜，又从而反和之。自是和者日盛，其篇皆十，总其篇若干，而先生之篇累三十而未已。其始成于信宿，及其再反而再和也，皆不更宿而成，成益易而语益工，其为篇益富而不穷益奇。窃思昔人以是诗称者，惟二宋兄弟，

> 然皆一篇而止，而妙丽脍炙亦仅仅数语耳。若夫积咏而累十盈百，实自先生始。至于妙丽奇伟，多而不穷，固亦未有如先生今日之盛者，或谓古人于诗半联数语，足以传世。而先生为是，不已烦乎，岂尚不能忘情于胜人乎？抑有所托，而取以自况也。是皆有心为之，而先生不然。兴之所至，触物而成。盖莫知其所以始，而亦莫得究其所以终，其积累而成，至于十于百，固非先生之初意也。而传不传，又庸何心哉？惟其无所庸心，是以不觉其言之出而工也。而其传也，又奚厌其多耶？至于区区陋劣之语，既属附丽，其传与否实视先生，璧固知非先生之儓，然亦安得以陋劣自外也。是岁十月之吉，衡山文璧徵明甫记。[13]

按：补图本"其传与否实视先生"一句，缺"与否"二字；"窃思昔人"之"思"作"惟"。苏博本"嘉禾"作"加禾"，缺"而先生为是……抑有所托"二十三字及"而亦莫得究其所以终"之"亦"字，落款后小字添注"思"、"与否"三字，似是对应"窃思"、"其传与否"两处。虚白斋本作除了"璧"皆作"璧"，引文中字体加粗者均缺之，共计九十八字，另外"窃思"、"其传与否"两处与琴几轩本同，完好无缺。

单纯从文义看，琴几轩本最为完满，但仅存陆时化的文字记录，原本不存；补图本缺"与否"两字，仅存卷首、卷尾翻刻本，原卷亦不存；苏博本题跋少"而先生为是"以下二十三字，《过云楼书画记》已言之，这段文字从"足以传世"一句径接"而取以自况也"，稍显突兀，其余如"加"、"亦"两字，似尚不关紧要，所幸原卷保存完好；虚白斋本文字最为简约，其中"徐昌穀"后省去"甫"字，虽然微小，但与"石田"后无"先生"相类似，至于行文似乎并没有不通畅之处，只是文义显得相对单薄。

或许有人会产生怀疑，四件《落花诗》有无母、子关系，诗本身很长，难免字词会发生讹脱。不过，对比四者，似乎并无这种可能。

首先，从组诗的排序看，以前二十首为例，四本之中，过云楼所藏两本顺序相同，琴几轩本、虚白斋本两本相同。卷首沈周的十首，若以过云楼两本为参照标准的话，后两本的顺序为一、二、四、三、十、五、六、七、八、九。

其次，从文字看，除琴几轩本之外，如每卷第一首"富"、"华"、"树"（两个）、"仙"、"独"字，三本均不完全相同，如"华"字苏博本写作"華"，其余两本作"蕐"；"仙"字补图本写作"僊"，其余两本作"仙"；"樹"字则上下、左右结构参差不齐。《落花诗》卷全文近四千字，三种版本间字体书写之差异，恐怕不止百处，如此多的差异，实非造假者所乐见。

三　结语

综上所述，补图本、苏博本、虚白斋本，虽然在行格、字体、落款、钤印等方面存在差异，但以长卷方格，依次缮录，缀以题跋，落款加印等一系列形式则大体相同。从琴几轩本、补图本、苏博本、虚白斋本四卷的诗歌顺序看，琴几轩本与虚白斋本相同，补图本和苏博本相同；卷末文徵明题跋，篇幅从长到短，依次是琴几轩本、补图本、苏博本、虚白斋本，虽然内容有繁有简，但都能通读，并没有明显的语病，苏博本与补图本缺"与否"两字，似略有影响，不过苏博本已作了补救。

四卷在"璧"字上，显得参差不齐：琴几轩本、苏博本前后均作"璧"；补图本诗卷中署名作"璧"，题跋作"璧"；虚白斋本署名作"璧"，题跋作"壁"。除琴几轩本外，三卷最后落款下均钤"文璧印"，且所用为同一印章。而各卷书写字体的各不相同，相互之间并不存在母子关系，有理由相信，目前所知的四卷《落花诗》如是真迹，则应是文徵明在不同时间用不同纸、笔所书，否则各卷不会同时出现如此多的相同元素。启功先生仅从虚白斋本身就不甚分明的"璧"、"壁"差别，来断定刘氏藏本"是我平生所见文氏所写这一组诗的许多卷中唯一可证可信的一卷真品"，似不无可商之处。

注释：

[1]《中国书法》2004年第11期，第25—28页。

[2] 吴敢《沈周》以《真迹日录》所著录为伪作。

[3]《历代诗话续编》，中华书局1983年，第1361页。

[4] 唐寅《落花诗》系苏州灵岩山寺藏品，非苏州博物馆所藏。因影印时冠以苏博之名，故一般认为存于苏博，乃系误会。

[5] 向彬：《文徵明西苑诗书法研究》，《中国书画家》2013年第5期。

[6]《石渠宝笈》，文渊阁四库全书本。

[7]《吴越所见书画录》卷三，清怀烟阁刻本。

[8]《文徵明落花诗》，历代小楷名作选刊本，上海书画出版社2012年。

[9]《启功丛稿·题跋卷》，中华书局1999年，第36—39页。

[10] 顾文彬：《过云楼书画记》，上海古籍出版社2012年，第67页。

[11]《过云楼帖》八集，清末拓本。

[12]《启功丛稿·题跋卷》，中华书局1999年，第36—39页。

[13]《吴越所见书画录》，清怀烟阁刻本。

残碑入帖与残帖上石

——对停云馆刻拓残帖的再思考

郭伟其（广州美术学院）

内容摘要：历代刻帖费时费力，而作为明代私人丛帖开风气者的《停云馆帖》中却并列了三个版本的《黄庭经》，其中还包括一个残本，这不仅体现了文氏父子对于法帖、金石、人生的独特见解，也表明他们引导并融入了明代中后期的趣味潮流。对这个案例的探讨，有助于将文氏父子三人的艺术行为加以整合，进而对明代艺术史产生新的认识。

关键词：停云馆　《黄庭经》　残本　金石

一

文徵明父子的《停云馆帖》事业开始于嘉靖十六年春，陆续刻成晋唐小字、唐抚晋帖、唐人真迹、国朝名人书以及宋代以来的名人书迹，二十三年间共刻成一百二十多石。在文徵明去世后一年，其子为这部丛帖补上最后一卷——文徵明本人的书法作品，从而构成了一部古往今来的精英书法史。这部以文徵明书斋命名的法帖在晚明及清代影响，实际上并不亚于所谓"文家山水"，其褒扬者固如张廷济所言："文待诏父子经营数十年，成十二卷，又有章简父细意摹勒，故有明数十汇刻，惟无锡华中甫真赏斋刻出其右，余若郁冈，余清，快雪，俱逊一筹。用功深者收名远，天下事类如是也。"[1]张狂如徐渭者也承认"摹刻停云馆帖，装之多至十二本。虽时代人品各就其资之所迫，自成一家不同矣，然其入门，必自分间布白，未有不同者也。舍此则书者为痹，品者为盲"[2]。更有意思的是，即便帖中所收的一些宋人书作被王世贞、徐渭等人批评为不值一收，也仍然有人从法帖的角度辩解道："《停云帖》多自真迹上摹出，其人虽未必是专门，然笔意宛然，效之则笔不骇，写来自劲有势。今观前卷及此卷，诸

公书法虽未工，然却俱有笔，比之《阁帖》觉易得师。二王等固是千古准的，但规格既峻，又以板力代毫力，妙处既不能得，复拘拘必以圆浑间求之，愈不似矣。……"[3]

孙鑛在这里提到了二王法书，以作为他这一论调的反面参照，然而对文氏本人来说，《停云馆帖》首尾二卷中的王氏小字，其重要性无疑是不可替代的。后人谈及《停云馆帖》，往往离不了《黄庭经》，谈论《黄庭经》，也往往绕不开《停云馆帖》：

《黄庭经》囊推《颍上》，然自是一种褚书耳。此宋本，隐重绵密，神骨自尔超异。《停云馆》诸刻，实祖此，故是神品。（《承晋斋积闻录·跋张偍来黄庭本》）

真本共五十八行，越州石氏本，文氏《停云馆》俱尔。（《清仪阁题跋·颍上本黄庭经》）

此经文第九行八字损裂，是秘监所临，《停云馆》亦用是本。（《清仪阁题跋·宝晋斋本黄庭经》）

宋时集帖所刻，大约有二种：或浑逸，或明劲。浑逸者则《颍上》本是也；明劲者则《停云馆》所祖也。（《养一斋集》卷七《黄庭经跋》）

叶氏《秘阁》本为《墨池》祖刻，李氏《越州》本为《停云》祖本。（《寐叟题跋·北宋刻黄庭经》）

《墨池》《黄庭》得浑朴之神，《停云》《黄庭》得疏宕之致。（《古缘萃录·旧拓停云馆晋唐小楷六种》）

《黄庭经》传本甚多，余见宋拓本与《乐毅》同笔法，又一刻本则清挺峻拔，是《停云》

祖本。(《学书通言》)

越州石氏及《停云》、《秀餐》是欧临。(《集古求真》卷一《黄庭经》)

此《黄庭》全本,据宋僧希白《潭帖》。希白摹勒精善,文氏父子精鉴,又得章简父名手重摹,宜其远出《戏鸿》、《玉烟》之上也。(张伯英跋《停云馆帖》)

越州石氏本较肥,得注红字本,精品也。但吴下柏林有翻本。有明汇帖,停云馆《黄庭》第一,《戏鸿》、《玉烟》不及也。(沈祖复藏《停云馆帖残刻》)[4]

从这数则看来,对于《停云馆帖》中《黄庭经》选用哪个版本的问题,实存在不同的看法,但他们对其风格大概达成了"明劲"、"疏宕"的见解。按距离文徵明时代不远的王世贞的看法,"第一卷晋唐小楷,自右军《黄庭》至子敬《洛神》,虽极摹拓之工,然不离文氏故步",而处处与王世贞唱反调的孙鑛居然也罕见地对此附和道:"盖字真而小,摹手无所著力,即游丝笔亦犹粗,若纯付之钩填,恐失真处或不美观,不得不稍以己意润之耳。"[5]就此而言,我们当惊异于文氏《停云馆帖》中一个显著的特点——在同一丛帖中竟然出现了三个不同版本的《黄庭经》,前两个是钩摹了宋代旧帖,第三个则是文徵明出于己意所临写的《黄庭经》,除此之外《乐毅论》也收入了两个版本。

很明显,文氏父子及其刻工在此处想要展示的,正是《黄庭经》三个不同版本之间的差异,至于后人无非将这三个版本通通归纳为一个风格,甚至归纳为"文氏故步",大概要让文徵明大失所望了。他心中所期待的后人关注,应该绝不会如此简单。

这里先从第一卷"晋唐小字"以及第十二卷文氏本人书法中所收的《黄庭经》,选出两页来做一个对比(图一)。

从这两个版本中,我们可以看到两者的点画确实如出一辙,显示出文氏临习《黄庭经》的非凡功底(这或许也是他在《停云馆帖》中将两者并置的原因之一)。两者的不同,主要体现在第一卷注重保

留原帖的痕迹,如第一页中的斑点,以及第二页中著名的第九行"水痕",从而宣示了其版本所在;而第十二卷则力图清晰地展现出每一个完整的字,如第二页中受损的八个字,则宁缺毋滥,作留空处理,并且在帖中描出每行字之间的条栏,这应该是表示文徵明临习时的用纸。但是这一点,就已经和当时摹刻《黄庭经》的其他法帖有所不同。

更令人惊异,并且至今并未引起研究者足够重视的是,除了这两个版本之外,文氏还收入了第三个版本——《黄庭经》残本,以及《乐毅论》残本。

摹刻法帖,在当时是一笔不小的费用,时人曾记载一个故事:"(汪芝)其家始者有六七千金。以好帖结客金闾,将刻《黄庭》。先结文太史与张(章)简甫,凡二人意旨,靡不求得当焉。盖二君摹刻,尽一代名手。而又供养之笃,即二君虽不为肉,而礼意若此,固宜其为殚精也。一摹一刻,垂十余年始克竣事。乃后又刻释怀素《自叙》、宋仲珩《千文》、祝京兆草书歌行,尽为海内称赏。刻成而金尽,又卖石吴中。迄归,赤然一身,然尚畜一鹤。后数年,以贫死。死而乡曲皆笑。"[6]这位汪先生,正是由于刻《黄庭经》等帖,任由文徵明和他的刻工百般挑剔摆布,最后耗尽家产。作为造成这一事件的关键人物,文氏当然不会忽略刻帖的费用,可是他却仍然坚持在《停云馆帖》中并置三个《黄庭经》版本,并且还包括一个完全无法识别全文的残缺版本(图二),这其中必定有意义深远的原因所在。本文尝试着从新的角度来看待《停云馆帖》的这一布置,进而强调其在明清金石趣味史上的独特意义。

二

嘉靖元年,无锡华夏的《真赏斋帖》摹刻上石,后人多认为文徵明在这部丛帖的出版中颇有贡献。事实上,文徵明在华夏所藏钟繇《荐季直表》、王羲之《袁生帖》上都分别题跋,并被刻入《真赏斋帖》中,这让人联想到文氏本人随后进行以自家斋

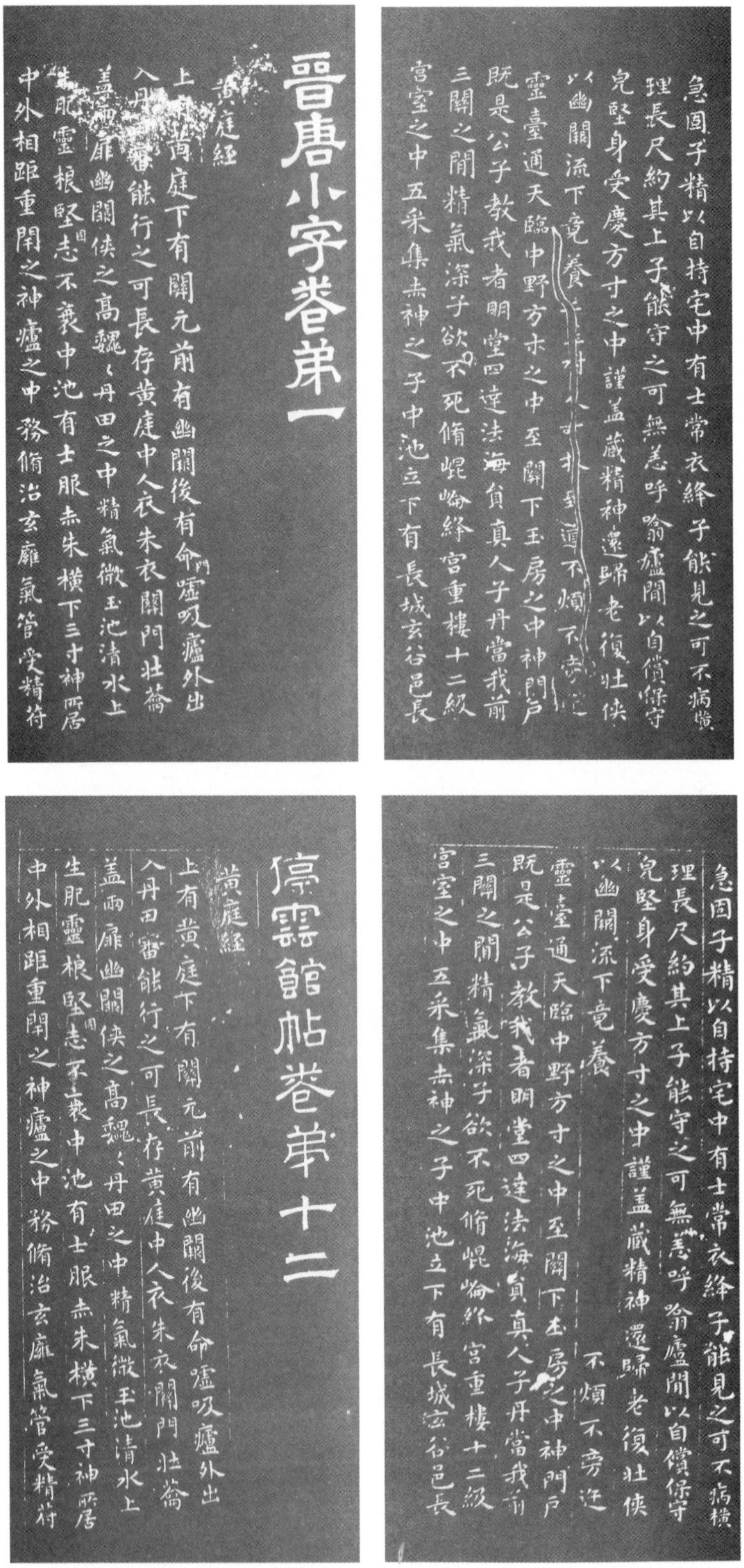

图一 《停云馆帖》第一卷和第十二卷中的《黄庭经》

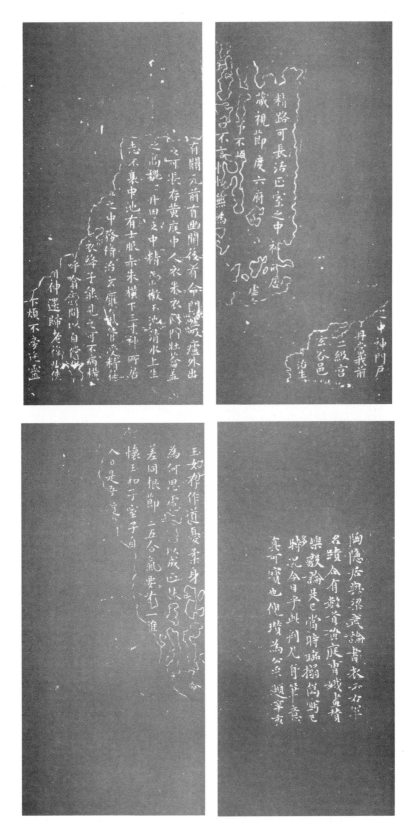

图二 《停云馆帖》第一卷中的《黄庭经》残本

名组织的刻帖行为，正是由于他在参与《真赏斋帖》
的出版中，对于这一活动兴趣倍增，从而产生了摆
脱"工匠"身份而建立文化事业的意愿（请注意在
上述汪芝的例子中，文氏处于与章氏平等的位置
上）。他后来绘《真赏斋图》时还不忘提及华夏刻帖
所耗费的大量财力，甚至因此而"家坐是稍落"[7]。
但他本人却于此时正乐此不疲地扮演"赞助人"的
角色，与章藻父子合作摹刻《停云馆帖》，这实在是
值得注意的有趣现象。

考察《停云馆帖》上这种乍一看起来前无古人
后无来者神来之笔，我们需要从多个方面来审视它
的传统。宋代薛尚功曾有一部书，收录了青铜器上
的古文字，这部书流传下来木刻本和石刻本，被称
为《历代钟鼎彝器款识法帖》，从而将金石学著作
与法帖联系在一起。至于金石学上"残碑入帖"的
传统，我们不妨从较为典型易见的清代案例往回
追溯。

巫鸿教授在《说拓片：一种图像再现方式的
物质性和历史性》中注意到一个有趣的案例，即
《华山碑》拓片的不同形态[8]。阮元根据流传有
绪的《华山碑》早期拓片"四明本"（这一拓片
所展现的《华山碑》早已残缺不全），复制了一
块石碑放置于自家的家学之中，这块石碑复制了
拓片上残存的文字，还原原本本地复制出原拓上
面的所有残缺与裂痕，并且在原拓文字残缺的空
白处刻上欧阳修《集古录》中的相应跋语。与此
同时，他又让自己的学生根据别处收集来的碑文
以及碑文书写风格复制了一块完好无损的石碑立
于华山庙前。在这里我们可以看到石刻的不同价
值，树立于华山庙前的原碑替身，旨在向游客介
绍关于这一名胜的渊源，起到保存文献的作用，
而阮元家中的残缺石碑则更是体现了当时方兴未
艾的一种趣味，这种趣味将学术与艺术融为一体。
乾隆年间出版的《金石经眼录》与《金石图》
（图三）正集中体现了这种趣味。

乾隆元年，褚峻为自己所编的《金石经眼录》
作序云：

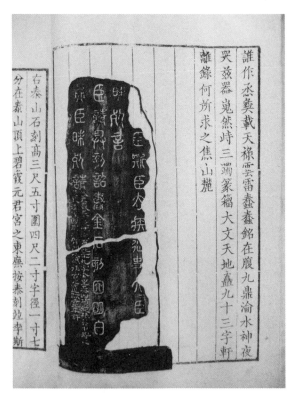

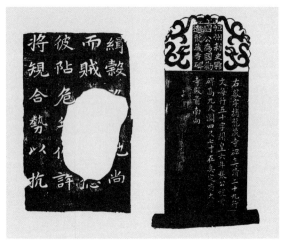

图三　《金石图》

故不惮跋涉，常裹粮襆被，周游四海九州、
名山大泽，遇穷崖绝壁，荒林败冢，凡有周秦
汉魏六朝隋唐篆隶真草石刻之字书见于其间者，
无不手自摹拓，然而残碑断碣，经风霜兵火弃
置于墟莽榛棘之中，而辱没于砑白墙几之用者
不一而足……辑诸一册，摘录古迹，既详其所
在，复绘其圭趺，且为临其字画形似，并剥蚀

残缺之处，亦为临仿，俾人一见了然，而且历历如睹原碑完缺之形状。故名之曰《金石经眼录》。[9]

金石学中的经典著作当首推宋代欧阳修的《集古录》、赵明诚的《金石录》等著作，这也是褚峻在序言开篇就提及的，然而欧赵的著作原本都配有拓片，这些拓片在原著面世后的短短几十年内就消失殆尽，成为千古憾事。褚峻为了弥补这一遗憾，发明了一种新的记录方式，或者说在现存的著作中是他最早将这种方式发扬光大——即将石碑拓片进行微缩，刻印在木板上，然后重新拓成微缩拓片，再粘贴在书页之中。令人惊叹的是，他在制作这批拓片时，竭尽心力地复制了各种碑刻上断裂剥蚀之种种痕迹。但是根据褚峻在第一版书前的自序，我颇疑心他一开始并未受到学界的褒扬。他在自序中接着说：

> 良常吏部虚舟、吴门太史濛斋二先生咸相赠以序，又劝余事贵又成，勿始成而终怠，他日果成一书，令后之视今《金石经眼录》，亦犹今之视欧赵《集古录》……[10]

王澍（良常吏部虚舟）在雍正年间出版了著名的《淳化阁帖考正》，序文中还提到了徐葆光（吴门太史濛斋）在此之前也已经致力于研究《淳化阁帖》，因此这两人都是雍乾年间帖学的权威。并且，王澍在《淳化阁帖考正》的序言中还提到"明嘉靖中上海顾汝和本米黄未尽之指，细意校勘，虽其板本皴裂、字画剥食处，亦必异同并载，无有遗失"[11]。可见与《停云馆帖》同时，已有顾汝和同样致力于将不同的皴裂剥食版本并置，假若他也有刻帖存世，自当与文氏匹配。褚峻请王澍与徐葆光为《金石经眼录》作序，也正说明了其与这一传统之间的关联，至少证明了褚峻的出发点与这一帖学传统并不是毫无关系的。而奇怪的是，在《金石经眼录》中并未见到这两篇珍贵的序言，这不仅让人疑心褚峻引用这两人以提高自己的身价，但是实际上却未必真的得到两人的序言。要知道，即便褚峻在出版之前遗失了这两篇重要的序言，他也应该在

自序中明确交代才是。或许正是因为这一缘由，《金石经眼录》的存世版本极其罕见，而此时褚峻正想方设法借助其他办法来使自己多年的心血得以传世——他随后找了牛运震为他的微缩拓片进行更详细更学术化的注解，改书名为《金石图》，又在重写的序言中将此书得以编撰的真正功劳归于牛氏：

> 余尝挟此图游吴下，良常王吏部澍、吴门徐太史葆光两先生咸相赠以叙，又劝余卒成其事，勤而勿落，他日勒成一书，令后之视今《金石图》，亦犹今之视昔欧、赵《集古》诸录。噫，余之为此，岂敢拟欧赵诸公之集录，顾牛子之撰述，发明上下金石古文字，其用意诚邃且健，余固有以知其言之必传，而余厕其侧，系其心目所及，亦将稍补金石之万一。[12]

仔细品味此段（乾隆六年）与六年前"自序"间细微的差别，隐约可见作者的无可奈何。而两年后（乾隆八年）牛运震的序言也当仁不让地将此书的制作归功于自己的运筹帷幄：

> 余既为科条之，复教褚生衰其所得，篆隶其形象所以而为之图。图成，余乃按章而为之说。依绥《六经》之旨，采据百家之文……[13]

不过我并因此不认为牛运震企图抢走褚峻的撰述之功，相反牛氏肯定意识到褚峻的难处，也清楚地知道这部书想要传久需要增添什么样的名望。这种学者与工匠之间的合作关系，倒是颇像文徵明父子与苏州石工章藻父子之间的关系。章氏父子在吴门几乎享有文人的待遇，但其前提条件在于依靠像文徵明这样的艺坛领袖；而文氏也乐于找到自家专属的刻工，从而提高自己的地位，摆脱"工匠"的嫌疑（将类似于他与汪芝或者他与华夏之间的那种关系调转过来，现在他自己成为了收藏家与"赞助人"）；文氏与章氏之前于是形成了一种互相依存、互相促进，甚至互相提供动力与灵感的关系，诚如王世贞所言：

> 吾郡文待诏徵仲，名书家也，而所书石非叟刻石不快，待诏每曰："吾不能如钟成侯、戴居士，手自登石，章生非吾茅绍之耶？"绍之

者，赵文敏客也。[14]

我在其他地方多次提及文氏以赵孟頫为文化模板的企图，而在此处，正是通过举出古人摹刻的例子，以及前代书家的刻工的关系[15]，文徵明再次将自己与赵孟頫进行比附。

曾蓝莹教授注意到牛氏与褚氏之间这种不平等的关系，她认为牛运震必定为这部书提供了大量印刷所必需的经费，因此牛氏拥有了对此书的主宰权，并且认为这部书体现了顾炎武以来的实学传统，她在一篇文章中用大量的笔墨介绍清代考据学的概括，认为褚峻向苏州学者求序正体现了他对考据学的依赖，因而这部书也就体现了即将兴起的考据学传统[16]。这显然夸大了考据学传统对于这部书的影响，正如前文所述，褚峻求序于苏州是在结识牛运震之前，并且他所求助的对象是当时最权威的帖学研究者；而且，牛运震介入此书之后，虽然确实推进了这些石碑的史学意义，但他似乎也并没有将此事当做一件严肃的学术行为，他所要做的仅仅是帮助这部书在文人中更好地传播。恰恰是因为这部书没有达到四库馆臣心中的学术水准，《四库全书》并没有收入《金石图》，而是收入了此前更为简朴的版本《金石经眼录》：

> 运震未至西域，仅得模糊拓本，所摹颇失其真，又仿岳珂之例，于"说"后各赘以赞，亦为蛇足。峻复自益以唐碑，别为下卷，体例迥然各别，尤病糅杂。今以此本著录，而续刻之本则别存目焉。[17]

《四库全书》修撰之时，正是清代考据学方兴未艾之日，因而馆臣的摒弃在一定程度上刚好彰显了该书非学术的一面，确实，在后人看来此书的价值更多地在于精美的制作以及发思古之幽情的趣味。二十多年之后，王子若在后来被公开的书信中提到了这部书："曩与万廉翁暇日鉴古，因不满于褚千峰、牛空山《金石图》之作，乃有《缩汉碑研》之作刻。孰知自始迄终，人事牵制，不能曲折如意，草草卒业，瑜不掩瑕。以视《金石图》，如以五十步

笑百步，难服牛褚，愧对将来。"[18]他们所不满的也正是《金石图》下卷的唐碑刻拓体例，认为褚峻他们按碑文原大展示的那些字既不能反映石碑的整体面貌，还不如直接使用原碑原拓。因而他们进一步发挥了这种微缩刻拓的技术，在砚台上将整面碑上的文字进行相应缩小，并且就像褚峻一样，也精心保留了原碑上残蚀龟裂的面貌（图四）。实际上，这种趣味在当时以及得到广泛接受，只是因为制作上的耗时耗力，能够亲力模仿的人屈指可数。此后算得上典型的例子还有《缩本唐碑》，是以刻印的方式，对唐碑拓片进行缩小描摹，印刷成册，此书同

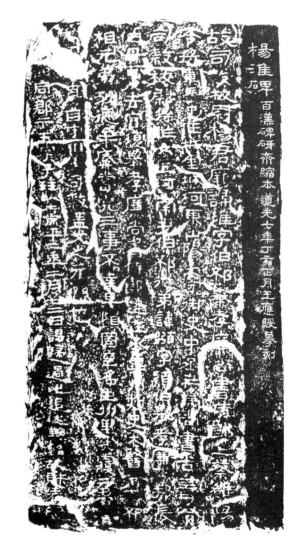

图四　王子若摹刻《缩汉碑研》之一

样注重保存背面上的残破痕迹。值得注意的是，嘉庆年间孙星衍曾对此书有一则题跋称：

> 芸台中丞见梅溪二兄所临唐碑缩本，属访余德州求六朝刻石再摹之。去年得北魏高贞碑于卫河第三屯，正思拓寄，梅溪适以今年七月晦日过我，又阅所摹各碑，益服其精妙，惜无好事者为之刊石。因话及在安德曾见缩本《兰亭》、《圣教序》、《十三行》诸本小石刻，前有仇十洲为王元美写小像，知是弇州藏本，购之未得。[19]

假若孙星衍所言属实，则明代王世贞早已收藏有缩本的各种石刻，这些石刻是追求文字的完整，还是注重保存原碑上饱经风霜的历史痕迹，则更未可知。但是有理由相信，文徵明在他的时代，不仅在书风画风上开创了一代风格，也在金石趣味上引领了一种风尚。在明代嘉靖以后，我们还是可以找到一些与这种趣味相关的蛛丝马迹。

三

嘉靖年间的文家父子三人，仿佛分配好任务一般，各自引领潮流。文徵明的影响自不必说，《停云馆帖》的刻印其实文嘉出力尤多，在文徵明去世之后更是由他完成了出版事项；而文彭虽然在书画上并不显山露水，但却成就了另一美名——他几乎被后人奉为"文人篆刻之父"。在以往的艺术史写作中，像这样的父子三人可能会被分别撰写于绘画史、书法史与篆刻史这三部（或书画史与篆刻史这两部）不同的历史当中，可是有谁能否认朝夕相对的父子之间，其艺术行为会毫无关联？尤其是文彭的行为与其父亲与兄弟到底存在着什么样的关系，直到今天恐怕还没有人认真地探讨过。

事实上，《停云馆帖》中对于残破趣味的关注，恐怕与文人篆刻的历史密不可分。

从宋代的《宣和印谱》、《啸堂集古录》等开始，就已经不断有人收集古代印章，编印成书，为后人提供了古代印谱。而元代的赵孟頫更是"摹得三百四十枚，且修其考证之文，集为《印史》，汉魏

而下典型质朴之意，可仿佛而见之矣"。[20]自此，篆刻开始成为一门文人艺术，而汉印乃至战国朱文玺印也成为文人刻印的学习范本。正如白谦慎所注意到的，"由于岁月的侵蚀，许多秦汉印章都呈现出残破的痕迹。晚明时期，这种残破成为文人篆刻家企望的艺术特征，他们在自己的作品中追求这种审美效果"[21]。据说文彭刻完章之后，让人装在盒子里摇动撞击，而陈太学甚至还反复把印章投掷于地，为的都是有意造成印章上的残破效果[22]。与此同时，隆庆年间顾从德出版了《集古印谱》，收录了一千七百多枚古印，进行钩摹刻印，万历初年又进行增补，更名为《印薮》。顾从德所收的古代印章里面，不乏照刻其原印损伤者，典型的例子如卷一中"史印"的第一枚，与王羲之有关的"右将军会稽内史印"，顾氏不仅提供了残印的图像，还作文字说明如下：

> 右将军会稽内史印，铜印，斗钮中空，刻印两面，合汉丁为之者。中央文朽处乃丁柄穿食小点。晋永和八年，王羲之自护军右将军代王述为会稽内史。唐太宗贞观四年，虞世南书《孔子庙碑》成，刻石以拓本进呈。太宗加爱，赠以此印，是印归虞。[23]

稍后出版的《集古印正》，大抵在《集古印谱》（《印薮》）的基础上进行修订考证，时而令人惊叹地指出后者的错误，甚至重新刻印以修正这些细微的偏差。还以这枚"右将军会稽内史印"为例，《集古印正》就指出顾从德"稽"字偏旁的错误，认为他用木刻翻印时没有注意到这一微小的差别，《印正》随即提供了另一个版本的图像，我们可以清楚地看到作者甘旸对这一偏旁进行了修改（图五）。

不仅如此，甘旸还在"印正附说"中点出了当时文人刻印的一些通病，其中就包括了对于残破美的盲目追求。如"破碎印"条云：

> 古之印未必不欲齐整，而岂故作破碎，但世久风烟剥蚀，以致损缺模糊者有之。若作意破碎以仿古印，但文法章法不古，宁不反害乎古耶？[24]

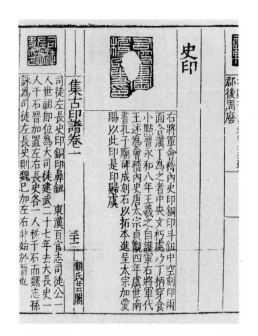

图五　《集古印谱》与《集古印正》

甘旸已经注意到这种潮流，并意识到这一做法
的危险之处。徐熥为其作序时也强调：

　　夫当古印之沦落于败冢荒陵，幽坑深谷，
雨烟之所剥蚀，壤块之所埋沉，然古人精意，
尚存于残金剩玉之间，六书之法亡而存矣。自

诸谱重翻之后，虫鸟模糊，鲁鱼莫辨，即今家
蓄户藏，而古意索然，伪谬相踵，六书之法存
而亡也。[25]

　　除此之外，当时还颇有文人提出对这种趣味的
反动："夫汉印存世者，剥蚀之余耳；摹印并其剥
蚀以为汉法，非法也。"[26] 这些都足以从反面证明
当时追求印面残破效果的疯狂以及其"非学术"
性。根据周亮工《印人传》的记载，文彭开启了用
青田石刻印的风潮。虽然他并非最早使用石头刻印
的文人，但却是这股风潮中最重要的一个环节。我
们几乎可以断言，对残破效果的癖好，正是与使用
石头这一行为相伴相生的。如此看来，《停云馆帖》
中翻刻残帖的行为，就很有可能与这一趣味一脉相
承。白谦慎发现文徵明对收藏碑拓饶有兴趣，但却
诧异于这种残破效果对于文徵明圆润的书风毫无影
响，其实其影响正体现于文氏对《停云馆帖》的摹
刻之中。

　　事实上，被明代印谱奉为祖宗的《啸堂集古录》
就已经展现出对于残破剥蚀的铭文之保存。诸如其
中所收录刻印的《滕公墓铭》（图六），我们今天读
来完全不知所谓，而元人却已经注意到这正是企图

图六　《啸堂集古录》中所摹刻的《滕公墓铭》

翻刻原石剥落的痕迹，只不过并未达到预期的效果。
如吾丘衍指出的：

　　又有"滕公墓铭"，"郁郁"作二字书，且

妄为剥落状。然考之古法，叠字只作二小画附其下，秦时"大夫"犹只以"夫"字加二小画，况此叠文者乎？伪无疑焉。[27]

由上述种种的证据可见，文氏《停云馆帖》刻拓《黄庭经》残本的行为也并非横空出世，而是有其潜在的传统，并体现出他们参与甚至领导当时趣味潮流的热情。仔细比较日本二玄社影印的《晋唐小楷十一种》，可以清楚地看到文徵明父子所摹刻的版本，正是著名的《越州石氏本》（图七）。请注意上文提及文氏《黄庭经》所祖之版本，论者多以为正是《越州石氏本》，但也有人认为越州本偏肥，而文氏则当归于清劲一脉。其实《越州石氏本》自身早已存在多种风格，或许文氏并存三个版本，正是基于这种极端细腻的趣味。

事实上，对于《停云馆帖》中这一残帖的版本所自，还存在着不尽相同的说法。清代杨宾在《铁函斋书跋》中认为停云馆《黄庭经》"一为吴学士

《水痕本》，一为徐季海不全本"[28]。《王梦楼题跋》则认为《试研斋藏越州石氏本晋帖五种》中的《黄庭经》正是文氏残本所本，帖后的倪瓒跋语就是证据[29]。吴荣光跋晋府《晋唐小楷八种》时也注意到到其中的残帖，认为这是文氏所刻祖本[30]。周道振先生在比照各种说法之后，提出这样的意见：

> 以文明书局本《楷帖百种》相校，停云此刻祖本，尚非吴荣光所云是晋府藏《晋唐小楷八种》，而是邓文原藏《星凤楼帖十种》。因首行"嘘吸"，第二行"关门"，第三行"气"，第四行"居"，第七行"庐"，第十五行"神所居"，第十七行"口"，第十八行"女存"，第十九行"正扶"等字，晋府本溯处较大，而《星凤楼》与《停云》此刻则均能辨识。又晋府本第十六行"五藏"之"五"，晋府本字全，而《星凤楼》、《停云馆》皆缺。……以知日本所印原帖其中有拓时已较后者。此石今已散失。[31]

图七 越州石氏本《黄庭经》残本

据此可见越州石氏的这块残石，竟然引起那么多人的传拓，甚至我们不能完全排除这样的可能性，即在文氏以前就已经有人对这一残石进行翻刻。毕竟对于《星凤楼帖》，也不乏认为其为伪帖者[32]。不过，在明代众多公私丛帖中，文氏此举还是足以独领风骚的。

文氏选择刻拓这样的一个残本，显然是具有保存文献（不仅是《黄庭经》，还有倪瓒对这一残本的跋语）的目的的，这在他一生中的许多书画行为中都可以找到相对应的案例。但同时，文氏的这一行为也多少体现了他对于金石与人生之间既刚柔有别，又终将一同归于湮灭的关联的一种体会。我在其他文章中曾经讨论了从羊祜到欧阳修再到文徵明的金石情结。尤其是欧阳修的《集古录》在文徵明的许多行为与文字中都留下了痕迹。举例来说，文徵明的青年时期是在醉翁亭所在地滁州度过的，在那里他常常流连于醉翁亭遗址，如其自己所言"数年来所谓醉翁亭者，游历无虚岁"[33]，对于前人留在壁间的文字自然不会毫无感触。他为父亲整理的一本集子就叫《琅琊漫钞》，而他本人最早的一批诗文也多与琅琊山、醉翁亭有关，如《冬日琅琊山燕集》、《雪中游琅琊诸山还饮醉翁亭上》、《重至滁州同诸友游琅琊》等等，后来又有《游醉翁亭不果寄滁州故人》等诗作及《醉翁亭图》等画作，还多次以各种书体抄写《醉翁亭记》。尤其是他在二十余岁时与友人故地重游，归而作《记》，对于前人的精神，可谓一脉相承：

> ……遂登醉翁亭，亭已圮一角，东西壁尽塌，萧然几于草墟矣。相顾叹息而去。至琅琊寺，败毁更甚。唯山上下宋元人游历名记，剥落之余，尚隐隐数百处。念此亦久远之物，遂谋遍拓之。……徒以琅琊为淮以南名山，而所谓醉翁亭又古人茂迹，不应落寞如是。至于一时题识，其修词名翰，皆极精致，至勒之坚珉，自谓可垂不朽，而后此或有见而赏之者。……[34]

《醉翁亭记》是常抄常新的名篇，其拓本的形式

与流传的效应对于文徵明来说应该不会陌生；《集古录》是耳熟能详的古籍，其看待金石碑刻的眼光也必定给文徵明留下深刻的印象[35]。值得注意的是，最早收录《黄庭经》拓本的，很可能正是欧阳修的《集古录》："右《黄庭经》一篇，晋永和刻石。世传王羲之书。书虽可喜，而笔法非羲之所为……"[36]

而实际上，《集古录》中这种金石无常人生无常的感触，还常常体现在元明以来的各种印谱（其实"集古印谱"四字本身就带有太多的欧阳色彩了）之上，例如：

> 噫！方其磨砻以成形，款识以成文，配之组、藏之匣，国有官守，家有子孙，固不期于湮沦散弃也。荒墟败冢之间，草莽所翳没，兵火所垢蚀，耕夫牧子之所弄刓，又岂期于隆好者以为奇异之玩也。嗟乎！物之显晦有时，抑又有幸不幸者耶？[37]

倘若进一步追寻这种文字在明代文人间的内在源流，则很可能要归于明代中叶以来文人对于幻灭感的体验。从吴门乐此不疲的《落花诗》吟咏，到晚明对于虚拟建筑的兴趣，都与这种金石上的趣味密切相关[38]。

五

《停云馆帖》摹刻拓印《黄庭经》残帖是一个值得引起重视的事件，关系到我们对明代艺术史的理解，也关系到艺术史的写法。本文概略性地扫描了这一事件周围的情境，得出如下结论：

一、在文徵明的时代兴起了对残缺石碑的欣赏趣味，并且有可能在此前就已经存在别家刻拓残帖，但文氏父子的行为仍然出类拔萃，引领潮流。

二、《停云馆帖》的这一行为，显然带有保存文献的目的，但是也体现了明代文人从宋元继承下来，并发扬光大的感伤情调，这种学术眼光与艺术眼光相结合的趣尚到了清代更加一发不可收拾，集大成的王昶将这个问题带到了图像保存的问题之上，他在处理武梁祠画像石时就提出："凡洪图分明而今拓已漶者，则阙之以存其真，见石本之逾久而有损也。"[39]

图八　《停云馆帖》第四卷中的《祭侄帖》

三、明代艺术史是一个整体，文家父子三人的种种艺术行为更是一脉相承，这些行为处于相同的目的，达到相同的效果，浸淫于同样的文化环境。本文的研究可作为拙著《停云模楷》在第四章除书籍、文集、图画之外的必要补充。

同时我也相信，在文徵明以前这种对于书法中"残破美"的欣赏趣味，很可能在帖学自身的传统中已经培养了很多年。文氏《停云馆帖》中收入了被称为"天下第二行书"的《祭侄季明文稿》，同样刻意保留了涂改的痕迹以及帖上的蚀文（图八）。但是对我们来说，这一行为就没有太多的标新立异之处了（尽管《停云馆帖》的这一版本也是《祭侄季明文稿》存世的重要版本，同时还引起过真伪的不同意见，显然这一名帖曾被多次摹刻拓印），这正是因为这一密布收藏印章的著名"法书"，其价值就在于此，正如《停云馆帖》所附刻前人对该帖的评论：

> 右鲁公《祭见子季明帖》，前十二行甚遒婉，行末"循尔既事"字右转，至"言"字左转，而上复侵"恐"字，"有"旁绕"我"字，左出至行端，若有裂文，适与褙纸缝合。自"尔既至天泽"逾五行，殊郁怒，真屋漏迹矣，自"移牧"乃改。"吾承"至"尚飨"五行，沉痛切骨，天真烂然，使人动心骇目，有不可形容之妙，与《禊叙藁》哀乐虽异，其致一也。

文徵明本人也有题跋见诸此卷：

> 回视欧、虞、褚、薛辈，皆为法度所窘，岂如鲁公萧然出于绳墨之外而卒与之合哉。盖亦取其行书之妙也。况此二帖皆一时藁草，未尝用意，故天真烂漫出于寻常畦径之外。米氏所谓忠义愤发，顿挫郁屈，意不在字者也。

在古人看来，《祭侄帖》的妙处正在于其"侵字"、"裂文"、"逾行"以及涂改之放纵，以此来突显其"沉痛切骨，天真烂然"、"忠义愤发，顿挫郁屈"。文徵明称此帖"意不在字者也"[40]他大概已经预见到"意不在字"正是后人对《停云馆帖》的诟病[41]，却也正是其真意所在。

注释：

[1] 张廷济：《清仪阁金石题识》卷四，清光绪二十年（1894 年）观自得斋校刻，见《丛书集成续编》第 92 册，台北新文丰 1988 年，第 400 页。

[2] 徐渭：《徐文长逸稿》十六，转引自容庚：《丛帖目》卷三"停云馆帖十二卷"，中华书局香港分局 1980 年，第 244 页。

[3] 孙鑛：《书画跋跋》卷二上"文氏停云馆帖十卷"，载《四库全书》第 816 册子部艺术类，上海古籍出版社，第 56 页。

[4] 这几则评论并见周道振：《停云馆帖汇考》，第 34—37 页。然而周道振先生只收入正面评论，而有意无意地忽略了反面意见。不过对于《停云馆帖》中《黄庭经》的批评，同样能够反映出《停云馆帖》在清代的影响之巨，兹不赘举。

[5] 孙鑛：《书画跋跋》卷二上"文氏停云馆帖十卷"，载《四库全书》第 816 册子部艺术类，上海古籍出版社，第 57 页。

[6] 詹景凤：《詹东图玄览编》附录四"题汪芝黄庭后"，1947 年故宫博物院印行。

[7] 文徵明：《真赏斋铭》，见周道振辑校：《文徵明集》，上海古籍出版社 1987 年，第 1303 页。

[8] 巫鸿：《说拓片：一种图像再现方式的物质性和历史性》，见巫鸿、梅枚译：《时空中的美术》，三联书店 2009 年，第 91 页。

[9] 褚峻：《金石经眼录》"自序"，清乾隆六年刻本，藏上海图书馆。

[10] 褚峻：《金石经眼录》"自序"，清乾隆六年刻本，藏上海图书馆。

[11] 王澍：《淳化阁帖考正》"叙"，上海涵芬楼影印寿县孙氏小墨妙亭本。

[12] 牛运震、褚峻：《金石图》，乾隆八年刻本。

[13] 牛运震、褚峻：《金石图》，乾隆八年刻本。

[14] 王世贞：《章笕谷墓志铭》，《弇州山人续稿碑传（三）》，明文书局，第 24 页。

[15] 关于书家与刻工的关系，可进一步参考程章灿：《石刻刻工研究》，上海古籍出版社 2008 年。

[16] 曾蓝莹（Lillian Lan‑Ying Tseng）：《刻印与拓印之间：十八世纪中国褚峻的古碑图录》（"*Between Printing and Rubbing : Chu Jun's Illustrated Catalogues of Ancient Monuments in Eighteen‑Century China*"），见巫鸿编：《再造往昔：中国艺术与视觉文化中的仿古与好古》（*Reinventing the Past : Archaism and Antiquarianism in Chinese Art and Visual Culture*），2010, pp. 255–290.

[17] 褚峻：《金石经眼录》，"《金石经眼录》提要"，《钦定四库全书》第 684 册第 712 页。

[18] 《王子若摹刻砚史手牍》，文物出版社 1962 年，第 7 页。

[19] 容庚：《丛帖目》卷十七《缩本唐碑三十二卷附四十种目录》，第 1537 页。

[20] 赵孟頫：《印史》序，见韩天衡编订：《历代印学论文选》，西泠印社 1985 年，第 503 页。

[21] 白谦慎：《傅山的世界：十七世纪中国书法的嬗变》，生活·读书·新知三联书店 2006 年，第 82 页。

[22] 沈野：《印谈》，见韩天衡编订：《历代印学论文选》，西泠印社 1985 年，第 74 页。

[23] 顾从德：《集古印谱》卷一，《故宫珍本丛刊》第 467 册，海南出版社 2001 年，第 23 页。

[24] 甘旸：《集古印谱》（《集古印正》）"印正附说一"，山东美术出版社 2011 年。

[25] 徐熥：《序甘旭〈印正〉》，见韩天衡编订：《历代印学论文选》，西泠印社 1985 年，第 520 页。

[26] 张纳陛：《〈古今印则〉序》，见韩天衡编订：《历代印学论文选》，西泠印社 1985 年，第 526 页。

[27] 吾丘衍：《学古编》，见韩天衡编订：《历代印学论文选》，西泠印社 1985 年，第 26 页。

[28] 转见周道振：《停云馆帖汇考》，第 38 页。

[29] 见周道振：《停云馆帖汇考》，第 38 页。又见《晋唐小楷十一种（越州石氏本）》，株式会社二玄社 1962 年。

[30] 见周道振：《停云馆帖汇考》，第 38 页。

[31] 见周道振：《停云馆帖汇考》，第 38 页。

[32] 容庚：《丛帖目》卷二十"星凤楼帖十二卷"，中华书局香港分局 1980 年，第 1794 页。

[33] 文徵明：《重游琅琊山记》，见周道振辑校：《文徵明集续辑》，2002 年 3 月自印本，第 66 页。

[34] 文徵明：《重游琅琊山记》，见周道振辑校：《文徵明集续辑》，2002 年 3 月自印本，第 66—67 页。

[35] 请参考郭伟其：《停云模楷：关于文徵明与 16 世纪吴门风格规范的一种假设》相关章节，中国美术学院出版社 2012 年。本文是对拙著所作的必要补充。另外，关于下文所谓的"欧阳修色彩"，读者可参阅衣若芬《复制·重整·回忆：欧阳修〈集古录〉的文化考察》，《中山大学学报》2008 年第 5 期。这里限于篇幅，不再赘言。

[36] 欧阳修：《集古录跋尾》卷十，页四，光绪丁亥校刊行行素草堂版。

[37] 王沂："《杨史印谱》序"，第 506 页。

[38] 关于这些问题，可参见本人的《图书上造停云馆：文氏停云馆帖的摹刻》（《新美术》2010 年第 1 期）以及《石头磨灭之后：超越了牌坊、祠堂、石碑的纸上建筑》（《中国建筑史论汇刊》2012 年第 2 期）。

[39] 王昶：《金石萃编》（扫叶山房民国十年石印本），陕西人民美术出版社 1990 年。

[40] 早在正德八年（1513），文徵明就曾跋欧阳修《付书局帖》云："欧公尝云：'学书勿浪书，事有可记者，他日便为故事。'且谓'古之人皆能书，惟其人之贤者传。使颜公书不佳，见之者必宝也。'公此二帖，仅仅数语，而传之数百年，不与纸墨俱泯。其见宝于人，固有出于故事之上者。"（台北故宫博物院编：《吴派画九十年展》，台北故宫博物院 1981 年 7 月，第 86 页。）在八十岁时（嘉靖二十八年秋），文徵明为无锡华氏跋《苏文忠公乞居常州奏状卷》时又再次引用了欧阳修名言，并加以说明："昔欧公尝云：'学书勿浪书，事有可记者，他日便为故事。'且谓'古之人皆能书，惟其人之贤者传。使颜公书不佳，见之者必宝也。'今苏文忠公所书《乞常州状》仅二百六十余字，而传之数百年，不与纸墨具泯，其见宝于人，固有出乎故事之上者耶。"（文徵明：《跋苏文忠公乞居常州奏状》，见周道振辑校：《文徵明集》，上海古籍出版社 1987 年，第 1358 页）

[41] 对于随后两卷中的两宋文人书迹，王世贞进行了不留情面的批评。他质疑苏才翁（苏舜元）和林君复（林逋）在书法上的名望，嘲讽"张即之大擅临池恶札之驴，垂此行押，差未败耳"，又认为"朱紫阳、张敬夫、文信公，儒林国祯，千秋尚新，岂在书乎"，甚至批评"叶少蕴笔不佳，尝仕显矣，好撰撰，其人才亦下中"（王世贞：《文氏停云馆帖十跋》，见《弇州山人四部稿》卷一百三十三，第 6167 页）。

古意的竞争

——文徵明《湘君湘夫人图》再读

黄小峰（中央美术学院）

内容摘要：本文尝试去理解文徵明存世作品中颇为奇特的《湘君湘夫人图》。通过对文徵明题跋的细读，力求为画面的形象找到来源。本文认为，一方面，文徵明通过参考传世的《洛神赋图》构造出二湘的形象，另一方面，文徵明也借助于对唐宋绘画文献的理解来精心处理画面的细节。这些努力都基于他对"古意"的认识和理解。正是由于当时围绕"古意"产生的种种竞争，才促发了文徵明尝试以新的方式来表明自己的态度。

关键词：文徵明　湘君　湘夫人　九歌图　高古　历代名画记

在艺术史中，苏州人文徵明（1470—1559）是明代山水画的杰出代表。尽管他常在山水中用不多的笔触描绘出生动的点景人物，但人物似乎从来都不是他真正关心的对象。只有一件例外。故宫博物院藏有一件名为《湘君湘夫人图》（下文简称《二湘图》）的立轴，以上古传说中的两位追求爱情的悲剧性女性湘君、湘夫人为主题。画面中除了人物别无他物，这是一件纯粹的人物画，甚至可以归为"仕女画"，在文徵明的存世绘画中稀如星凤。这幅画作于文徵明 48 岁，位于他 90 年人生旅程的中间。无论是在之前还是之后，一生勤奋的他几乎都没有为我们留下可资比对的同类型绘画。《二湘图》的意义当然不仅仅是因为罕见。倘若我们勾画出一个"九歌"的绘画史，我们还会发现，这幅画是存世最早一幅单独以"九歌"中的湘君和湘夫人为主题的绘画。它像是一个奇诡的里程碑，矗立在文徵明的绘画乃至整个明代绘画史中。

《二湘图》是一幅长条形的小立轴，画心高 100.8、横 35 厘米，下部是画。上部约三分之一处是小楷，全文录入屈原名篇《九歌》中的"湘君"、"湘夫人"二章，落款为"正德十二年丁丑二月己未"，为 1517 年。画无疑作于同时。大概在同时或此后不久，文徵明在画幅左下、几乎是齐平二湘衣裙的位置用蝇头小楷另写了一段题跋，诉说了自己画这幅画的前因后果：

> 余少时阅赵魏公所画湘君湘夫人，行墨设色，皆极高古，石田先生命余临之。余谢不敢。今二十年矣，偶见画娥皇女英者，顾作唐妆，虽极精工，而古意略尽。因仿佛赵公为此，而设色则师钱舜举，惜石翁不存，无从请益也。

按照文徵明的说法，1497 年（20 年前），28 岁的他见到一幅赵孟頫所画的《湘君湘夫人图》，是一幅设色画，很"高古"。沈周让他临摹，但文徵明不敢，推辞掉了。他没有说原因。让人觉得像是怕自己画不好，不能画出"高古"的感觉。20 年之后，文徵明偶然见到当代画家画同样题材，但画中人作精工富丽的唐代装扮，没有"古意"。基于此种现象，20 年前不敢临摹的文徵明终于决定自己仿照赵孟頫画一张，要让大家认识什么是"古意"。他的方式是人物形象仿赵孟頫，但设色却仿钱选。

文徵明的意思值得细细玩味。这段题跋文字的主旨有二：1. 画此画的动机，是对当下艺术现象的回应与矫正。他原本不想画这幅画，只是因为时人的画完全丢掉了"古意"，才促使他如此。2. 画此画的方式是临仿古人，但不是亦步亦趋的临摹，而是糅合了赵、钱两家优点的集合。这是创新之处。

从这段题跋，可以清晰地看出文徵明的努力，他把自己打造成一个"古意"的传承者、守卫者和创新者。对于他而言，这究竟意味着什么？对于当时的绘画世界，又意味着什么？

追忆的礼物

《二湘图》上除了文徵明自己的题，还有两段题跋。一段是其子文嘉（1501—1583），一段是苏州后辈王穉登（1535—1612）。文嘉的题跋写于1578年七月，这时他已是78岁的老人，因此当他看到这幅62年前父亲48岁的壮年之作，颇为感慨，认为"用笔设色之精，非他幅可拟"。王穉登的题未署年代，但从题跋位置来看，不会比文嘉更早，可能是同时所作[1]。王穉登与文嘉同是吴中名流，而且当时已是儿女亲家，文嘉之子文元善娶的是王穉登的女儿，当时孙辈文从简已经5岁。因此，文、王二人的题跋可以看成文家后代与姻亲对于文徵明的追忆。实际上，"追忆"也是文徵明此画的出发点。他追忆年轻时看过的古画，并且追忆老师沈周的教诲。在自题中，"少时"、"二十年"，均是表达追忆之情的词汇。与之类似，文嘉与王穉登的题跋都用到了表达时间流逝的数字。文嘉用了"四十八"、"六十二"来表达文徵明壮年所作的画离现在的久远，王穉登则用了更接近文徵明自题的"少"、"三十年"，来表达对这位老师兼亲翁的追忆。

"追忆"不仅是在文字上，更重要的是体现在绘画中。画的主题是屈原《九歌》中的湘君与湘夫人，她们是传说中的湘水之神。不过，文徵明将其理解为娥皇与女英，她们是三皇五帝时代尧的女儿、舜的妻子，是"历史人物"。文徵明选择描绘这两位介于神与人之间的上古形象，本身就是一种"追忆"。尽管二湘是美丽的女性，但在文徵明笔下，她们是供人崇拜的女神和帝妃，并非是普通的仕女。

画面的形式是图下文上、图文相配，画面只有人物形象，不画背景，上部的文字几乎占到画面高度的三分之一，工整抄录的湘君、湘夫人二章的重要性甚至在图画之上，类似于像赞。在明代，这种人物画形式常是用来表现历史上的文人高士。在文徵明之前，这种形式的人物画典型的有明初王仲玉

《陶渊明像》。存世作品中还有一幅传为赵孟頫的《杜甫戴笠像》（故宫博物院），画上部是谢缙所题写的长篇诗赞与刘崧的题诗，形式与王仲玉《陶渊明像》相仿，也是元末明初之作。画像配以赞文的形式实际上是一种人物画像的标准形式，南宋马麟的《道统十三像》便是如此。不过，用白描的形式描绘人物，并配以长篇的赞文，应该是元末明初所流行开的，与用于室内悬挂欣赏有直接的关系。

王仲玉《陶渊明像》（106.8×32.5厘米）与文徵明《二湘图》（100.8×35厘米）在尺幅上几乎相同。大约是宽一尺，高三尺，这正是所谓的"单条画"。在明代中后期，尤其盛行，悬挂于文人的书斋之中。屠隆（1543—1605）《考盘余事》中说："高斋精舍，宜挂单条。"胡应麟（1551—1602）《少室山房笔丛》中有"跋唐人长林叠嶂图"一条，其中提到："单条横仅盈尺许，而纵乃四之，于小阁疏窗位置殊惬，每焚香琴几，纵目其间，不觉身入万山，与鹿麋游衍丰草矣。"[2]可见单条大约就是一尺多宽，三四尺高的立轴。单条在明代中后期蔚然成风，以至于在明末出现了围绕单条画的论争。文徵明的孙子文震亨在《长物志》的"单条"一节中说："宋元古画断无此式，盖今时俗制而人绝好之，斋中悬挂，俗气逼人眉睫，即果真迹亦当减价。"文震亨的批评恰恰说明了单条画在明代已是普遍的形式。在郁逢庆《续书画题跋记》中，就常有"唐子畏单条"、"文衡山着色单条"这样的说法。

一幅古贤画像的单条画，挂在文人的书斋之中，是一种兼具道德教化与闲暇品赏的物品。单条很小，是因为文人的书斋普遍不大。《长物志》中提到过"山斋"的标准："宜明净，不可太敞。明净可爽心神，太敞则费目力。"把《二湘图》单条画悬挂在书斋内，与悬挂陶渊明这样的古贤典范应该具有同样的效果，因为画中人同样都是古代典范，是供崇敬和学习的对象。但是，二湘与男性古贤有没有区别？相比其他男性古贤，二湘是一个更为特别的题材。她们不但是女性，是上古贤王的帝妃，还是传说中的神仙。特别的题材，是否要挂在特别之人的书斋中？

王穉登提到，文徵明曾亲口告诉他，这幅画是送给王宠（1494—1533）的礼物。王穉登的题跋提到了好几处在任何其他的文献中不曾讲到的事情。1. 年少时陪侍文徵明，到题跋之日有 30 年了。如果题跋写于 1578 年，那么王穉登是在 1548 年陪侍文徵明，当时他只有 14 岁。2. 1517 年，文徵明一开始是请仇英来画，这成为学者们研究仇英生平的重要线索。3. 此画乃是赠送给王宠的礼物。王穉登的话也许会有些许夸张，但有文嘉在场，似乎王穉登没有捏造的必要。

王宠和兄长王守，都是文徵明的密友。尽管年轻二十多岁，但兄弟二人颇有才学，年纪轻轻就与文徵明过从甚密，文徵明经常留宿王宠兄弟的书斋。就在画《二湘图》的同一年，文徵明为王守的书房写了一首诗《题履约小室》："小室都来十尺强，纤尘不度昼偏长。逡巡解带围新竹，次第移床纳晚凉。石鼎煮云堪破睡，楮屏凝雪称焚香。关门不遣闲人到，时诵离骚一两章。"[3] 诗中描绘的王守书房，大约 10 平方米，虽小，但通过精致的室内布置和器物，营造出世外高人般的隐居趣味。诗中最后一句"关门不遣闲人到，时诵离骚一两章"，点出了《离骚》和隐士趣味的关系。文徵明用了不少表达隐居之情的典故，比如"逡巡解带围新竹"，直接用了柳宗元《夏初雨后寻愚溪》中的"引杖试荒泉，解带围新竹"。"时诵离骚"则用的是《世说新语》中的典故："王孝伯言：名士不必须奇才，但使常得无事，痛饮酒，熟读《离骚》，便可称名士。"书斋中隐居，独自诵读《离骚》，是高士的典型形象。王守和弟弟王宠，在家里各有一个小书房。文徵明不可能只去王守的书房，也就是说，对于王守书房的赞美，可以看成对王氏昆仲书房的赞美。文徵明经常赠画给王宠兄弟，画的基本都是高士形象。1515 年，文徵明画了一幅《古木高士图》送给王宠兄弟[4]。同年十二月，文徵明画了《治平山寺图》（美国私人收藏）送给在城外治平寺苦读的王宠，并在画上题写长诗。画中有两位高士形象，应该是象征王宠和文徵明。题诗中有"何能慰幽独"一句，堪为画的

点题：画可安慰并激励冬夜山寺苦读的王宠。画中枯树环绕的茅屋里幽居的文士是王宠，前来相会的则是文徵明。1516 年的秋天，文徵明再一次来到王宠兄弟的书斋，与兄弟俩一同诵读宋玉《九辨》的一章。文徵明画了《落木寒泉图》以纪念这次聚会。宋玉是屈原的弟子，《九辨》被认为是表达哀痛屈原被放逐之情的诗篇，是楚辞的代表作之一。对于文徵明和王宠兄弟而言，《九辨》是悲秋之作："悲哉，秋之为气也！萧瑟兮草木摇落而变衰。"这幅画虽然至今未见到，但在《石渠宝笈》和《过云楼书画记》中均曾著录，可靠性比较大。顾文彬描述到："墨笔写坡，二古木萧惨，小树丛杂，其下泉流动荡，波光明灭。落叶三五，飘浮水面。是从晞古得法而自具面目者。上方精楷十五行，行二十三字。"[5] 根据描述，上方小楷题写的《九辨》共 345 字，应该为《九辨》前二章。可以看到，在 1515 至 1517 年间，文徵明通过诗画与王宠兄弟的关系越来越密切，无论是诗还是画，都有共同的主题：幽居的高人、寒冷的枯树。这种古木高士的形象，是一种身份认同和自我塑造。应该说是非常成功的，在 17 世纪的《顾氏画谱》中，代表"文徵明"的就是一幅古木高士图。

不难发现，1516 年十二月的《落木寒泉图》与 1517 年二月的《二湘图》之间存在很多的相似性：都以楚辞为主题，都有工整小楷节录的原文，都是送给王宠兄弟的礼物。可以想见，挂在王宠兄弟的小斋中，以楚辞中九歌为主题的《二湘图》会显出深刻的意义。隐居诵离骚的名士，在当时可能是一种时尚，至少王宠是这样。他不仅仅钻研科举考试的时文，根据同时代人的描述，他"弱冠攻古文辞"，"博涉坟籍"，"改志于古诗之学，取删诗、楚骚读之"[6]。

与王宠兄弟交往应酬的这几个诗画的例子，都发生在 1515 至 1517 年之间。1516 年秋天，文徵明和王宠兄弟一同赴南京考试，无功而返。王宠第三次失败，文徵明则是第七次，整整二十二年过去了。因此，至少对文徵明而言，楚辞多少也寄托着科场失意之感伤情绪。《二湘图》中，从沈周要他临仿赵

孟頫的画到最终完成,二十年过去。从1495年文徵明第一次参加南京乡试到如今也已过二十年。在数月前落第还家时,文徵明曾写下《失解东归口占》,最后一句即是"虚占时名二十年"。

名士形象、科场失意、友朋之情、楚辞风尚,种种因素叠加在一起,形成了《二湘图》的背景。不过,即便有上述情况在内,文徵明这幅画是完全以图像呈现在观者面前的。他如何创造出了笔下的图像?

湘妃与洛神

站在这幅画面前,需要追问:文徵明为何要在屈原长诗《九歌》中单独挑出湘君和湘夫人进行视觉表现?他如赠画给好友,完全可以用别的主题,比如他更擅长的山水,这幅画却不仅选择了人物,而且是他很少画的女性人物。

顺着文徵明的题跋,我们需要来看一看他绘制此图时的绘画语境。他说年轻时见到赵孟頫的《湘君湘夫人图》。但是我们从存世的图像材料和文字材料中都难找到确切的证据。托名赵孟頫的《九歌图》尚有存世,藏于大都会美术馆,为白描,册页形式,十一幅图,分别表现《九歌》中的各章。目前学界更多认为是张渥一路的画风。《石渠宝笈》著录过一件《元赵孟頫书九歌并绘图一卷》,是图文相配的长卷。作为一个画题,将屈原《九歌》转换成图画,被认为是始于北宋李公麟的传统。"九歌"有十一章,因此《九歌图》一般都是长卷。传为李公麟的《九歌图》有好几个版本存世,多是白描形式,大多是宋元人之作。到了元代,擅长白描的张渥有数卷白描长卷《九歌图》传世。除了白描,还有一种设色的《九歌图》,如波士顿美术馆所藏本,根据卷后题跋,也传为张渥所作[7]。除了由多段场景组成的《九歌图》长卷,尚未见到宋元时期的绘画中单独将湘君、湘夫人二段拿出来描绘的画作。比文徵明更早的杨士奇曾看到赵孟頫《九歌图》,也是长卷:"元赵孟頫九歌图……予尝于秘府见李伯时画九歌,

今又见赵文敏之画于李祭酒时勉所,大同而小异,亦各极其趣也。"[8]

那么,文徵明究竟看到的是什么画作?有三种可能,一种,元代确实已有专门描绘二湘之作,文徵明看到了赵孟頫的画,而我们却无缘得见。第二种,文徵明看到的并非赵氏真迹,而是后人伪托的《湘君湘夫人》。第三种,他说的并不是专门的二湘图,而是《九歌图》长卷中的一部分。

第一种可能性确实存在。除了长卷式的《九歌图》,宋元时代已经出现了单独描绘娥皇、女英的绘画,可惜没有作品流传,只能从零星的题画诗中去想象。南宋朱熹《题尤溪宗室所藏二妃图》[9]一诗中描述了他看到的两幅分别描绘湘君和湘夫人的画:

> 潇湘木落时,玉佩秋风起。日暮怅何之,寂寞寒江水。(湘夫人)

> 夫君行不归,日夕空凝伫。目断九疑山,回头泪如雨。(湘君)

元代初年的道士马臻也有一首《书龚彦钊画〈舜二妃图〉后》诗[10]。根据诗中描述,名叫龚彦钊的画家所画的《舜二妃图》应该已经把二湘画在一个画面中。在元代,另一个与二湘有关的主题也出现了。元末的陶宗仪看过张渥的一件《湘妃鼓瑟图》:"朱弦促柱鼓湘灵,雾鬓风鬟下紫冥。万顷碧波明月里,曲终惟见数峰青。"[11]这个典故出自《楚辞·远游》:"使湘灵鼓瑟兮,令海若舞冯夷。"所描绘的大约是湘妃在江面鼓瑟的场景。作为《九歌》中哀怨凄美的形象,二湘成为描绘的重心可能与洛神有关。元末明初的苏州人高启(1336—1374)曾见过两幅画,一幅是湘君,一幅是洛神,二者是成对的一组[12]。

第二种可能性也有。《珊瑚网》著录过一件《唐宋元人画册》,经过董其昌的鉴定。在这套册页中,第十一开是《李公麟白描湘君湘夫人》,著录者的描述是:"伯时作画多不设色,此白描湘君湘夫人,绾髻作雪松云遶,更细如针芒,佩带飘飘凌云,云气载之而行,真足照映千古。对题即书骚经二则,款为'嘉靖丙辰(1556)正月穀旦,长洲文徵明篆于

玉兰堂'。"[13]画面描绘的就是湘君和湘夫人，对幅是文徵明篆书。当然，是李公麟的可能性很小。

第三种可能性同样存在，因为文徵明的题跋中只是说见过赵孟頫"所画湘君湘夫人"，并没有说就是一幅"湘君湘夫人图"。在赵孟頫的时代，长卷式的《九歌图》已是最稳定的传统。及至明代，比文徵明早一辈的杜堇也画过白描《九歌图》长卷。

既然三者皆有可能，那么我们或许只能从另外的角度来看看文徵明究竟是从哪里得到的启发。

二湘与洛神有密切的关系。她们都是水神，都很美丽，都与楚骚有渊源，都有爱情故事。元代文人胡炳文曾在《题李伯时洛神图》诗中说道："洛神赋有楚骚求宓妃、湘君遗意。"[14]元末人陆仁写有《题文海屋〈洛神图〉》一诗，完全用的是《九歌》中"湘君"、"湘夫人"二章的语言："神之媛兮霓裳，凌长波兮回翔。龙辀兮孔盖，秋之水兮如霜。浦有兰兮兰有蘼，折芳馨兮遗所思。扬舲兮遽远，目眇眇兮愁予。"[15]"目眇眇兮愁予"更是直接取自"湘夫人"的第一句。

文徵明在画《二湘图》的七年前（1510 年），曾给塾师兼友人钱尚仁画了一幅《洛神图》立轴[16]。对于这种题材，他并不陌生。有趣的是，倘若我们将文徵明的二湘与画史中著名的传顾恺之《洛神赋图》相比较的话，会发现文徵明的图像模式正来自于《洛神赋图》。

文徵明笔下的二湘一前一后，正在自右向左缓步前行。湘君地位更高，自然是身体较正的那位，她正扭过头注视着身后的湘夫人。湘夫人完全采取侧后面的姿态，她微微抬头，与湘君目光碰撞，形成有韵味的呼应。湘君不但发髻更为复杂，而且手中拿着一柄麈尾。先不说其他的形象特征，单单是手中的麈尾，就已经使得文徵明笔下的湘君有别于前代所有《九歌图》中的湘君。麈尾尽管最迟出现在东汉末，并一直使用到唐朝，但历来被认为是魏晋风度特有的饰物。因此，麈尾的出现意味着文徵明的湘君与魏晋画风有关。《洛神赋图》中的洛神，

正是这样一位手拿麈尾的女神，其身躯姿态、头部动势、衣纹带饰，与文徵明的洛神几乎一致。但是洛神是茕茕孑立，而二湘是前后二人。这种二人组合的模式来自哪呢？

我们也可在《洛神赋图》中找到答案。《洛神赋图》中恰恰就描绘了二湘的形象。曹植《洛神赋》中有句："从南湘之二妃，携汉滨之游女。叹匏瓜之无匹兮，咏牵牛之独处。"描述洛神，也即宓水之神与其他女神一起出没嬉戏的场景，她的女神伙伴中有"南湘二妃"，即娥皇女英，也即后人眼里的湘君和湘夫人。《洛神赋图》中，也忠实地表现出这个众女神嬉戏的场面。画中的南湘二妃前后顾盼，前面的娥皇正面身姿，手拿麈尾，回头注视后方侧面的女英，而女英微抬头，呼应娥皇的目光。二人的组合关系与文徵明的湘君、湘夫人完全一致。所不同的是《洛神赋图》中的娥皇、女英发式一致，女英手中拿着一枝莲花。而文徵明则弱化了女英的发式以强调娥皇的尊长地位。《洛神赋图》中娥皇的动作姿态显然也是以洛神为原型。在传世的任何《九歌图》中，都是看不见的。大部分的《九歌图》长卷均是把湘君和湘夫人分作两段来描绘。二湘同在一段的，只有故宫博物院所藏托名李公麟的一卷白描《九歌图》。这个本子中，虽然湘君身体也是正面，扭头朝向侧面而立的湘夫人，但湘夫人低下头，与湘君没有交流，而且二湘的行进方向正与《洛神赋图》相反。人物的服饰动作也相去甚远。

由于《洛神赋图》中的南湘二妃与文徵明《二湘图》在图像上的高度相似，我们不得不去猜测他们之间存在的联系。只是我们目前尚没有确凿的材料能够证明 1517 年的文徵明一定看到过传为顾恺之的《洛神赋图》。不过，《洛神赋图》版本众多，画面大同小异。此外还有所谓李公麟临本的《洛神图》。我们目前已经可以肯定传为顾恺之的《洛神赋图》、《列女图》、《女史箴图》等画在明代后期一直都在江南地区流传[17]。作为苏州精英文化圈中的一员，文徵明一定有渠道了解到《洛神赋图》，甚至是传为顾恺之的其他画作。

文徵明对《洛神赋图》的参考，也可以解释为何文徵明画中弥漫强烈的魏晋古风。这种画风，与传为顾恺之的作品相似，而与赵孟頫画风不一样。赵孟頫虽然提倡古意，但在他存世的人物绘画中，很少见到这样线条纤细、瘦弱的人物形象。也就是说，文徵明的《二湘图》无论在风格还是题材上都不是像他自己说的那样是对一幅赵孟頫绘画的模仿。既然文徵明从传为顾恺之的女性绘画中获益良多，那他为何不直接说顾恺之的名字，而要曲折地提到赵孟頫呢？

细读起来，文徵明的这段题跋本身就有自相矛盾之处。按照题跋，他所见的赵孟頫画"行墨设色皆极高古"，可见赵孟頫的画本身就是设色画，赋色已经很精妙。可最后他明明说临仿赵孟頫，但却突然放弃了赵孟頫的设色方式，而是"设色则师钱舜举"。可他又没有说明为什么要单独仿钱选的设色方式。如果说是因为赵孟頫不够好，那又为何要赞美赵孟頫"行墨设色皆极高古"？如果钱选的设色更好，但他为何一个字也未评价钱选？

或许，赵孟頫和钱选都只是引子。

赵孟頫与钱选

"行墨设色，皆极高古"与"顾作唐妆，虽极精工，而古意略尽"，是一个刻意营造的对比。之所以说是"刻意"，是因为，文徵明的概括太粗放。譬如，什么是"唐妆"？是指人物妆容服饰，还是指画风？唐代的妆容或画风难道还不够有古意吗？显然，我们不能如此字面地理解文徵明的意思。文徵明善于营造对比，他的题跋从各方面来说都是强烈的对立：

对比一	湘君、湘夫人（《九歌》中的称呼）	娥皇、女英（后人的解释）
对比二	赵孟頫与钱选	时人
对比三	极高古	极精工
对比四	高古	古意略尽
对比五	高古	唐妆

在这一整套的对比中，文徵明都是站在赵孟頫、钱选一边，与他一起的是老师沈周。赵孟頫、钱选是虚幻的老师，而沈周是现实中真正的老师。他们共同构筑起一个古意的线索。

文徵明的这条线索不是随意选择的。赵孟頫一直是苏州画家所崇尚的对象，沈周、文徵明的绘画都深受赵孟頫影响。就我们现在所知，赵孟頫同时还是"古意"的提倡者。他的题画名言："作画贵有古意，若无古意，虽工无益。今人但知用笔纤细，傅色浓艳，便自为能手。殊不知古意既亏，百病横生，岂可观也？"这几乎就是文徵明《二湘图》题跋的前身，都是把"古意"和"工"（精工）作为两个对立的重要概念。不过，赵孟頫的这段话最早出现在明代后期的《铁网珊瑚》中，是赵孟頫在某件自己的绘画上的自题。文徵明能不能看到，或者说他知不知道赵孟頫的这段题跋，我们不得而知。尽管文徵明可能不知道赵孟頫上面这句话，但他有更大的可能知道赵孟頫的另一段话，也即赵孟頫在《幼舆丘壑图》（美国大都会美术馆藏）上的题跋："此图是初傅色时所作，虽笔力未至，而粗有古意。"这段题跋著录于文徵明的友人朱存理（1444—1513）所编的《珊瑚木难》之中。

可是，他虽然强调临摹赵孟頫的"高古"之意，但却出其不意地告诉大家，他最后选择了钱选的设色法，而不是赵孟頫的。钱选出现在文徵明的题跋中显得很突兀，完全没有上下文，为什么要在临仿赵孟頫一件"极高古"的画时，要抛弃赵孟頫的设色方法，改为钱选的方法？似乎只能认为，钱选的设色法要比赵孟頫还要有古意。所以，他才会把"行墨"和"设色"分开，赵孟頫的人物形象加上钱选的设色，把赵钱二人合二为一。

把赵钱二人糅合在一起，有一个特别的故事。元末明初松江人曹昭在1387年完成了一本对明代鉴赏风尚产生重要影响的《格古要论》，类似于鉴赏手册，其中列有《士夫画》一条：

赵子昂问钱舜举曰："如何是士夫画？"舜举

答曰："隶家画也！"子昂曰："然。余观唐之王维、宋之李成、郭熙、李伯时，皆高尚士夫，所画与物传神，尽其妙也。近世作士夫画者，谬甚矣！"

借助于《格古要论》，这段文字流播得很广。15世纪中期出现了增补版的《格古要论》（王佐增补，1459 年本），这个本子流传较广。文徵明曾藏有一部《格古要论》。1522 年，祝允明偶然在文徵明家里看到，如获至宝，借去抄了一本。不过这个本子不完整，没有《士夫画》一条。但文徵明还藏有另一个完整版本的《新增格古要论》[18]。对于明代人而言，艺术思想的传播靠书籍的传播。"士夫画"这一条谈论的是宏大的绘画理论。模拟的是赵钱二人的对谈，像是赵孟頫采访钱选。钱选只说了四个字，却因此成为比赵孟頫更重要的主角。

钱赵二人讨论的是"士夫画"，钱选的解释是"隶家画"。赵表示赞同，同时作了补充，驳斥了流行的其他有关"士夫画"的理解。关于这段文字，研究者颇有兴趣，虽然对于究竟该怎么理解尚存争论。但这段文字的结构是很清楚的，同样是把古代（唐之王维、宋之李成、郭熙、李伯时）与当代（近世）作了强烈的对比。古代是真的士夫画，当代是荒谬的士夫画。

在《格古要论》营造的语境中，钱选地位比赵孟頫还要高。这一点在文徵明的时代还并不太明显，到了明代后期董其昌那里，这个故事演化为赵孟頫"问画道于钱舜举"，虚心向钱选请教。文徵明刻意融赵孟頫和钱选于一体的绘画方式与《格古要论》组织的这场钱选与赵孟頫的对谈有异曲同工之妙，也正是在这个语境中，文徵明根本不需要再解释钱选的重要性。

高古

《二湘图》给人的感觉是一个纤弱、淡雅的形象，有些地方画得十分稚拙，比如二湘的头与颈部，生硬地插在一起，尤其是湘夫人的侧脸，画得极其简单。湘君执麈尾的手结构也不太准。文徵明尽管

不以人物画著称，但画中常画人物，48 岁的他还不至于掌握不了基本的描绘女性形象的技巧。因此，《二湘图》所体现出来的这些稚拙的表现方法，只可能是文徵明有意为之。为的自然是他的题跋中所强调的"高古"。

对文徵明而言，什么是"高古"？如何来表现"高古"？

1535 年，66 岁的文徵明见到自己 40 年前的作品，回忆起当年对唐寅说的一句话："作画须六朝为师。"早在 40 年前他就认识到，六朝的画迹已很难看到，古代的方法已经不传，只能靠想象："然古画不可见，古法亦不存。漫浪为之，设色行墨，必以闲淡为贵。"他认为，"闲淡"是古画和古法的核心。在 40 年后看来，他早年的实践尽管幼稚，但仍然因为有古意而胜过当代的人："今日视之，直可笑而，然较之近时浓涂丽抹，差觉有古意。"[19]

在这段回忆式的文字中，文徵明对上面两个问题作了回答。"高古"就是六朝。要达到"高古"需要凭借自由的想象，画出"闲淡"之意。那么，如何依靠想象而画出"闲淡"之意？如果看不到六朝古画，那自然需要依靠文献的记载进行想象。《二湘图》除了与传为顾恺之的《洛神赋图》有关，画中可能还体现出文徵明对于文献的掌握和利用。

张彦远《历代名画记》是一部了解早期绘画的重要资料。六朝绘画的许多重要知识均出自此，对我们现在的人如此，对明代人也一样。《历代名画记》中的艺术史意识体现在对"古"的划分中，区分出"上古"、"中古"、"近代"、"今人"，推崇上古而贬斥当代：

> 上古之画，迹简意淡而雅正，顾，陆之流是；中古之画，细密精致臻丽，展、郑之流是也；近代之画，焕烂而求备；今人之画，错乱而无旨，众工之迹是也。[20]

六朝的顾恺之属于"上古"，特点是"简"、"淡"、"雅"。和文徵明所谓的"闲淡"差不多。

不过，"迹简意淡而雅正"也还是比较抽象，上古之画有没有更明确的特征？在张彦远奠定的古今

对比模式中，上古之画的确有鲜明的形象特征，那就是形态奇特：

> 然则古之嫔，擘纤而胸束。古之马，喙尖而腹细。古之台阁竦峙，古之服饰容曳。故古画非独变态有奇意也，抑亦物象殊也。[21]

张彦远首先举出的例子就是古画中的宫廷妃嫔。"擘纤而胸束"，在北宋《太平御览》所引用的版本中作"臂纤而骨束"，大意为手臂纤细，手指尖利，身躯瘦削。张彦远认为，古代的物象本身就很特别，再加上古画试图通过奇特的形象表达奇意，于是造成了古画的独特面貌。文徵明《二湘图》所画的正是"古之嫔"，二湘的身体细长，约为七个头高。身体瘦削，略有变形。画中所有的稚拙处，都显露出一种张彦远所谓的"变态"和"奇意"。

张彦远以"古之嫔"来说明古画的奇特，文徵明以舜之二妃来表达"高古"，选择的都是相同的主题。实际上，娥皇和女英在古代绘画史中占有不可替代的作用，与绘画的功能直接相关。写下《洛神赋》的曹植还有一篇谈论绘画的名篇《画赞序》，其中用来说明绘画之功用的例子就是东汉的娥皇和女英图：

> 昔明德马皇后，美于色，厚于德，帝用嘉之。尝从观画虞舜，见娥皇女英。帝指之戏后曰："恨不得如此为妃。"又前见陶唐之像，后指尧曰："嗟乎，群臣百僚恨不得为君如是！"帝顾而笑。

曹植所说的这个故事成为绘画功能的经典表达，北宋的《太平御览》以及郭若虚的《图画见闻志》都将其收入。除了将其列入《叙自古规鉴》一节，《图画见闻志》还将其列入《叙图画名意》，将其作为以画观德的典范："古之秘画珍图，名随意立。……观德则有《帝舜娥皇女英图》，无名氏。"这恐怕算是最早的《湘君湘夫人图》了。所有记录这个故事的人恐怕都没有看到东汉的原作。这并不要紧，重要的是古画依靠着历代文字的传承而载入史册。

文徵明的《二湘图》面临同样的情况，他无法见到真正的上古画作，顶多号称从赵孟頫的画中窥探高古之意。但他同样可以依靠历代绘画文献的记载而重构出一个想象的高古形象。当然，在16世纪初，他究竟能不能见到诸如《历代名画记》、《图画见闻志》这样的书是一个问题。尽管我们没有确凿的证据，但张彦远和郭若虚的著作在明代声明很大。目前《历代名画记》最早的刻本只能到嘉靖，其中一本上就有文徵明之子文嘉的收藏印[22]。虽然不能凭此认为1517年时的文徵明一定也收藏过《历代名画记》，但作为精英阶层的文氏家族，应该比许多人都有可能了解到更多的知识。看不到完整的《历代名画记》，还可以看北宋初年的《太平御览》，这部大部头的类书在绘画部分中收入了《历代名画记》的许多内容，其中就有上面所引的文字。

古意的竞争

对于48岁的文徵明而言，营造"高古"的形象究竟有什么意义？

当然，这是他一直的艺术理想，也是他所敬仰的赵孟頫的艺术理想。那么，实现这个理想，意味着什么？

文徵明的时代，"古意"和"高古"都不是一个新鲜的词，也不是一个意思明确的词，可以用在诗歌中，可以用在书法中，也可以用在绘画中。被时评认为有高古之意的画家，离文徵明最近的一个是杜堇，他大约比文徵明大二十余岁。韩昂《图绘宝鉴续编》（1519年成书）中如此赞誉道："由其胸中高古，自然神采活动。"稍晚王世贞的评价则是："深有古意……亦是白描第一手也。"[23]

杜堇是丹徒人，但后来占籍北京，常往来于南北二京，与许多在北方为官的南方籍官僚都有很好的关系。他也是文士出身，后来专于绘画。与吴宽、沈周、文徵明父亲文林关系都不错，和许多苏州文人都有往来。吴宽曾夸张地称赞他"名高价重爱者众，入眼太半疑非真"[24]。在当时，杜堇在官僚圈和文人圈中深受欢迎应该是事实。他曾为沈周之弟画了一对白描《陶渊明像》和《邵雍像》，是典型的用于书斋悬挂的高士像，获得刘珏的书赞。在李开先（1502—1568）《中麓画品》（1541 年成书）中，他被列为一等。晚明李日华甚至称赞杜堇所画的人物："其佳处往往不减顾陆，国朝以来第一人也。"评价非常之高。

我们虽然没有直接的材料证明文徵明与杜堇有交往，但他对这样一位与自己的老师、父亲友善的画家肯定不陌生。在文徵明画《二湘图》44 年之前，1473 年，杜堇在太仓的文昌阁中为人画了一件白描《九歌图》长卷。这是目前存世的明代绘画中不多的传承《九歌图》传统的作品[25]。文徵明在《二湘图》题跋中所谓的那些唐妆、精工、古意略尽的"画娥皇女英者"，究竟会是当时哪些人的画？会不会也包括像杜堇的《九歌图》这类的作品？

杜堇《九歌图》把湘君和湘夫人两段并在一起，把二湘画在同一个画面。二湘的姿态和组合关系与文徵明的画有些相似。二湘拱手站立在云端，身上的服饰，乃至圆浑的面容，都可谓是"唐妆"。在时人眼里，杜堇无所不能，但他最擅长的是古代人物故事和仕女。上海博物馆所藏淡设色的《宫中图》长卷，就与传为周文矩的《宫中图》有很多相近处，人物带有强烈的唐代仕女的色彩。他所临摹的《韩熙载夜宴图》在当时也为人所称道。

杜堇在当时的影响很大，根据高居翰的看法，苏州的职业画家群体，比如擅长描绘仕女的唐寅、仇英都曾受到杜堇的启发[26]。而唐寅和仇英也正是文徵明绘画圈中的重要组成部分。王稺登在为《二湘图》写的题跋中就专门提到文徵明本来是让仇英来画，但不满意，所以决定自己画。如果真的是这样，那么文徵明的不满意所直接针对的就是仇英所属的绘画类型。

在这里，我们看到了对于"古意"不同的理解。在韩昂和王世贞看来，杜堇的画被称作"高古"，深得"古意"，李日华认为他的画有的地方甚至可以与六朝的顾恺之、陆探微相比。到底是哪些地方让杜堇赢得了这些赞誉？让这些博学的鉴赏家看到了高古之意？

杜堇最为称道的是白描。从他的《九歌图》以及 1500 年的《古贤诗意图》中可以看到他的画风特点，在王世贞眼里，与擅长白描的吴伟相近，但没有吴伟那么"雄劲"，而更为"精雅"。除了令人想起李公麟的白描画风，杜堇绘画的主题多是古代高士名贤，这使得他的画中自然充满了与现实不一样的古代趣味。明人陈经在描述杜堇《伊尹耕莘圖》时，着重提到画中的物象都是古制："耒耜古制殊，帧服今未识。"[27]杜堇的存世作品中，有一幅《玩古图》，青铜鼎彝罗列在画面中，"古"是显而易见的。

对这样一位擅长白描，能够在画中想象性地复原古代事物的画家，却有人持不同的意见。何良俊（1505—1573）就批评杜堇所画的人物"伤于秀媚而乏古意"。对于何良俊而言，"古意"又是什么？从他的所说另一个例子中或许可以得到一些答案。他曾见过幕中出土的一些据说是汉代人在车螯壳上所画的人物："画法甚拙，顾、陆尚有其遗意，至唐则渐入于巧矣。……顾恺之、陆探微、宗处士辈尚有其遗法，至吴道玄绝艺入神，始用巧思，而古意稍减矣。"在他看来，汉代的画法十分拙，到顾恺之，还保留了拙的趣味，到了唐代，从拙变为了巧，于是古意便减弱了。古意与拙，具有直接的关系。杜堇的白描十分流利，恰是在这里，缺乏了"古意"。

何良俊与文徵明有很深的交往。文徵明在《二湘图》中批评的"古意略尽"的当代绘画，正是因为精工的唐妆，这与何良俊所说的"拙"，有相似的含义。因此，《二湘图》便可以看作文徵明对于以稚拙为主的高古之意的一次精心的尝试。在当时的苏州画坛，这种尝试多少有些另类。更多的人是在走精工之路。譬如唐寅。1515 年，唐寅在一封给文徵明的信中说："诗与画，寅得与徵仲争衡。至其学行，寅将捧面而走矣！"[28]尽管唐寅有些戏谑地要称文徵明为师，但唐寅对于自己的画绝对自信。大约在 1510 年左右，唐寅画了一幅《班姬团扇图》（台北故宫博物院藏），文徵明题诗于上。画中的汉代皇妃，倘若与文徵明的《二湘图》比较起来，我们或许能够更加体会到文徵明所谓的"顾作唐妆，虽极精工，而古意略尽"的意思。唐寅用熟练而流利的笔法再现了一位可以触摸得到的汉代美人，观者仿佛可以进入画中充满空间感的场景，得到充分的视觉愉悦。而在文徵明画中，人物漂浮在画面上，像是平面的剪影。不尽合乎比例、略有稚拙的二位女性不是美女，而是供人礼拜的女神。文徵明所在乎的"高古"之意，削弱了视觉趣味，却增加了很多视觉以外的东西，包括历史知识、文学知识、画史知识。这使得《二湘图》很难被归入任何一个类型，不是仕女画，不是画像，不是历史故事画，也不是古代经典的配图。相信对于当时的观者而言，也是如此。

在 1517 年的苏州，文徵明的这个尝试可以看作是对"古意"的一次主动发言。作为很少以人物为主题的画家，他却突然间向人们展示出了一件充满不确定性的作品。简略而稚拙的画面，凝结了对绘画的功能和意义的复杂思考，最后牺牲掉的是对观者眼睛的满足。这幅画和这种尝试很可能并没有产生太多的影响，甚至于文徵明自己也没有继续下去。22 年之后的 1539 年，文徵明看到赵孟頫的一幅《芭蕉仕女图》，又一次临仿一遍。画是一幅典型的仕女图，芭蕉树下的仕女手拿团扇，与《二湘图》几乎没有相似之处。大概也正是因为《二湘图》凝结了文徵明巨大的努力却没有能够产生巨大的影响，62 年后，文嘉和王稺登在题跋中毫无保留地极尽赞誉。文嘉称赞"用笔设色之精，非他幅可拟"，王稺登则说"笔力扛鼎，非仇英辈所得梦见也"。

文徵明的"高古"理想尽管在和时尚的竞争中落败，但他追求张彦远所谓的"变态而有奇意"，在明末的绘画中似乎得到了某种反响。陈洪绶、吴彬等被称美术史家称作"晚明变形主义"的画家，也是在用上追六朝的奇特造型、细长流利的"高古游丝描"创造出新的风格。只不过，到了那个时候，文徵明或许还是会说："古意略尽。"

注释：

[1] 高士奇《江村销夏录》卷二著录了一件《文待诏湘君图》，画面的尺寸、内容都与故宫本一致，也有文徵明、文嘉和王稺登的题跋。文嘉跋和故宫本完全一样，文徵明的跋有数字不一致，差别最大的是王稺登跋。高士奇著录的王稺登跋为 38 字："文太史此图，笔法如屈铁丝，如倪迂所云力能扛鼎者，非仇英辈可得梦见也。戊寅七月（1578 年）王稺登题。"故宫本王稺登为 65 字，文句有较大不同："少尝侍文太史，谈及此图云：使仇实父设色，两易纸皆不满意，乃自设之，以赠王履吉先生。今更三十年，始获睹此真迹，诚然笔力扛鼎，非仇英辈所得梦见也。王稺登题。"倘若说文徵明题跋的不同是著录记录的误差，那么王稺登一跋相差 27 个字似乎只能认为是不同的画本。周道振据此怀疑高士奇著录本可能是另一本，郭伟其认为文徵明可能画了多本《二湘图》。故宫本上未见高士奇鉴藏印章，而有耿昭忠（1640—1686）收藏印。应该从耿氏手中如内府，从未进入高士奇收藏。故宫本中，王稺登的长跋意思更加完整，而高士奇著录本王稺登一跋意思不完善。比如，在没有前因后果之下突然把仇英作为文徵明的反面。而故宫本则有仇英出场的铺垫。因此，高士奇所见本可能并非真迹。

[2] 胡应麟：《少室山房笔丛》卷一〇九。

[3] 文嘉抄本《甫田集》卷七，转引自周道振：《文徵明年谱》，百家出版社 1998 年，第 280 页。

[4] 文嘉抄本《甫田集》卷六，《题古木高士图寄履约兄弟》，转引自周道振：《文徵明年谱》，第 259 页。

[5]《过云楼书画记》卷四。

[6] 薛龙春：《王宠年谱》，第 43 页。

[7] 关于《九歌图》不同版本，可参见衣若芬：《〈九歌〉〈湘君〉、〈湘夫人〉之图像表现及其历史意义》，《先秦两汉学术》第 6 期，2006 年。

[8] 杨士奇：《东里续集》。

［9］朱熹：《晦庵集》卷十。

［10］马臻：《霞外诗集》卷四。

［11］《陶南村诗集》卷四。

［12］高启：《大全集》卷十七。

［13］《珊瑚网》卷四十三。

［14］胡炳文：《云峰集》卷四。

［15］《草堂雅集》卷十三。

［16］《寓意录》卷四，转引自周道振：《文徵明年谱》，百家出版社 1998 年，第 201 页。

［17］尹吉男：《明代后期鉴藏家关于六朝绘画知识的生成与作用：以"顾恺之"的概念为线索》，《文物》2002 年第 7 期。

［18］关于文徵明与《格古要论》，可参见郭伟其：《停云楷模：关于文徵明与十六世纪吴门风格规范的一种假设》，中国美术学院出版社
　　　2012 年，第 238 页。

［19］转引自周道振：《文徵明年谱》，百家出版社 1998 年，第 72 页。

［20］《历代名画记》卷一，《论画六法》。

［21］《历代名画记》卷一，《论画六法》。

［22］毕斐：《〈历代名画记〉校笺与研究》，中国美术学院 2003 年博士学位论文，下卷，第 83 页。

［23］关于杜堇，可参考刘芳如：《明中叶人物画四家：杜堇、周臣、唐寅、仇英》，《明中叶人物画四家特展》，台北故宫博物院，2001 年；
　　　陈洁、王静：《胸中高古，神采活动：明代画家杜堇的生平与艺术》，《荣宝斋》2011 年第 3 期。

［24］吴宽：《东江家藏集》卷十二，《杜古狂寿意二首》。

［25］画后配有陈淳在 1540 秋日的行楷书《九歌》，还有文伯仁（1569 年）、沈明臣（1570）、王穉登（1572）、王世贞（1579）四段题跋。
　　　可知此画在文伯仁题跋的时候已经是松江文人张所敬的收藏，后来转入王世贞手中，被与陈淳的书法配在一起。

［26］高居翰：《江岸送别：明代初期与中期绘画》，三联书店 2012 年，第 153—159 页。

［27］《海岱会要》卷四，《杜古狂伊尹耕莘图》。

［28］《六如居士全集》卷五《又与文徵仲书》，转引自周道振：《文徵明年谱》，百家出版社 1998 年，第 265 页。

文徵明《江南春图》研究

——模式与主题

王耀庭（台北故宫博物院）

　　内容摘要："江南春"的题材可远溯自唐代的顾况、宋代的惠崇。元代倪瓒作《江南春》词，吴中人士和之者极多，一时蔚为风尚。文徵明的"江南春"气象春明景和，士人优游于"理想国"中，这景象当作为一个"模式"（Pattern）来讨论。山水画史上"理想国"的出现，则以"桃花源"为主题，视觉要素为山洞、持桨渔人和田家延客。元朝赵孟頫的家乡吴兴雪溪正是桃花源的化身，衍生出"花溪渔隐"的题材。吴门文人生活于太湖地区，江南春景则代替了"花溪渔隐"。

　　关键词：文徵明　江南春　模式　花溪渔隐

　　此图纸本轴装，纵106、横30厘米。文徵明自题"江南春"（八分书），并书追和倪云林词二首（行草书）。图成于嘉靖二十六年丁未（1547）春二月，文徵明时年七十八岁，这是他的工笔中最精之品（图一）。画作"笔意细秀，设色古雅。画山仅画轮廓，稍用干墨擦之，皴笔绝少，但觉山痕树影，无处不是早春景象。笔墨固佳矣，而章法似又胜之；章法固佳矣，而意象似又胜之"[1]。画中的图像，平湖远山，绿树高耸，高士乘舟横过，远处临水人家，这是江南太湖景色。

　　"江南春"的题材可远溯自唐代的顾况、宋代的惠崇。元代画家倪瓒（1301—1374），作《江南春》词，吴中人士和之者极多，一时成为风尚[2]。顾况与惠崇的《江南春图》，著录已晚至17世纪，是否可信，尚须斟酌[3]。

　　文徵明漫长的绘画经历中虽只见此本自题名为"江南春"，但他对于"江南春"题材的关注则不止于此，上海博物馆藏《江南春图卷》题款："徵明戏效倪云林写此。甲辰（1544）八月廿又六日。"拖尾

图一　文徵明《江南春图》（台北故宫博物院藏）

图二　文徵明《江南春图》（北京故宫博物院藏）

跋纸有文徵明录倪元镇《江南春》词，又接有沈周和诗；又自作《江南春词》。题记："倪公《江南春》和者颇多，老懒不能尽录，录石田先生二首，盖首唱也。并写倪公原唱于前，而附以拙作，亦骥尾之云。卷首复用倪公墨法为小图，又见其不知量也。甲辰十月既望，文徵明识。"此卷之另一本藏北京故宫博物院，款题亦同（图二）。不论两本之真伪，此画一派萧疏，看不出春景的气象，实是"用倪公墨法为小图"，无关于"江南春"，或是后人见有此题跋，以"江南春"而命名，甚至可能书画并不相干而为好事者所接。

文徵明对春景的描绘见于图与诗。图有与此轴风格相近的《雨余春树》（台北故宫博物院藏）。诗有《题渔隐图》："江南雨收春柳绿，碧烟敛尽春江曲。十里蒲芽断渚香，千尺桃花春水足。溪翁镇日临清渠，坐弄长竿不为鱼。太平物色不到此，安知不是严光徒。右春。"[4] 又汪砢玉（1587—？）录《文太史自题山水诸幅》（皆为七言绝句），其一："三月江南欲暮春，绿阴照水玉粼粼。自怜身在奔驰地，空羡茅亭共坐人。春幅。"[5] 又录《文太史自题山水》："青山隐隐遮书屋，绿树阴阴覆钓船。好似江南春欲暮，嫩寒微雨落花天。"[6] 此外，台北故宫博物院藏《明人翰墨册》，又有《文徵明书和倪征君江南春词》。可见文徵明三次书写《江南春词》，词句虽略有调整，对倪瓒的"江南春"兴趣何其浓厚。其子文嘉（1501—1583）撰《追和元云林倪征君江南春词》："三月江南荐樱笋，鸡鹍鹨鹕回塘静。蛛

丝萦空网落花，云母屏寒浸娇影。帘外沉沉春雾冷，绿萝欲覆花间井。泥金小扇幛纱巾，画桥紫陌踏芳尘。花开迟，水流急，江鸭对眠莎草湿。吴姬如花花不及，摘花笑映溪流碧。杨柳烟笼万家邑，柳下王孙为谁立。幽渚泥香生绿萍，闲看梁燕垒经营。"[7]

前面提到文徵明有诗："青山隐隐遮书屋，绿树阴阴覆钓船。好似江南春欲暮，嫩寒微雨落花天。"据此与《江南春图》对照，可以看到图中"青山隐隐遮书屋"相当清楚，这见之于画幅的中景；"绿树阴阴覆钓船"见之于图中乔木高耸，绿树掩映河上一篷舟，高士坐于艇前。这"图像"当作为一个"模式"（Pattern）来讨论。

什么是模式？模式是"一个规律且清晰的形式，或是连续可识别的行为或状态；特别是可作为未来事件预测的基准、行为模式"[8]。我想从"绿树阴阴覆钓船"这个模式来探讨。

沈周（1427—1509）的《桐阴乐志图》（图三）有题款："钓竿不是功名具，入手都将万事轻。若使手闲心不及，五湖风月负虚名。"此图近景为江边两棵高桐耸立，其下杂置两棵绿树，岸边水草随风飘荡，篷舟静泊于树外江边，舟中高士头戴方巾，手持钓竿，中景崖台堆累，远方峰峦连绵，天边高峰升起。

唐寅（1470—1523）《花溪渔隐图》（图四），松树高耸于石屿之间，士人一舟垂钓，题识："湖上桃花坞，扁舟信往还。浦中浮乳鸭，木杪出平山。晋

图三　沈周《桐阴乐志图》（安徽省博物馆藏）

昌唐寅。"

　　将这三幅并排而观，构景的模式是相同的类型，都是"绿树阴阴覆钓船"。三幅画都取景于画家共同生活的太湖地区，尽管画名不同（我想沈周及唐寅的画题都是后人所取），但从主题（subject matter）与意义（mean）所指涉，看画中景，读画上题诗，湖上吟风弄月、自在优游的情境是非常近似的。画中的主角人物都作士人打扮，绝非一般的乡野渔夫，这是士人的"自我"，说是"渔隐"的类型，已不固定于渔夫的打扮。一旦我们从画面上看出了此中的意义，这一模式的重复或被遵行出现，它的表现意义也等同了事实的意义。因此，画家熟悉了这一层次的自然意义，说是画家的自我憧憬投射，也未尝不宜。

图四　唐寅《花溪渔隐图》（台北故宫博物院藏）

　　就这一个模式的运用，沈周的《山水册》（图五）构景也如出一辙。江湖上，篷舟中士人"短笛信口吹"，前景一样是"木杪出平山"。沈周虽无题识，对幅周天球与陆师道两题，是对画境的描写，陆师道用"沧浪"之水为题，清水濯缨浊水濯足，江上扁舟，总是智者灵感的来源。沈周的《扁舟诗思》（图六），河岸缓坡起伏，林木高耸，江上一人乘小舟寻幽觅句。《为珍庵所作山水》（1471 年作，1477 年重题）为竖长幅的构图，下半部的主景也是

图五　沈周《山水册》（北京故宫博物院藏）

图六　沈周《扁舟诗思》（台北故宫博物院藏）

两艘篷舟掩映在水岸林边，舟中人相遇对话，人物博衣交领，一戴冠一束发，这也明显不是渔夫。构景虽因狭长幅，景往上延伸，有沈周六年后重见此画自题，补了远山，"木杪出'高'山"，然而构景命意还是一样（图七）。

唐寅《溪山渔隐》（图八）长卷的一段，也出现岸涛青松，双艇笛吹。

这种"绿树阴阴覆钓船"的模式，吴中画家之外的浙派，也是多所运用。戴进（1388—1462）《听雨图》（图九），画江边的松树，士人篷舟中枕臂卧听雨声。朱端（约1462—1521）《秋江泛舟图》（图

一〇）有款"正德戊寅十三岁（1518）九月朔后二日"，也是"绿树阴阴覆钓船"，篷舟前头士人双臂后撑，仰首望天。

"士"隐于"渔"，却直标"士"的形象，或者说相忘于江湖之上，优游于湖山树阴之间。这种模式大量的出现是在元代。先说说盛懋（约活动于1330—1369）对此一模式的表达。盛懋《山水》轴（图一一），篷舟坐眺，前景有树，又是同一布局。以盛懋与吴镇比较，《图绘宝鉴》记述他："始学陈

图七 沈周《为珍庵所作山水》（檀香山美术馆藏）

图八 唐寅《溪山渔隐》长卷局部（台北故宫博物院藏）

图九 戴进《听雨图》（日本杨进荣藏）

图一〇　朱端《秋江泛舟图》（现藏美国波士顿）

仲美，略变其法，精致有余，特过于巧。"[9] 吴镇是"意趣"胜于"技法"，盛懋却是"技法"胜于"意趣"。而台北故宫的一开大册页《山水》（图一二），却是"意趣"与"技法"双美的作品。这一开的构景，更是标准的"绿树阴阴覆钓船"，篷舟前头坐一士人，文人画的意趣十足。盛懋的另一名作《江枫秋艇卷》（图一三），有卫九鼎（活动于14世纪后半期）跋："子昭与余交最早。往时一意仲美，兹幅人物忽入赵吴兴室中，而山以幽胜，木以拙胜，觉秋爽迎人，只在几案间。雪翁保重，毋使叔明见之，

谓盛丈又持彼渭阳公麈柄也。至正辛丑（1361）十一月之望，天台卫九鼎。"画钓艇相逢并泊，舟中士人谈笑。此图为横卷，江上石矶与岸边乔木与篷舟中人拉开了一定距离。这一卷也是"意趣"与"技法"双美。此外，另一开册页《秋林钓艇》（图一四），渔艇半横于矶石流水，树高平山，也是同一构景。上海博物馆藏盛懋《秋舸聚饮图》（图一五），绘坡上树木列植，枝繁叶茂。近岸一艘篷舟，舟首一位逸士正仰天长啸，身前置放酒具瓷碗，身后古玩横陈。舟尾童子摇橹，对岸岗阜平缓。这都是此一模式下的调整与增饰。

图一一　盛懋《山水》轴（台北故宫博物院藏）

若再上溯，盛懋所承的其师陈琳（约1260—

图一四　盛懋《秋林钓艇》（台北故宫博物院藏）

图一二　盛懋《山水》

（《元明人画山水集景册》，台北故宫博物院藏）

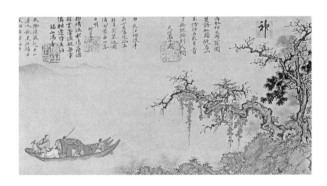

图一三　盛懋《江枫秋艇卷》局部（台北故宫博物院藏）

图一五　盛懋《秋舸聚饮图》（上海博物馆藏）

图一六　宋画《篷窗睡起》（台北故宫博物院藏）

1320）南宋画院画风，题名为宋高宗（1107—1187），实是孝宗（1127—1194）题的南宋前期《篷窗睡起》（图一六），画午睡刚醒犹伸双臂的人物。画面的结构是画幅下方矶石乔木，树间掩映河上篷舟，高士或垂纶，或闲话，或静赏湖光，自宋至明，大致不变。

回到一般所说的文人画，再说与盛懋同时的赵雍（1289—1360）《溪山渔隐》（图一七），更可以说是这个模式的先驱。画幅下方乔树耸起，书间掩映河上两篷舟同泊，高士或者说是着了官服的士人，坐于艇前垂纶而钓。

这些士人徜徉于湖山岸树之间，作为一个钓者，难免是如"渔父图"，借渔隐的题材表现其隐逸思想，写渔夫以寄托其愿，如烟波钓徒，无所羁绊。吴镇（1280—1354）的《渔父图》（图一八），将近

图一七　赵雍《溪山渔隐》（现藏美国克里夫兰）

图一八　吴镇《渔父图》（台北故宫博物院藏）

坡远渚平列，双树直干凌空，浅汀芦苇，一舟横渡。画上有题识："西风潇潇下木叶，江上青山愁万叠。长年悠优乐竿线，蓑笠几番风雨歇。渔童鼓枻忘西东，放歌荡漾芦花风。玉壶声长曲未终，举头明月磨青铜。夜深船尾鱼拨刺，云散天空烟水阔。至正二年（1342）为子敬戏作渔父意，梅花道人书。"抒发的是画家隐遁避世的理想。船头人也不是渔夫，是"戏作渔父意"。这该是江南水乡的写照，图中双树直干、隔水小舟的模式也可说是同一类。

中国画"小寒林平远"这一图像模式是出现得比较早的。韩拙（生活于11—12世纪之际）曾经描述画"寒林图"的要诀："务森耸重深，分布而不杂，宜作枯梢老槎，背后当用浅墨以相类之木伴为和之，故得幽韵之气清也。"[10] 枯梢老槎，非常适合来形容宋画《小寒林》（图一九）。此图表现木叶脱

尽、萧瑟寒林之意趣，可谓得自"气象萧疏、烟林清旷"的李成一派真传。从画面来看，《小寒林》的构图采取"平远"形式。依照郭熙的说法："作平远于松石旁，松石要大，平远要小。"[11] 这样的取景画法，可举《早春图》为例，画中我们明显可见树干弯曲多枝的特征，像寒地里的枯枝造型，而树干弯曲的形状就像是螃蟹的爪子一般，故以"寒林蟹爪"统称此种技法。又如无款而被认为是郭熙（约1023—1085）作品的《树色平远图》（图二〇），前景是位居中央昂然而立的松树，显示了"长松亭亭，为众木之表"的统御感。"寒林主题"出现，其原则是先以近观的视点来描绘近景的松、石母题，再让其两侧的景物以平远推移的方式急遽缩小，形成明显的对比，这也是刘道醇（活动于1057年前后）形容李成画"近视如千里之远"[12] 的根据。

图一九　宋画《小寒林》（台北故宫博物院藏）

图二〇　郭熙《树色平远图》（美国大都会博物馆藏）

相同的绘画主题，在不同的画家笔下，其作品形象往往近似；而相同的模式，则可以表现不同的绘画主题。较早的如北宋画家郭熙的《早春图》，云头巨岩，乔松高标，这是李郭派的"模式"。

文徵明《江南春》表现士人优游于"理想国"，山水画史上"理想国"的出现，则以"桃花源"为主题，视觉要素有山洞、持桨渔人、田家延客。对于元朝的赵孟頫来说，家乡吴兴霅溪正是桃花源的化身，衍生出"花溪渔隐"这样一个题材。隐者的身份直接以图像表现，他与渔父持桨进山洞，或持桨与桃源中人话家常。"渔隐者"在画中的地位，虽然是点景人物，然而描绘起来，也不是一般点景人物的简略笔调。这一种形态的"渔隐者"，是徜徉于山水间，从母题的比较上，置渔隐者主题于幅下桃树河旁，对桃树的描写也相当细致。最为切题者则是王蒙（1308—1385）的《花溪渔隐》（图二一）。此图写霅溪风景，款题为玉

泉尊舅作。画的右下角桃树茂密，桃花盛开，后方篷舟，男士鼓棹前进，篷窗中的女士，该是家眷，这一个角落岂不是文徵明"江南春"模式的先驱。文徵明的学生陆治（1469—1576）在隆庆戊辰（1568）七十三岁时作《花溪渔隐》（图二二），重岩叠树，渔父鼓舟前进，双脚探水。陆治有诗自比"桃源中人"，以喻其隐居状况。此画在笔法与构图上均受元代王蒙《花溪渔隐》图影响，颇有自况意味。吴门人物生活于水乡泽国的太湖地区，"江南春景"代替了"花溪渔隐"的模式，但是渊源依然可辨。文徵明的另一学生居节（约1524—1585）有画作《江南春》（图二三），作于辛卯年（1531）。画上绿波青嶂，碧草繁花，层叠丘壑，罕见人迹。画上自题《江南春诗》一首。虽未画出舟上人，然而，乔木在前，"模式"依稀。蓝瑛（1585—1666）的《一江秋水》（图二四）有题款："庚辰冬日画于池上园"，则可再见这个模式。

图二三　居节《江南春》（台北故宫博物院藏）　　图二四　蓝瑛《一江秋水》（现藏普林斯顿）

注释：

[1] 江兆申：《故宫藏画解题》，台北故宫博物院 1968 年，第 55 页。

[2] （明）郁逢庆：《书画题？记》卷十一，第 13 页。关于江南春的画题，利瓦伊琨有一简要的记述。见利瓦伊琨：《吴门画派的艺术特色》，收入故宫博物院编：《吴门画派研究》，北京紫禁城出版社 1993 年，第 113—119 页。

[3] （明）张丑：《清河书画舫》卷四，四库全书文渊阁本，第 44 页；（清）卞永誉：《书画汇考》卷三十九，四库全书文渊阁本，第 39 页。

[4] （明）文徵明：《甫田集》卷十四，四库全书文渊阁本，第 3 页。

[5] （明）汪砢玉：《珊瑚网》卷三十九，四库全书文渊阁本，第 20 页。

[6] （明）汪砢玉：《珊瑚网》卷三十九，四库全书文渊阁本，第 21 页。

[7] （明）文嘉：《文氏五家集》卷九，四库全书文渊阁本，第 4 页。

[8] 本段文字，译自 *A regular and intelligible form or sequence discernible in certain actions or situations*；*esp. one on which the prediction of successive or future events may be based. Freq. with of, as pattern of behaviour.* 此是向考古学界请教所得的示意。

[9] （元）夏文彦：《图绘宝鉴》卷五，四库全书文渊阁本，第 10 页。

[10] （宋）韩拙：《山水纯全集》，四库全书文渊阁本，第 8 页。

[11] （宋）郭思：《林泉高致集》，四库全书文渊阁本，第 23 页。

[12] （宋）刘道醇：《宋朝名画评》卷二，四库全书文渊阁本，第 2 页。

"曲水流觞"的新时空

——文徵明兰亭图中的图式与德政指向

邱才桢（清华大学美术学院）

内容摘要：本文通过对文徵明兰亭图的图像分析，揭示出文徵明创造出来"曲水流觞"兰亭雅集图的时空方面的新类型，即消解了以往同类兰亭图的叙事性，在同一画面中创造出了两个时空类型，以凸显王羲之的威权地位。同时，省减了雅集者的人数和题署文字，剔除了以往图像中"羲之观鹅"图像，强化了羲之亭中书写的形象；以《兰亭序》替换了雅集者们的《兰亭诗》，进一步强化了这一主题。而文徵明的《重修兰亭记》暗示了文本与图像之间，书写者王羲之与政教楷模的隐秘关联。文图的新型链接显示了文徵明个人理念的强烈参与，暗示了文徵明的图式动机与政教动机：即建立艺术楷模与道德楷模的强烈的、一贯的内驱力。

关键词：文徵明 兰亭图 书写 时空类型 楷模

一 曲水流觞兰亭雅集图的类型

《兰亭序》的诞生无疑是艺术史上的一个重要事件，之后，历代关于《兰亭序》的临、摹、刻、揭不绝如缕。不唯书法史如此，绘画史上，关于《兰亭序》图像的制作也蔚为大观，与浩如烟海的文献一道，构成"兰亭学"的奇观。

有明一代，文徵明堪称同时在书画两个领域参与兰亭书法和图像创作的大家。他不仅书写、临写了多篇《兰亭序》，也曾为朋友蔡子山收藏的《玉枕兰亭》、华夏收藏的《定武损兰亭序》、杨仪所藏的唐阎立本画《萧翼赚兰亭图》题跋。当然，他自己也创作了多件《兰亭图》。值得重视的是，在嘉靖二十八年己酉，80 岁的文徵明，还应绍兴知府沈子由之邀，撰文并书《重修兰亭记》。总之，文徵明与《兰亭序》的关联，是在多个维度中展演的。

现存最早的文徵明兰亭图藏于台北故宫，上书有《兰亭序》，并"嘉靖三年（1524）春三月既望，衡山文徵明书于玉兰堂"落款。藏于北京故宫博物院，作于嘉靖二十一（1542）、金笺设色的《兰亭修禊图卷》堪称文徵明书画合璧的精心之作，这件精工富丽的画作后面，配有文氏恭谨临写的《兰亭序》。此外，尾纸另有王穀祥、陆师道、许初、文彭、文嘉、周复后等人的题跋，可谓另一种形式的"纸上兰亭雅集"。藏于美国弗利尔美术馆的《萧翼赚兰亭图》，有"钱舜举"印，另纸配有文徵明所书行书《兰亭序》。2008 秋季拍卖会佳士得香港有限公司拍卖会上出现过的，文徵明作于"嘉靖戊午（1558）八月既望"的《兰亭修禊图》手卷，配有文徵明手书《兰亭序》并跋，文氏时年 89 岁，当为他现存可见最后一件兰亭图。

《兰亭序》和《兰亭图》跟王羲之密切相关。以王羲之为题材的画作，包括他的画像、事迹以及传说轶闻，有《山阴书箑图》、《羲之观鹅图》、《羲之写经换鹅图》以及《右军斫鲙图》等。而历代关于兰亭图的记载，画题就有《曲水流觞图》、《兰亭宴集图》、《兰亭觞咏图》等等。早在唐代即有《兰亭修禊图》的制作，见于中唐诗人李频的诗中[1]。关于兰亭的绘画，大体上可以分为两个阶段：一是唐五代时期，取材于《兰亭序》显露世间的故事，如《萧翼赚兰亭图》，有人物画，也有山水画；一是宋元明清时期，取材于"兰亭修禊"内容的人物山水画[2]。以及个别如钱选《兰亭观鹅图》[3]和王蒙《兰亭雪霁图》[4]等画作。

关于《萧翼赚兰亭图》的文献著录，自宋徽宗《宣和画谱》始，至清代止，约有二十余条，其图像的文献来源于唐何延之《兰亭记》，有两种类型，一为"阎立本类型"的人物故事画，一为"巨然类型"的山水人物画。"阎立本类型"的《萧翼赚兰亭图》传世作品有：辽宁省博物馆藏宋人本；台北故宫博物院藏（传）唐阎立本本[5]；北京故宫博物院藏宋人本，北京故宫博物院藏明人本。还有美国弗利尔博物馆藏有"钱舜举"印章，后有文徵明所书《兰亭序》的版本。美国大都会博物馆藏赵孟頫款的《萧翼赚兰亭图卷》，也属于"阎立本类型"。"巨然类型"本即台北故宫所藏本，吉林省博物院藏有清王翚《仿巨然赚兰亭图轴》。

取材于"兰亭修禊"典故历代兰亭图大多出现于宋代及以后[6]。从形制上看，除手卷、立轴之外，还有扇页等多种类型。扇页类型大多出现在明代中晚期之后，比如仇英、丁云鹏、文伯仁就绘有设色的扇页兰亭图。

从题材上来看，兰亭图属于"雅集图"类型[7]。雅集图是较早的绘画题材，魏晋的竹林七贤、白莲结社、兰亭集会，唐代的十八学士、香山九老，宋代的西园雅集、洛社耆英等都曾以雅集的形式呈现于画作之中。雅集内容，有诗文之会，如赵佶《文会图》、沈周《园池文会图》、王绂《山亭文会图》；有琴会，如赵孟頫《松荫会琴图》、蒋嵩《携琴访友图》、吴历《封溪会琴图》；有茶会，如唐寅《事茗图》、文徵明《惠山茶会图》。此外，还有棋会、古画古玩鉴赏之会等等。而兰亭雅集，属于诗酒之会。至于雅集的场所，有斋室[8]；有园林[9]；而体现"修禊"的兰亭图大多都表现《兰亭序》中所描绘的"崇山峻岭"，"清流急湍"，属于山水之间的雅集。

雅集的主题并不总是表现文人寄情山水、诗酒相会的雅集。有学者通过对明代《杏园雅集图》，雅集中的人物身份及安排，探讨雅集中人物身份从文人到官员的转变[10]。美国学者何慕文（Maxwell K. Hearn）通过对画中人物的姿态对应和位置安排，揭示图中所显示的政治力量与图画价值[11]。这当然跟画中的文人的政治倾向有关。

雅集图中表现的大多数是具体的时空。但《西园雅集图》就呈现了具体时空中人物不可能出现雅集的事实。而《杏园雅集图》，画家也把自己的形象置入雅集图中，也展示了画家对于画中时空的另类表达方式[12]。

的确，大量兰亭雅集图中，值得注意的是其中显示的空间性和时间性，这也是区别各类兰亭图的重要标志之一。一类兰亭雅集图显示"流觞曲水、列坐其次"，即人物根据曲水的流向依次而坐，流觞顺流而下。曲水决定了空间的流动，也带动了时间的流动，使画面具有强烈的叙事性质，王羲之与他的友人们在同一个空间和时间的系列中。可以台北故宫藏（传）郭忠恕《摹顾恺之兰亭宴集图》为代表[13]；另一类兰亭雅集，既无曲水也无流觞，如故宫博物院藏明仇英扇页金笺设色《兰亭图》，实际上可看作是《羲之观鹅图》；首都博物馆藏的明张宏《兰亭雅集图卷》有曲水而无流觞，主要场景为于亭中集体观看王羲之作书，空间的转换、时间的流动感并不强烈。天津艺术博物馆所藏的明魏居敬《兰亭修禊图卷》描绘了羲之观鹅与雅集，但没有曲水流觞。而文徵明的兰亭雅集图，都属于"曲水流觞型"。衣若芬将传世的《兰亭修禊图》的基本形制分为两种，一种是"文图相间"的叙事画形式；另一种则为"有图无文"的"雅集图"形式。将《兰亭修禊图》分为"叙事画"和"雅集图"两种形式，并不完全准确，且并不一定以图文关系为标志。本文更倾向于分为"叙事型雅集图"和"非叙事型雅集图"，以厘清画中的时空关系。

大多数含有"曲水流觞"图式的兰亭雅集图都属于叙事型。这种图式最早的源头，元代的著录中一般都归之于李公麟[14]。明代丰坊的《帖笺》中就提到李龙眠的《流觞曲水图》[15]；明代王佐（1427年进士）在《兰亭禊图记》记录了宋代曾宏父曾刊刻有李公麟的《兰亭修禊图》。董其昌在张宏《兰亭雅集图卷》尾，就有这样的题跋："兰亭图有江西益王府刻石，是宋人笔，相传为李龙眠以其家《龙眠山庄图》与《莲社图》，观其布置渲染，亦得十三。此卷别创新意，虬枝偃寒、秀润有法，可称妙品矣。"跋中将此卷连同益王府本一块归入为李公麟影响下的作品，是后人对这类题材认识的代表性观点。

董其昌对于画作中"李公麟"的影响是通过画作题跋来完成的。但大多数著录中所提及的作品，名称或内文中都有"曲水"、"流觞"等关键词，如宋赵士遵《曲水流觞图》[16]，南宋张敦礼《兰亭修禊图》[17]、王渊《流觞图》[18]、戴进《兰亭并纳凉图》[19]都属于"曲水流觞"类型等，都难以判断其是否为"叙事型"。而流传下来的画作，如上海博物馆藏钱穀《曲水流觞图》等就较为容易判断。那么，要探讨文徵明的"曲水流觞"类型的兰亭图，现存"曲水流觞图"就成为我们探讨的重要支点。

现存较早的"曲水流觞"类型的兰亭图有藏于黑龙江省博物馆的宋无款《兰亭图卷》，和台北故宫藏（传）郭忠恕《摹顾恺之兰亭宴集图》。有学者从文献避讳等角度，指出（传）郭忠恕本属于南宋前中期至晚期作品，是根据北宋的本子绘制而成的，其中建筑更接近北宋同期绘画中的样式，是完全来自绘画的传统。其画面内容包括如下段落：水阁观鹅、备酒、曲水流觞，并在每个雅集参与者旁题署其所作《兰亭诗》。台北故宫藏明代赵原初[20]《兰亭觞咏图》（标注为元顺帝至正二十四年，公元1364年）的画面内容与此大同小异，除了水阁观鹅、备酒、曲水流觞、题诗之外，卷首另有临兰亭序，卷前引首中，自称"余临龙眠居士觞永图"。国家图书馆收藏的《兰亭图》拓本，系明周宪王朱有燉（1379—1439）摹叙、制图及跋，初刻于明永乐十五年（1417），原稿来源于北宋李公麟。其画面内容与（传）郭忠恕本，赵原初本类似，亦包括：水阁观鹅、备酒、曲水流觞、题诗（兰亭诗）[21]。从画中器物来看版本，郭本和赵本比益王府本要早。从文献和益王府本刊刻来看，都认为起源于李公麟，并未谈及顾恺之或郭忠恕的影响[22]。由此可见，郭忠恕本是这类内容中现存最早者。而黑龙江省博物馆本与上述三者不同的是，画首没有安排有水阁观鹅

图，这可能是在郭忠恕之前更早的版本。而郭忠恕这一类型的版本，则是在黑龙江本的基础上，加上"羲之观鹅"的图式拼贴而成。而"羲之观鹅"的图式，现存最早见于钱选，画中王羲之为亭（水阁）中站立观看图式，依栏而观的图式与故宫藏明仇英《兰亭图》类似。

以上是文徵明之前的"曲水流觞"叙事型兰亭图的状况。文徵明之后，尚有明姚琰《兰亭修禊图卷》，明李宗谟《兰亭修禊图》、明朱士瑛《兰亭修禊图轴》，均保持与（传）郭忠恕本类似的画面内容，它们属于同一系统。

"曲水流觞"类型的兰亭图，以黑龙江博物馆本为例，曲水由右往左，王羲之及其友人"列坐其次"，人物旁边一一题署有参与雅集者的官衔、姓名及所作诗，人物端坐席间，左顾右盼，做切磋交流状。随着空间由右往左的推移，人物的动作也具备了时间感和叙事性，人物处于同一个时空序列之中。（传）郭忠恕本及其类型作品与此不同，卷首安排的"水阁观鹅"使这件作品的空间感产生错乱，阁中之人不再"列坐其次"，而且他端坐的水阁位置较高，与其他"列坐其次"者并不平等。阁中之人的观鹅行为意味着他与"曲水流觞"时空的脱离，他不属于这一时空序列之中。但其视线所向，又与"曲水"的流向保持一致。更令人疑惑的是，"观鹅"在文献中本是王羲之的固有行为，而"列坐其次"的人群中已有一位"右军将军"王羲之。从两人图像来看，头冠不同，显然不属于同一身份，阁中之人身份较高，画家似乎想把他描绘为地位略高的监察者的角色。

黑龙江博物馆本和郭忠恕在时空序列的性质上尽管不尽一致，但都能保持叙事上的完整性：起、承、转、合都较为流畅清晰。而另一种类型的"曲水流觞"与此不同，以台北故宫博物院所藏的宋刘松年《曲水流觞图》为例，画中绘有"曲水流觞"，但人数明显减少，且没有文字标明雅集者官衔、姓名及所作诗，这种人物形象和身份的模糊性大大减弱了其"叙事画"的性质。另外，亭子安排在画面

中间，亭中五人相对晤谈，似在切磋诗文。这个图式的安排对于"曲水流觞"顺畅的时空系列造成了重要的干扰。明魏居敬作于万历三十四年（1606）的《兰亭修禊图卷》卷首绘有"羲之水阁观鹅"，但并未描绘"曲水流觞"，雅集之人似乎刚刚到来，正聚集一处交谈，这属于两个场景的拼接。中间一桥，作为两个场景的链接，其叙事性、时间性已不复存在。而明张宏《兰亭雅集图》中参与"曲水流觞"的人数更少，大多数人聚集在亭中观看王羲之书写，其时空之间的连续性已大为减弱，画面的起、承、转、合的叙事性几乎不复存在，变为单纯的场景性质（表一）。

表一　叙事型与非叙事型曲水流觞雅集图的区别

	叙事性曲水流觞图	非叙事型曲水流觞图
水阁	高台水阁	非高台，平地，亭/水阁
水阁位置	与曲水同一方向	与曲水相对
曲水流觞人物数量	41人，有题名，所作诗。	人数减少，无题名，无所作诗。
阁、亭中人	观鹅	书写、观看书写
童子备酒	有	无
诗文	兰亭诗及作者题名	兰亭序/作者书写
时空关系	同一时空	空间相对/不同时间

二　亭中书写者，与文徵明的新时空

嘉靖三年（1524）春三月既望，文徵明于其玉兰堂绘制了《兰亭修禊图》，并于画的右上角抄写了《兰亭序》全文。这件藏于台北故宫博物院的作品可谓文徵明艺术生涯里的精心之作。除了"茂林修竹"、"流觞曲水"之外，画中还描绘"崇山峻岭"，这与前面大多数手卷作品不同，大概因为形制为立轴有关。画家对于参与聚会者的形态姿势，一一作精工描绘，似乎还在尽力凑齐41或42人之数，然而终究未能。聚会者虽然也"列坐其次"、"一觞一

咏"，然而并没有文字题署以表明他们的官衔、姓名以及所作诗。画中有亭，与前面所提到的"水阁"不同；亭中有人，一人似乎正准备倚案书写，旁有观者数人。书写者从形象上来看，似乎戴着道冠，这很符合王羲之崇尚道教的身份。而且，因为"列坐其次"的人群当中并没有姓名题署表明王羲之的存在。亭中书写者王羲之身份的唯一合法性得以彰显。而右上角所书写的《兰亭序》，密切地呼应了画中王羲之的书写行为。

"曲水流觞"表明了一段空间里的时间流动感。亭子以及亭中之人的存在，表明它属于另一段空间，使"曲水流觞"的单纯的时空性质不复存在。而且，王羲之书写《兰亭序》，是"列叙时人，录其所述"，所以，其书写行为，当在"曲水流觞"的程序之后，这两个场景，属于不同的时间段落，具有先后的关系。因此，这件作品的图式是两个时间段落里，不同场景的拼贴。

从王羲之所处的位置来看，亭，成为画面的中心，体量巨大；而王羲之居于亭中，亭中其他人物以他为中心，侧身对之。这样，只有他一人居于亭之中央，且面对着几乎所有的"曲水流觞"的参与者，其形象的威权性质不言自明。作为书写者，他同时也是整个雅集事件的总结者和判断者。其判断的文辞，正是他所书写的《兰亭序》。事实上，我们现在对于兰亭雅集的了解，《兰亭序》是重要的文献来源。它成了画中唯一的文字说明，代替了之前各类手卷叙事型兰亭雅集图中题署的官衔、姓名和所作诗。显然，在这幅兰亭图中，参加雅集图的列席者的平等地位已经被打破，王羲之执牛耳的书写者的威权形象得以凸显，与醒目的兰亭、远景中的崇山峻岭，以及右上角的《兰亭序》书法相呼应。

王羲之的威权形象在文徵明的兰亭图中一再被强调，在嘉靖二十一年壬寅（1542）所作的金笺设色《兰亭修禊图卷》中，画家将雅集的参与者人数简化到仅仅8人，同时，把亭替换为水中高阁，水阁中相对而坐的王羲之等3人正在评点已写毕的诗文。与上件作品一样，这件作品也是两个时间、空

间里事件的拼贴。显然，画家也并非描绘具象化的、具有叙事型的雅集图，而是概念化式的，重在对意境的描绘。青绿设色和空勾少皴，直接填色的方法，表明画家力求在技法、意境上营造出复古的、古典的情调。令人惊讶的是，文徵明卷后的书法，这次不再是自己的创作，而是对于《定武兰亭》的忠实临写，连王羲之《兰亭序》原作中脱落另补的"崇山"二字，都保留在同样的位置；每一行的字数、位置都严格对应。对于法度、传统规则的追摹，是这件作品的主旨所在。

文徵明卷后的题跋，点名了画家创作的主题：

> 曾君曰潜，自号兰亭，余为其写《流觞图》，既临禊帖以乐之，复赋此诗，发其命名之意，壬寅五月。猗兰亭子袭清芬，珍重山阴迹未陈。高音漫传幽谷操，清真重见永和人。香生环佩光风远，秀苗庭阶玉树新。何必流觞须上巳，一帘（芳？）意四时春。文徵明。

画家是为一位名为"兰亭"的朋友而作，书画兰亭配合了其名。对于"临禊帖"的叙述和"清真重见永和人"的表达强化了画家对于威权形象王羲之的追摹，以及借古为新的理念。显然，画家通过画作塑造了威权的王羲之，通过临写传达了力求与先贤契合的心态。卷后王榖祥、陆师道、许初、文彭、文嘉、周复后的题跋再次强化了两者之间的关联，正如文徵明之子文嘉题跋中谈到："君胡独慕之，岂亦思古先。清真绍晋度，觞咏时流连。"

在文徵明作于嘉靖戊午（1558）八月既望《兰亭修禊图并记》手卷[23]展示了长时空中的兰亭雅集叙事，在一段蜿蜒绵长的青绿山水之后，画家安排了茂林修竹之间的流觞曲水，雅集者"列坐其次"，同样的，尽管画卷足够之长，画中仍没有将雅集者人数凑齐，更没有题署雅集者的官衔、姓名和所作诗。文徵明并不在意雅集时空中的叙事性，更在意氛围意境的营造。王羲之"亭中书写"的图式出现在画卷末尾：一人端坐于高大轩敞的亭中，面对所有的雅集者，他属于自己的时空情境，扮演者雅集的书写者、监督者、总结者的角色，类似考场里的考官[24]。

书写者王羲之的形象并不仅见于文徵明的画作中。台北故宫藏《宋高宗书兰亭叙马和之补图》中也出现过"王羲之端坐水阁书写"的图式。同样的，画中安排有"流觞曲水，列坐其次"，但没有题署标明人物身份及所作诗，这与皇家叙事画类型的创作工程性质并不契合，而同时期的《晋文公复国图》正是图文结合的类型，而且明代周宪王府本和益王府本线刻都保留了这种图文结合的传统。再者，宋高宗所书《兰亭序》与他常见的书风有着明显差异，卷后冯子振、邓文原跋均伪，疑为明代以后作品。明仇英弟子沈完立轴作品《兰亭修禊图轴》，绘有"曲水流觞"与水阁，亭中有人在书写，题款为"庚午秋八月"，当为1570年。这件作品反映了文徵明所创造的图式在不远的后辈画家那里得到积极响应。

亭中书写的王羲之威权形象并不见于王羲之以前的兰亭图中。黑龙江省博物馆本以及（传）郭忠恕本中的王羲之或参与"曲水流觞"、"列坐其次"的序列中，或端坐水阁中观鹅，其时空关系尽管与雅集事件有别，但与曲水的流向是相同的。"观鹅形象配合了悠游山林、诗酒唱和的雅集性质，也与王羲之放旷自适的道教追求契合"[25]。而文徵明兰亭图中王羲之亭中端坐书写的威权形象，更具有政教意味，儒家的规仪得以凸显。

有学者曾经指出《杏园雅集图》显示了因袭以前文人雅集图的主要特征的官员雅集的新时尚[26]。这是可以明确辨识的官员身份。画家谢环将自己的形象加入其中，获得文化雅集层面上的平等地位。而文徵明的兰亭图与此不同，他用一种隐晦的图式凸显王羲之的威权地位，并通过在画上书写、临写《兰亭序》进一步确定，并在自己与王羲之之间，建立一种同类项的关联。

三 《重修兰亭记》：艺术与政教楷模的关联

明世宗嘉靖二十八年（1549），绍兴知府沈启鉴于兰亭荒废已久，于荒墟榛莽中寻得旧址，重修兰亭，敦请文徵明作《重修兰亭记》一文。文徵明此文中在谈及沈知府的重建之功之后，对于王羲之与兰亭，做了如下陈述：

> 余惟右军去护军而为会稽也，其岁月不可考，而开仓赈饥，上疏争吴会赋役，与执政书极陈郡中散事，其于为郡，尽心焉尔矣。兰亭之会，殆其政成之暇欤？昔人谓信孚则人和，人和故政多暇。余于右军兰亭之游，有以知当时郡人之和已。至其两谏殷浩北伐，而策其必败；告会稽王须根立势举，而后可以有谋，不然社稷之忧，可立而待。当时君臣漫不加省，而卒皆蹈之。晋之为国，迄以不竟。迹其所为，岂空言无实者？使其得志，行其所学，而功烈施置，当不在茂弘、安石之下。时不能用，敛其所为，优游于山林泉石之间，至于誓墓自绝。呜呼！岂其本心哉！若其所谓虚谈废务、浮文妨要，斯言也，实切当时之敝；而以一死生齐彭殇为妄诞，于斯文特致慨焉，其意可见已。

> 自永和抵今，千数百年国有废兴，人有代谢，而兰亭之名，迄配斯文以传，其事又有出于泉石游观之外者，君子于此盖有所识矣。夫游观虽非为郡之急，而考古尚贤，亦有政者所不可废。矧兰亭诸贤皆天下选，文雅雍容极一时之盛，委蛇张□，古训攸存，文章翰墨，又所未论也。然而文翰之美，自兹以还，亦未见的然有以过之者。则夫所以掩其心志，而失其实者，有以哉。史称其清真任率，钓弋自娱，亦言其迹云耳。故余于沈侯之请，特著其心之所存，出于晋诸贤之上如此。然则沈侯斯亭之复也，岂独游观为哉？

文章几乎就是一篇关于王羲之的辩护状。文氏开始即褒奖王羲之的政绩，即便其兰亭之会，也是政务成功之余的闲暇，而"人和故政多暇"，可知"当时郡人之和"。而当时王羲之的抱负志向如果能得以施展，当不在"安石（谢安）之下"。至于"优游于山林泉石之间"，"岂其本心哉"！而沈侯重修兰亭，"岂独游观为哉"？显然，文氏在文中一再

凸显王羲之锐意进取的德政形象，而非消极遁世、悠游山林的悲观者形象。儒家的政教劝诫意义，覆盖了文献中王羲之道教消极意义。这种意义，在于文徵明对王羲之的赋予，也是对沈知府的赋予，更是对自己内心的强化，与他的画作中的图式，形成一种互文关系。

史载文徵明是个严谨的个人道德和社会规范的遵守者，他与同辈放荡恣性的唐寅等人保持良好的交谊，但绝不跟他们同调。尽管他多次科举不中，但到了50所岁，还愿意进京谋求翰林院的卑微职位，显示出他对合乎社会进阶之路的仕进的热衷。尽管后来退隐回乡，仍然保持对社会层面成功者的强烈兴趣[27]。他在艺坛的艺术上的卓越成就和领袖地位，以及忠厚长者的形象，堪称艺术和道德的双重楷模[28]。这样看来，我们就很容易理解文徵明兰亭图中的书写者王羲之形象，而不是"观鹅"的王羲之形象，也更容易理解文徵明在《重修兰亭记》中对王羲之游玩兰亭的解释或"辩护"。

文徵明可谓是明代对书画最为热衷的艺术家。他除了大量创作兰亭图之外，还临写、创作、题跋了多件《兰亭序》，仅以《文徵明年谱》所见为例：

正德十二年丁丑（1517），48岁，四月廿七日，为江阴蔡子山跋《玉枕兰亭》。

嘉靖三年己未（1524），55岁，春三月既望，作《兰亭修禊图》。

嘉靖九年庚寅（1530），61岁，七月，为华夏跋续得《淳化祖石刻法帖》三卷及《定武损兰亭序》。

嘉靖十二年癸巳（1533），64岁，十一月廿四日，行草书《兰亭诗》廿六首，与唐寅画合卷。

嘉靖十五年丙申（1536），67岁，四月五日，为陈启之补书《兰亭序》于旧作图上。

嘉靖十九年庚子（1540），71岁，十一月朔，为杨仪跋唐阎立本画《萧翼赚兰亭图》，并补录宋吴说跋。

嘉靖二十一年壬寅（1542），73岁，《兰亭修禊图卷并记》。

嘉靖二十二年癸卯（1543），74岁，四月十七

日，为陆师道临《兰亭序》。

嘉靖二十四年乙巳（1545），76 岁，八月廿一日，书《兰亭序》。

嘉靖二十八年己酉（1549），80 岁，为绍兴知府沈启撰《重修兰亭记》并书。

嘉靖三十七年戊午（1558），89 岁，八月既望，于碧绢上行书《兰亭叙》，与去年画图合卷。九月十二日，跋《定武五字不损兰亭》。

文徵明书画兰亭的行为，即是不断对对书圣王羲之的致敬，是对政教道德典范王羲之的致敬，也是不断对自己与王羲之关联的强化。而他在吴门艺坛的盟主地位，也符合他这种强化行为。

因此，我们得以理解文徵明在创作曲水流觞类型的兰亭图时，对之前兰亭图中的叙事性和时空关系的消解。他通过对新型时空关系的创建，以及对以往图像中"羲之观鹅"图式的剔除，强化了"亭中书写者"王羲之的权力，用王羲之的《兰亭序》取代雅集者的《兰亭诗》，使众人雅集变为王羲之的个人展演。《重修兰亭记》建立起了书写者王羲之与政教楷模的关联。文图的新型链接显示了文徵明个人理念的强烈参与，暗示了文徵明的图式动机与政教动机，即建立艺术楷模与道德楷模的强烈的、一贯的内驱力。

注释：

[1] 衣若芬：《俯仰之间——〈兰亭修禊图〉及其题跋初探》，《中国学术》2005 年第 24 辑，商务印书馆 2007 年。

[2] 任梦龙：《兰亭绘画艺术综述》，《紫禁城》2011 年第 9 期。

[3] 美国大都会博物馆藏。

[4] 台北故宫博物院藏。

[5] 徐邦达认为阎立本画名下作者应为顾德谦，见《古书画伪讹考辨》，紫禁城出版社 2003 年。台北故宫博物院王耀庭的《萧翼赚兰亭图——并记南宋高宗与理宗时期的相关兰亭题署印记》，从衣冠、器物形制和风格技法的角度，考证台北故宫藏传阎立本《萧翼赚兰亭图》应为五代南唐顾德谦所作，并结合巨然《萧翼赚兰亭图》、冯摹、虞摹、褚摹《兰亭序》及柳公权书《兰亭诗》的题署、印记，讨论了南宋高宗、理宗内府对兰亭书法、绘画的收藏，见《2011 年兰亭国际学术研讨会论文集》，故宫博物院 2011 年 10 月。

[6] 祁小春对于"兰亭修禊"的文献来源有详细的考证，见祁小春：《文本与记录文献中所见的兰亭序》，《美术学报》2012 年第 9 期。

[7] 林木从绘画通史、文化角度等宏观角度谈及兰亭雅集，见林木：《从兰亭修禊到文人雅集——对中国绘画史一个母题的研究》，见《2011 年兰亭国际学术研讨会论文集》，故宫博物院 2011 年 10 月。

[8] 丘士华：《雅集型斋室图——王蒙〈芝兰室图〉研究》，《故宫学术季刊》第 22 卷第 4 期。

[9] 吴晓明：《明代中后期园林题材绘画的研究》，中央美术学院博士学位论文，2004 年。

[10] 付阳华：《由文人雅集图向官员雅集图的成功转换：析明代〈杏园雅集图〉中的转换元素》，《美术》2010 年第 10 期。

[11] Maxwell K. Hearn, "Elegant Gathering in the Apricot Garden," *The Metropolitan Museum of Art Bulletin*, v. 47, Fall 1989.

[12] 梁庄爱伦：《理想还是现实——"西图雅集"和〈西园雅集图〉考》，洪再辛选编：《海外中国画研究文选》，上海人民美术出版社 1992 年。

[13] 上海博物馆陶喻之的《历代兰亭修禊觞咏图源流考——以疑似南宋"凤墅〈兰亭图〉"刻帖为主》结合文献及传世的拓本、绘画等，指出上海博物馆藏旧签题为"宋拓凤墅《兰亭图》"的拓本，可能即是传世硕果仅存的宋刻《凤墅帖》中的《兰亭图》。见《2011 年兰亭国际学术研讨会论文集》，故宫博物院 2011 年 10 月。

[14] 而在宋人的收藏和题画诗里，李公麟画的并非《兰亭修禊图》，而是和王羲之等人同游的《山阴图》，见衣若芬前揭文。尽管如此，这并不影响后人对李公麟"认祖"的热情。

[15] 卢辅圣主编：《中国书画全书》第 4 册，上海书画出版社 1993 年，第 767 页。

[16] 卞永誉：《式古堂书画汇考》，卢辅圣主编：《中国书画全书》第 6 册，上海书画出版社 1993 年，第 800 页。

[17] 见顾复：《平生壮观》，卢辅圣主编：《中国书画全书》第 4 册，上海书画出版社 1993 年，第 974 页。

［18］见卞永誉：《式古堂书画汇考》，卢辅圣主编：《中国书画全书》第 6 册，第 807 页；清王毓贤：《绘事备考》，卢辅圣主编：《中国书画全书》第 8 册，第 683 页。上海书画出版社 1993 年。

［19］见《分宜严氏书画挂轴目》，卢辅圣主编：《中国书画全书》第 5 册，上海书画出版社 1993 年，第 1211 页。

［20］赵原初，本名衷，号东吴野人，浙江嘉兴（一说吴江）人。世本业医，能篆、隶书，也擅白描人物。

［21］见王祎：《明代藩府刻〈兰亭图〉卷及其变迁》，《故宫博物院院刊》2007 年第 4 期；王祎：《明代藩府刻〈兰亭图〉卷》，《紫禁城》2011 年第 9 期；袁玉红：《北京图书馆藏〈兰亭图〉拓本浅说》，《北京图书馆馆刊》1998 年第 1 期。

［22］何碧琪：《断代密码：（传）郭忠恕〈摹顾恺之兰亭宴集图〉观后》，《故宫文物月刊》总第 275 期，2006 年。陈韵如的《兰亭修禊图式的发源与演变—以台北故宫藏品为中心》根据图像样式的演变，对台北故宫藏郭忠恕、赵原初、李宗谟本《兰亭修禊图》的创作年代提出了自己的见解，并讨论了传李公麟《兰亭修禊图》拓本图像样式的来源问题。

［23］佳士得香港有限公司 2008 秋季拍卖会拍品。画卷后有题识："余每羡王右军兰亭修禊极一时之胜，恨不能追，复故事以继晋贤之后也。往岁有好事者，尝修葺旧迹，属予为记。兹复于暇日仿佛前人所作图，重录兰亭记于卷末，盖老年□下多所闲适，聊此遣兴，其画意书法都不计工拙也。戊午（1558 年）八月既望，时年八十有九矣。徵明。"

［24］台北故宫博物院藏文徵明作于嘉靖己未（1535）三月既望的《兰亭雅集图》呈现了王羲之端坐水阁，与雅集者相对的图式，但从题款书法来看，与文徵明的书法有明显差异，故不在探讨之列。

［25］关于王羲之道教信仰及书法的研究，可参阅刘育霞：《试论道教对王羲之及其文学作品的影响》，《东南大学学报（哲学社会科学版）》2013 年第 4 期；张梅：《王羲之书法艺术与道教》，《宗教学研究》2011 年第 12 期；王荣法：《书圣王羲之的道教信仰与书法艺术》，《中国道教》2009 年第 12 期。

［26］付阳华：《由文人雅集图向官员雅集图的成功转换：析明代〈杏园雅集图〉中的转换元素》，《美术》2010 年第 10 期。

［27］柯律格：《雅债：文徵明的社交性艺术》，生活·读书·新知三联书店 2012 年。

［28］郭伟其：《停云模楷：关于文徵明与十六世纪吴门风格规范的一种假设》，中国美术学院出版社 2012 年；柯律格：《雅债：文徵明的社交性艺术》，生活·读书·新知三联书店 2012 年。

聊写胸中逸气

——文徵明墨竹研究

潘文协（苏州博物馆）

内容摘要：自北宋以苏东坡为首的文人士大夫倡导文人画以来，墨竹一直是文人画中一个重要的门类。有传统鉴赏家认为，文徵明是继吴镇、夏昶之后画竹之道统。唐代以后，竹子成为君子人格的象征。文徵明是一位颇具君子之风、儒雅之气的文人画家，在表现象征君子的竹子时，在风格和趣味上具有怎样的面貌？鉴于自然和传统是中国古代绘画的两大源泉，本文先考察文徵明日常闲居的竹下生活，接着考证文徵明对传统画竹的鉴赏，最后举例论证文徵明墨竹的特点和意趣。

关键词：文徵明　墨竹　风格　意趣　逸气

引言

中国是竹子的故乡，古代文人，未有寄意风雅而不爱竹者，或绕屋而种之，或就竹而居之。先秦之时，君子比德于玉；唐代以后，君子比德于竹。随着比德观念的变迁，竹子便成为君子的典型象征[1]。

宋代以来，文人多喜画竹，以墨竹为主流，以文同为宗师，清风生于指间，人品关乎画品。文同之表弟苏东坡，元之赵孟頫、李衎、柯九思、吴镇，明之王绂、夏昶，皆是卓然名家。

到了明代，墨竹在技法和理论上，可以说已经基本发展完备。清代鉴赏家陆时化认为，文徵明乃是继吴镇、夏昶之后，画竹之道统。墨竹题材的绘画涉及诗文、书法、绘画三个领域，就文学传统而言，其修辞套语泛化的情况相当普遍；就文人绘画传统而言，其笔墨程式因袭的特征比较明显。由于这两大特征，使得我们一般对文人画家的墨竹绘画，共性的认识往往大于个性的认识——亦即：在我们的一般观念中，文人画表现墨竹乃天经地义；但具体涉及某位画家的特点时，却又似是而非。

史称汉代以前多君子，后来君子逐渐要么多被象征化，要么就存在古代图画的想象之中。世风之转移，自有履霜之渐。明清史专家孟森著《明史讲义》，在"英宪孝三朝之学术"一节中，以清代作比较，曾高度评价明代士大夫之气节。他在论述胡居仁、陈献章后说道：

> 一时学风，可见人知向道，求为正人君子者多，而英挺不欲自卑之士大夫，即不必尽及诸儒之门，亦皆思以名节自见。…故清议二字，独存于明代。[2]

文徵明（1470—1559），正出生在孟氏所说的这个时代，他一生绝口不谈道学，而且对道学多有批判[3]，但他却可以堪称是孟氏此论的实例。清修《明史》中，他被列入《文苑传》。当我们从人格上仔细考察文徵明的生平出处、学问修养可知[4]，文徵明一生不但服膺儒术，按照传统儒家的评价标准，他无疑是一位颇具君子之风、儒雅之气的一代典型。在某种程度上说，文徵明作为一位君子式的人物，如果熟悉他生平的话，几乎不用证明。在此，我们还是不妨简要地以儒家五伦关系为纲而例证之：

君臣之忠：宁藩朱宸濠造反，预谋之初，曾暗中招纳人才，吴中唐寅、谢时臣、章文等皆应聘而往，文徵明则拒绝聘礼并预见其必败。

父子之孝：父没却赙金，烧术数之书。

夫妻之爱：生平无贰色，白首相庄。

兄弟之悌：为哥哥徵静料理官司。

朋友之义：得吴中英才而教之。

这种道德上的境界，不但得到了上自政府——如 69 岁时苏松巡抚郭宗皋为他立牌坊于德庆桥西、清乾隆十九年（1754）命苏州建文待诏祠，下自民间——如光绪二十年（1894）西园主人张履谦得沈周、文徵明遗像，于拙政园特建"拜文揖沈之斋"，而苏州明代即有所谓"生子当如文徵明"之类的普遍认同。又在文人画传统之内，明后期的鉴赏家王世贞对文徵明有"著大节，乃独行君子"之谓；明末董其昌则评价像沈周、文徵明那样的人，即使不会书画，也是人物之铮铮者。

那么，如此一位具有君子人格而起人景仰之心的文人画家，在表现象征君子的竹子时，在风格和趣味上究竟具有怎样的面貌？鉴于自然和传统是中国古代绘画的两大源泉，本文将先考察文徵明日常闲居时的竹下生活；其次将考证文徵明对于传统画竹的鉴赏；最后再举例论证文徵明墨竹的特点和意趣。

一 文徵明的竹下生活

吴中一地与文人爱竹的传统有着深远的渊源。《世说新语》记载东晋王子猷暂住人空宅，便令人种竹，以为不可一日无此君，至此，"此君"便成为竹子的别称；王子猷又曾过吴中，见士大夫家有好竹，便不问主人，径造竹下，啸咏而返，至此，"看竹何须问主人"，便成为魏晋风流的象征。自王子猷以后，寻常之竹，便成为文人逸士标举雅俗之辨的重要品目。

无疑，文徵明也是爱竹者，如他在早年36岁时，以自家停云馆为意象而描绘的一次雅集场景中（图一），即可以看到丛竹掩映斋阁的景致。莳花种竹，向来便是文人之雅好清福，文徵明《甫田集》卷三有种竹诗一首，曰：

> 分得亭亭绿玉枝，雨余生意满阶墀。凌霄已展疏疏叶，护粉聊营短短篱。
>
> 肯信移来真是醉，不愁俗在未能医。人间此夜频前席，凉月虚窗更自宜。[5]

午读之下，便让人遥想那可人的绿云清影、萧萧清声，摇曳回响在停云馆或者玉兰堂之前。文徵明藏书印有"翠竹斋"，或许因此而来。考文徵明此诗作于正德辛未（1511），而在前一年岁暮，文徵明曾经重葺停云馆，此次种竹，当即为装点停云馆的后续工作。

这首诗题为《五月十三日种竹》，考传统农历五月十三日，为"竹醉日"，相传这天种竹易活，成为种竹之日，所以文徵明在诗中才说"肯信移来真是醉"。而六年之后，好事风雅的拙政园主人王献臣，曾经赠竹于文徵明，可能当时就没有讲究种竹的时间，差点没活，文徵明有《旧岁王敬止移竹数枝种停云馆前经岁遂活雨中相对辄赋》以记其事：

图一 文徵明《人日诗画卷》局部（上海博物馆藏）

远移高竹种窗前，珍重王猷属我情。时日难忘君子爱，岁寒聊结故人盟。

随根宿土经动在，出槛新梢待雨生。有待夜凉残酒醒，满窗明月听秋声。

手种琅玕十尺强，春来旧节张新篁。琐窗映日须眉绿，翠簟含风笑语凉。

坐令廛居无六月，醉闻秋雨梦三湘。不须解带围新粉，看取南枝过短墙。[6]

清风在庭，逍遥其下，披襟永日，啸歌命客，一直是想象中的闲居文人的风雅形象。文徵明早年随父宦游南北，19 岁返回吴中习举业，26 岁起三年一度赴南京应举，54 岁被推荐为翰林待诏，57 岁辞官退隐至老。除了临时性的出游外，可以说他人生绝大部分时间都是在家度过的，许多他写的斋阁闲居诗歌都有竹子的影子。早年他就有诗记载其自己"会心不在远，悠然水竹中"的听竹参悟：

虚斋坐深寂，凉声送清美。杂佩摇天风，孤琴泻流水。

寻声自何来，苍竿在庭坁。冷然如有应，声耳相诺唯。

竹声良已佳，吾耳亦清矣。谁云听其竹，要识听由己。

人清比修竹，竹瘦比君子。声入心自通，一物聊彼此。

傍人漫求声，已在无声里。不然吾自吾，竹亦自竹尔。

虽日与竹居，终然邈千里。请看太始音，岂入筝琶耳。[7]

这首诗可能受到了另一位爱竹者苏东坡《琴诗》的影响。其诗曰："若言琴上有琴声，放在匣中何不鸣？若言声在指头上，何不于君指上听？"二者所咏之物虽不一样，意思却有异曲同工之妙。

当然，这种具有哲思意味的竹下感悟，只是妙手偶得之。庭中之竹对于文徵明来说，是更平常性好古高怀的寄托：

曾诵坡仙有竹篇，此君相对意翛然。聊修故事开三径，剩有清风继七贤。

白日布阴金琐琐，碧云洗雨玉娟娟。自家食肉原无相，且得胸中著渭川。[8]

除了自己庭院外，文徵明的师友圈子中好竹者即不在少数。其师吴宽故居据称即号修竹巷[9]，而王鏊在太湖边的真适园便有苍玉亭。这些都是文徵明外出赏竹的去处。有意思的是，现藏上海博物馆吴宽《种竹诗》卷（1494），其后文彭跋语称，其父文徵明年轻时还经常吟诵老师这些咏竹的篇章。当然，翠竹之多，可能还得数王献臣的拙政园，拙政园三十一景，其单纯与竹相关的景点便有"湘筠坞"、"竹涧"两处。文徵明二十多岁就与王献臣相识并成为至交[10]，乃拙政园中看竹观画的常客，例如据其诗集[11]，上述王献臣赠竹的次年正月二日，文徵明就曾冒雪访王献臣，登梦隐楼。后来，文徵明 63 岁时还为之作《拙政园记》并诗画册（图二）。

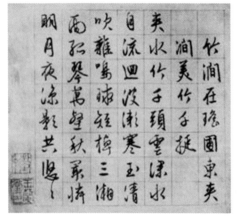

图二　文徵明《拙政园三十一景诗画册·竹涧》（中华书局珂罗版影本）

文徵明颇好魏晋玄学，根据其晚年所作何良俊《何氏语林序》以及《重修兰亭记》对王羲之的评论，可以看出他对这一时代相当谙习和有兴趣。所以，他自然也不乏晋人王子猷啸咏而返的雅致，其有《过孙文贵不在对庭中新竹》：

> 一室才容膝，居然不受埃。恍如城郭外，时有野人来。
>
> 檐绿摇新竹，阶纹蚀古苔。未妨酬对寡，抚景自徘徊。[12]

二　文徵明对于传统画竹的鉴赏

除了自然地观察，历览前代名迹是古人书画风格的重要成因。古人观画不易，元代李衎著《竹谱详录》，自道其寻访前代名家画竹的经历称：

竭力购求数年，于墨竹始见黄华老人（王庭筠），又十年始见文湖州（文同），又三年于画竹（此特指双钩设色）见萧（协律）、李（颇），得之如此其难也。

文徵明对前代墨竹的鉴赏，由于其所著《书画见闻志》失传，我们只能根据其诗文集和历代著录进行钩沉，可考者大致北宋有文同、东坡；元有赵孟頫、吴镇、柯九思；明有宋克、王绂、夏昶。现依次叙述如下。

墨竹不始于文同，但文同被奉为墨竹宗师，米芾在《画史》中曾经论文同墨竹之法为："以墨深为面，淡为背"。此义大致可以在文同现藏于台北故宫的《墨竹》绢本（图三）见之。文徵明有《题文与可墨竹》：

> 千载高标石室翁，琅玕奕奕洒清风。摩挲玉局行间字，双璧居然在眼中。[13]

此文同原作上有东坡题字，文徵明于题诗后，并有跋文考证东坡题字时间。文同墨竹传法于东坡，文徵明有《题东坡画竹》并序：

东坡先生喜画竹，恒自重不妄与人，故传世绝少。而此帧尤清雅奇古，无一点尘俗气，信非东坡不能也。兹过履约练云别业，携以相示，敬题数言，第恐佛头着污，宁不免识者之

图三　北宋文同《墨竹》（台北故宫博物院藏）

诮尔。

> 眉山一代称文雄，落笔往往凌长虹。时将书法作画法，墨花洒出皆神工。
>
> 万竿挺立欺霜雪，新叶翛翛更清绝。俨如端笏立朝端，余子纷纷莫能折。
>
> 至今看画精爽生，恍疑玉局攀云轶。诗成拜写发长叹，南山一带横空青。[14]

元代是文人墨竹大行其道的时代，赵孟頫以及元四家除了黄公望以外，皆喜画墨竹，而李衎（图四）、柯九思（图五），乃是画竹专门名家。李衎《竹谱详录》，为文人画竹在理论上的集大成，直到清初《芥子园画传》，完全袭取其成说。

赵孟頫是元代书画史的关键人物，书法诸体皆能，绘画人物、山水、花鸟、兰竹兼擅。文徵明的书法老师李应祯颇不喜赵孟頫书，但文徵明平生师事赵孟頫，他在《题赵松雪赵孟頫书洪范》中论赵孟頫以故国王孙出仕元廷，乃是行箕子之道。就整个中国传统文化而言，文徵明此论可谓远见卓识。赵孟頫流传多为兰竹合画图与枯木竹石图，单独画竹流传者有现藏北京故宫的《赵氏一门三竹图》，画墨竹一枝，《幽篁戴胜图》，画双钩竹。文徵明对赵孟頫墨竹的鉴赏，直接的文献未见，间接的文献是

图四　元李衎《四季平安轴》（台北故宫博物院藏）

由其弟子陆师道在《题赵孟坚墨兰图》时记载下来的：

> 高人逸士，多能以书法绪余作墨戏……往于衡山先生处，见湖州赵集贤竹枝……，先生指示笔法，率与篆籀草书合。[15]

柯九思是柯谦之子，而柯谦曾为李衎《竹谱详录》作序。柯九思辞官后即主要居住在吴中，对元末苏州的书画传统当贡献不少。文徵明有《题陆宗瀛所藏柯敬仲墨竹》：

> 文湖州画竹，以浓墨为面，淡墨为背。东坡谓此法始于湖州。柯奎章此幅，颇奇，人多不知其本，盖全法湖州也。虞文靖云："丹丘虽师湖州，而坡石过之。"但时世所传湖州竹绝

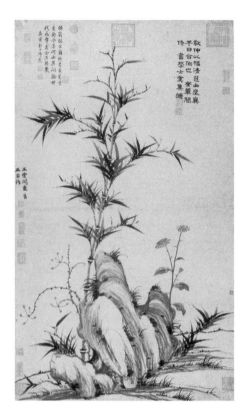

图五　元柯九思《晚香高节图》（台北故宫博物院藏）

少，余两见又皆小幅，无坡石可验。用书伯生之论以答宗瀛，聊当评语。[16]

在此，文徵明考察了柯九思墨竹的渊源，并显示出参考虞集而他不妄评的谨慎态度。当然也兼带证明了文徵明确实两次见到过墨竹宗师文同之作。另外，值得注意的是，现藏台北故宫博物院一套柯九思的墨竹谱上，即有文徵明和其子文彭的印记（图六），可见这套柯九思的墨竹谱曾经是文氏之家藏。

文徵明见过吴镇的墨竹，其题《吴仲圭竹石》曰：

> 风前思清浪，雨后有余凉。眷彼君子心，猗猗在沅湘。[17]

又《题梅道人竹册》曰：

> 淡墨淋漓粉节香，清风仿佛见潇湘。一般红杏沾恩泽，别有浓阴盖草堂。[18]

文徵明 67 岁时曾有仿吴镇墨竹卷，《壮陶阁书画录》卷九著录，董其昌称其"神其技矣"[19]。惜

图六　元柯九思《竹谱》（台北故宫博物院藏）

不知流传何所，底本为何。而吴镇墨竹之潇洒放逸，现藏于台湾故宫博物院的《墨竹谱》即可见一斑（图七、八）。又文徵明家藏过吴镇的《竹谱》，据《珊瑚网画录》称，嘉靖三十六年（1557）为项元汴所得。由于无印记可验，唯不知与现藏台博者（曾经也是项元汴天籁阁藏品）是否即同一之物[20]。台博另藏文徵明69岁画竹谱其中一开，与吴镇墨竹谱其中一开，颇为相似。

宋克是由元入明而在明初以书法名世的人物，兼善画细竹。正德十三年（1517）正月，文徵明将所藏宋克画竹，命弟子王宠题之[21]。文徵明自己有《题宋仲温篔筜图》，明确的说到书法与画竹的关系：

> 凤翔别驾妙钟王，更有豪情似郑庄。老去此心犹耿耿，故将书法写篔筜。[22]

明代墨竹两位大家王绂、夏昶，王绂生活在明初，上接元代前辈典型，文徵明有《题王友石画竹》云：

> 蓟秋归后墨君空，遗法还推友石公。一代高人今不见，依然劲节洒清风。[23]

图七　元吴镇《墨竹谱之一》（台北故宫博物院藏）

图八　元吴镇《墨竹谱之二》（台北故宫博物院藏）

王绂曾经画竹并题，赠与陈孟敷，沈、陈为世交，故此图后辗转为沈周所得，沈周于弘治十七年（1504）追和王绂原韵题[24]。沈周去世十年后即正德十四年（1519），文徵明在相城得观此画，感怀故知，不胜流落之感，因次韵而题[24]。大抵此画更多地引起了对老师的怀念，诗中对于画面没有描述。

文徵明也提到自己曾收藏过王绂的墨竹，并且还挂壁而赏之：

> 庚辰除夕，西斋独坐，阅壁间王孟端画竹，自题洪武丁丑岁除夜作，抵今一百二十四除夕矣，感而有作。
>
> 醉墨淋漓玉两株，澹痕依约两行书。不知丁丑人何在，忽把屠苏岁又除。
>
> 凉影拂墙烧烛短，清声入夜听窗虚。不辞霜鬓萧疏甚，已有春风绕敝庐。[25]

庚辰即正德十五年（1520），由于时间的靠近，很让人怀疑文徵明自己收藏的这幅王绂的墨竹就是前面提到沈周旧藏的那幅。而实际上，应该为两幅不同之作，沈周旧藏的那幅王绂自题年款在洪武庚辰（1400年），文徵明收藏这幅在洪武丁丑（1397）。故

宫博物院现藏王绂1401年墨竹轴（图九、一〇），正

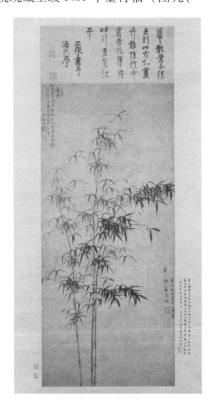

图九　明王绂《墨竹》（故宫博物院藏）

图一〇　明王绂《墨竹》（台北故宫博物院藏）

与沈周所藏年代靠近，可以参考而观之。

　　夏昶乃王绂之弟子，昆山人，文徵明岳母夏氏，乃夏昶之女。通过岳父吴愈，文徵明肯定对夏昶相当了解和见过他不少原作（图一一、一二）。夏昶为瑞州知府，作清风亭，文徵明曾作诗颂之：

　　　　瑞人缘德护斯亭，我复因亭见典刑。亭前千挺琅玕清，亭中之人能写生。

　　　　此君本无食肉相，老守况负清馋名。只今墨君满天下，清风何独瑞州城。[26]

　　文徵明又有《题夏太常苍筠谷图卷》：

　　　　不见清卿五十年，墨痕狼藉至今传。江侯堂上开横轴，高节清风尚宛然。[27]

　　夏昶将传统墨竹通过增加水石背景而衍为长卷，这种画面经营在墨竹风格史上是一大创造，如现藏于北京故宫博物院的《湘江风雨图》即是其例。这一点无疑启发了文徵明：文徵明正是用类似的手法

图一一　明夏昶《墨竹》（台北故宫博物院藏）

来画他的兰竹长卷的。

　　沈周与夏昶为好友，且家有有竹庄，不乏水竹之胜，但沈周在一次临摹吴镇的墨竹时曾自称不喜画竹，现在流传沈周画竹多为山水画中作为配景的丛生之竹，大抵在他一生中，单纯画竹只是偶一为之，他的诗集里有一首题为《学画竹》的诗，可见其谦虚。文徵明题跋过沈周父亲沈恒吉所画《修竹仕女图》[28]，但他画竹是否得到过老师的指点还是不得而知。值得一提的是，在同一时代，我们虽然无法断定从沈周那里得到画竹的传承，但是他的一位友婿王世宝，却是昆山的画竹名家，早年文徵明25岁时曾得赠其作，并为之题咏，即《题友婿王世宝钩勒竹》：

图一二 明夏昶《清风高节图》（台北故宫博物院藏）

湘竿泪歇斑不留，缟衣玉立清而虬。萧萧寒月照空影，冉冉白云生素秋。

谁家美人夸雪面，中庭瑶佩清霜愁。飞来白凤何所有，玉宇瑟瑟风飕飕。

古来画竹谁最优，先宋彭城元蓟丘。谁翻新格作钩勒，王君一派真其俦。

稍从笔底超变相，遂能意外资穷搜。应以虚心本性在，不使粉节绡尘浮。

清阴虽改风骨是，意足肯于形色求。奇踪岂出汉飞白，古意尚有唐双钩。

昔人论书谓心画，看君画笔知清修。我方有愧文与可，君已真如王子猷。

高堂对此心悠悠，聊书数语遥相投。殷勤报我无多谋，双竹不让双琼球。[29]

"钩勒竹"即李衎所说的"画竹"而未设色者，与墨竹为画竹两大派。二者大抵如孙过庭《书谱》论述"真书"之点画与"草书"之使转的关系一样，存在一个兼通和专精的辩证关系，亦即二者是彼此相待，真正的墨竹大家如赵孟頫、李衎皆是双钩与墨竹兼善的，而文徵明现即有双钩竹传世，其还以此诗中"奇踪岂出汉飞白，古意尚有唐双钩"作题。至于此诗中"我方有愧文与可，君已真如王子猷"，此亦董其昌所谓"吾家董北苑"之类，这种朋友间的巧妙吹嘘，虽然有见贤思齐、尚友古人之意，显然自负不浅。可惜的是，王世宝英年早逝（1502年已卒），文徵明少了一个切磋画竹之法的益友[30]。

三　文徵明画墨竹之例

文徵明单纯画竹见诸著录以及诗文集的不少，例如有纪年而比较可靠的：

弘治十五年（1502）33岁，与蔡羽燕坐，写竹石。

正德六年（1511）42岁，为王贞作处竹图[31]。

嘉靖十年（1531）62岁，画双钩竹扇面。

嘉靖十五年（1536）67岁，仿吴镇墨竹卷。

嘉靖十七年（1538）69岁，二月，画紫竹卷。

嘉靖十七年（1538）69岁，五月，为王毂祥作《画竹册》。

嘉靖三十三年（1554）85岁，画一枝竹于玉兰堂。

嘉靖三十三年（1555）86岁，画朱竹[32]。

这些有纪年比较可靠的，多是在他57岁辞官之后所作。其中双钩竹、紫竹、朱竹皆是画竹之别派，《一枝竹》为陆时化旧藏，这位鉴家之董狐在题跋中宣称：吴镇之后夏昶、夏昶之后文徵明，为画竹之道统。

尤其值得讨论的，是嘉靖十七年（1538）五月69岁时为弟子王穀祥所作《画竹册》十帧（图一三），现藏台北故宫博物院，自称"想象古人笔意"为之，显然带有教学示范性质，乃文徵明集古法画竹之大成，除了其中双钩一幅之外，单就影本观之，备具风晴雨露之象，其风格明显可辨别者或吴镇、或柯九思、或王绂、或宋克，可谓优孟衣冠，尽显能事[33]。其子文嘉《先君行略》中评述其父于古人"不肯规规摹拟"而"好师心自诣"，此论就其他画科而言，确实如此，观此墨竹或许可以说是个例外。

在册后有文徵明自己的长题，对我们理解文徵明画竹的风格观念极其重要：

> 夏日燕坐停云馆，适禄之过访，谈及画竹。因历数古名流，如与可、东坡、定之（顾安）辈，指不能尽曲。予俱醉心而未能逮万一。闲窗无事，每喜摹仿。禄之遂检案头素册，命余涂抹。余因想象古人笔意，漫作数种。昔云林云："画竹聊写胸中逸气，不必辨其似与非。"余此册，即他人视为麻为芦，亦所不较，第不知禄之视为何如耳。

从文徵明这段跋文中，首先我们可以看到他对传统大师的熟悉和取法。其次，他化用元代倪瓒画竹不求形式、但求逸气的名言，表达了自己画竹的意趣，

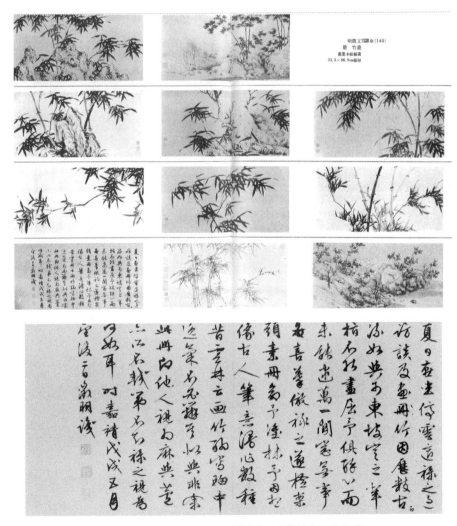

图一三　文徵明《画竹册并跋文》（台北故宫博物院藏）

即：聊写胸中逸气。当然，这种意趣，文徵明四君子画皆可作如是观。正如元代著名鉴赏家汤垕所说：

> 画梅谓之写梅，画竹谓之写竹，画兰谓之写兰。何哉？盖花卉之至清，画者当以意写之，不在形似耳。

无纪年的，如明汪珂玉《珊瑚网》著录墨竹册；清李佐贤《书画鉴影》著录隶书题款晴竹轴；又如根据清陆时化《吴越所见书画录》著录文文水临文徵明临元人画竹十二帧，等等[34]。其中，汪珂玉《珊瑚网》著录墨竹册，文徵明其上有评：

> 息斋（李衎）似而不逸，松雪（赵孟頫）逸而不似。

此评乃化用元代高克恭所评"子昂写竹，神而不似；仲宾写竹，似而不神"而来，唯文徵明改"神"为"逸"。"神"、"逸"二者，是自唐代朱景玄以来绘画品评方式四品神、妙、能、逸之二。文徵明对于"神"、"逸"，是有自己的认识和区分的，其题《唐阎右相秋岭归云图》曾说：

> 余闻上古之画，全尚设色，墨法次之，故多用青绿。中古始变为浅绛，水墨杂出。故上古之画尽于神，中古之画入于逸，均之各有至理，未可以优劣论也。[35]

当然，由于语境的差异，文徵明和高克恭的说法当没有本质差异，只是文徵明的说法更加严格。文徵明对赵、李二位前辈带暗带批评意味的品评，好像与前述他引倪瓒以自解的说法有点矛盾，但我们只要了解文徵明对于双钩竹所下的工夫，就可以明白：这实际上是说，画墨竹，首先得形似，最终的品评标准则依然是："逸"[36]。

现藏吉林省博物院的《墨竹》轴（图一四），从标准意义上说，可以认为是文徵明墨竹的典范之作。此作画秋竹二三竿，作临风自举之态。此轴之法度精严，不妨以李衎论墨竹法一一考之：

> 位置之法，嫩竹两竿，左低右高，自画幅下端中偏右处，挟旁枝挺然而出，婉转而上，远近相依，低昂顾盼；上空天头留题。
> 画竿之法，行笔如篆，自梢至根，皆略分

四节，梢头略短，至中渐长，近根又渐短，下笔有轻重，墨色分深浅，虚实合理，圆劲自然。

> 画节之法，运笔带隶意，逆锋入笔，缓行而后挑出，中间落下如月少弯，而上覆下承，意思连属，得圆浑之妙。
> 画枝之法，行笔迅疾如草，从里画出，枝枝着节，参差错落，生意连绵，纤细而不失遒劲。
> 画叶之法，墨色略分两层，前者浓而饱，后者渐淡而清，全作仰叶，下笔端楷而劲利，叶叶着枝，实按而虚起，一抹便过，交搭之状，各有取象，结顶攒凤尾，铦利活动，如闻萧萧之声。[37]

整个画面，情态和柔而婉顺，意境自然清新。竿瘦而叶肥，风格比较偏有王绂的影响，笔性则具有自身平淡闲适的特点。唯有其中一笔，即最下左数第二笔，出枝好像无去处，当时他为了三五变化有意添上的一笔。

画幅上空，文徵明行笔自题名款"徵明"，并钤"文徵明印"（白文）、"徵仲"（朱文）。右行为袁褧题诗：

> 玉兰堂上写琅玕，只作吴兴老可看。一夜秋风动寥廓，彩云零落凤毛寒。

题款：袁褧。钤印："袁氏尚之"（朱文）、"谢湖"（朱文）。

皇甫汸次韵：

> 书窗漫对翠琅玕，偏向真心耐岁寒。怪底此君皆医俗，清标潇洒拂云端。

题款：皇甫汸。钤印"百泉山人"（白文）

袁福徵次韵：

> 醉墨淋漓湿未干，拂云群玉倚秋看。别来嶰谷空明月，几度凄凉笛里寒。

题款：福徵。钤印"袁福徵印"（白文）。

三人所题，皆以秋立意，而"凤毛"、"此君"、"嶰谷"，均是关于竹子的常用之典故。推敲袁褧之意，文徵明所画可能就是自己所种之竹，至少是在玉兰堂里挥洒而就，庭中那些朝夕相对的青青翠竹肯定给了他不少灵感。至于其以文与可媲美作者，虽不免客套，但对于浸淫古法而功力深湛的文徵明，自然是当之无愧。

此轴左右下边各钤有收藏印四方，其中左下角

钤"袁氏永之"（白文），按袁永之即袁袠之弟袁
袠，其卒在嘉靖二十六年（1547），与文徵明为好
友、姻亲，故可推测此作即文徵明赠送给袁袠，创
作的下限可定在 1547 袁袠去世之前。再结合前面的
风格对比，此作或为 75 岁左右所画。画面右下角有
"陆子传"（白文）印，陆子传即陆师道，文徵明弟
子，即袁氏没后，此作便归其所有。清代流传情况
待考，近代此作曾为张玮所有，裱边有其题跋。

图一四 文徵明《墨竹》
（纸本，纵 59.7、横 29.8 厘米，吉林省博物院藏）

元代以后，画必缀题，几乎是文人画（尤其是
四君子、枯木竹石之类）一个外在的显著特征。颇
有意思的是，这幅墨竹与文徵明另一件四君子的佳
作《冰姿倩影》（图一五），文徵明都只落了穷款。
这与他著录可查的大量咏竹题画诗，甚至曾以明初
高启《水龙吟》[38] 大段咏竹词题画的情形大异其趣，
其原因为何？

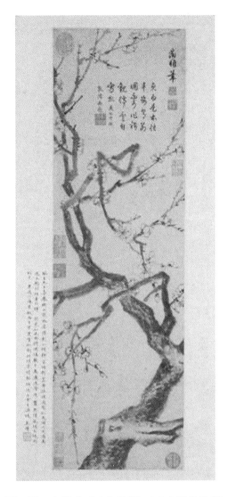

图一五 文徵明《冰姿倩影》（南京博物院藏）

这种不拘一格的处理手法，可能与他有意避免陈
腐的修辞套语影响画意有关。在中国文学史上，特别
是随着六朝骈文的盛行和唐朝以来类书的编撰，对于
典故套语的沿袭运用现象非常严重。而咏物诗中，关
于梅兰竹菊的诗词，尤其浩瀚，特别是在明代复古之
风盛行的背景下，几乎无诗不用典，大抵梅则孤山、
竹则潇湘、兰则九畹、菊则三径。初读之，觉得生涩
难懂；读多了，又觉得陈腐无新意[39]。读文徵明关于
四君子的题画诗，有时也难免产生此种感觉。以其咏
竹诗为例，便可以发现改头换面之例，例如：

其《处竹为清夫赋》：

爱此王猷宅，萧萧竹数竿。虚心聊自托，
高节许谁干。

择里得君子，坚盟有岁寒。端能谢尘俗，

常得共平安。

　　静里酬孤峭，风前觉淡欢。横窗铁钩琐，护砌碧琅玕。

　　酒醒闻珂响，诗成洗玉刊。相亲恐相失，长日绕虚栏。[40]

其题《参竹斋》图：

　　何事可相参，萧萧竹数竿。虚心聊自托，高节许谁干。

　　有斐得君子，清真托岁寒。端能谢尘俗，常此共平安。

　　静里酬孤峭，风前觉淡欢。相亲恐相失，长日绕栏干。[41]

　　这种辗转抄录而略作改动的现象，同时也出现在他为人所作的寿序之中。至于这种现象的原因，自然不是文徵明江郎才尽，而是应酬太多，特别是当他辞官归隐名望很高的晚年更是如此。在一封写给友人的尺牍中，文徵明毫不讳言地道出其中难处：

　　向来文事，一皆废阁。或时有作，多是勉强应酬，例是掇拾，何尝自出胸臆赋一诗耶？愧于左右多矣！[42]

　　在四君子中，竹子不因寒暑而改节，备具四时之气。因而在绘画中，竹子可以和春之兰、秋之菊、冬之梅以及水石搭配而合画。竹子这种特点，比附而言，颇有点像儒家所说的"君子之道不远人"的意味。文徵明绘画中便存在着大量这样的作品，其特别的组合方式，有因受到南宋赵孟坚图式影响而以岁寒"三友"、"五友"之类命名的。其中，文徵明将竹子作为配景而作的兰竹水石长卷，在画兰历史上，将赵孟頫的兰竹小卷衍为长卷，尤其具有创造性。唯在类似的长卷中，为了与兰花协调，画竹的笔法变得更为柔婉了，例如故宫博物院所藏《兰竹》卷（图一六）、辽宁博物馆所藏《漪兰竹石卷》即是。此可以从画兰的角度作专门的讨论。

　　文徵明好以"雨意写竹，风意写兰"，此义正可以于故宫博物院另藏《兰竹图册》见之（图一七）。前页以唐人双钩法画兰、竹，飞白画地坡，运笔娴熟，洗净铅华。其题"新奇本出汉飞白，古意尚有唐双

图一六　文徵明《兰竹》局部（故宫博物院藏）

钩"，即由其年轻时题友婿王世宝双钩竹诗而化用而来。后页为画石后墨竹一丛，以浓淡分远近，画叶全作偃垂之状，飞白枯笔扫出奇石，拉出地坡起伏，点缀杂草，隐现而含蓄，颇得雨竹之态。其自题云：

　　西斋半日雨浪浪，雨过新梢出短墙。尘土不飞人迹断，添得碧阴晚窗凉。

　　味其诗意，此作乃即景之作：夏天的某日，大

图一七　文徵明《兰竹图册》

（纸本，各纵32.7、横50.8厘米，故宫博物院藏）

雨突至，停云馆之竹为之一洗，如碧濯濯兮，凉意顿生，此际不啻陶渊明所谓羲皇之境、孙过庭所谓五合俱臻之时，佳作自然应运而生。

有意思的是，文人画还从墨竹衍生出的一个重要门类，这就是枯木竹石。自北宋苏东坡时代以来，这一题材也是文人寄托逸兴的方式。在美术史上，这一题材具有重要意义，赵孟頫正是通过枯木竹石来倡导他的书画同源的理论：

> 石如飞白木如籀，写竹还于八法通。若也
> 有人能会此，方知书画本来同。[43]

在文人画的王国里，如果把枯木竹石比作一个的"驿站"，把山水、花鸟、人物三大画科比作"三藩"，那么文人画正是通过这个驿站而走向三藩。正是到以沈周、文徵明为首的吴门画派，这一历程才算是圆满地完成。

文徵明见于著录、诗文集的枯木竹石绘画较多，现在流传可见的如上海博物馆藏文徵明《双柯竹石》图（图一八），即是此一题材的精品。图画霜柯两株、叠石一拳、翠竹数竿。枯笔勾皴，淡墨渲染，浓墨点苔，运笔之朴拙，墨法之清润，甚有秀逸洒脱之气。其中墨竹，立竿细劲，枝叶上昂，前者色浓、后者渐淡，尤其楚楚有致，清气逼人。

此轴作于嘉靖十年（1531），文徵明时年62岁，上款为"玉池医博"，"医博"即"医博士"之简称，是皇家太医负责教授医学知识的官职。史载北魏即有，隋唐沿之，唐宋诸州亦设之。其具体何人待考，读文徵明题诗，大抵是医而好古之人。根据文徵明尺牍，此人曾经为他妻子治病[44]，或许此"小诗拙画"，就是赠给他以表达谢意的。另外上海博物馆藏文徵明晚年89岁《枯木竹石》扇面亦是精品（图一九）。

文徵明之画竹，是否如清代鉴赏家陆时化所说那样，为夏昶以后画竹之道统？由于文献不足，我们对于他过眼的传统画竹之作所知甚少；由于流传不易，我们对他的师法造诣也只能是管中窥豹。但是古人不妄推许，连自负的董其昌看到他的墨竹后也以"神其技矣"而赞之。根据我们已经讨论的作品来看，文徵明确实是既能师法古人、又能自具面

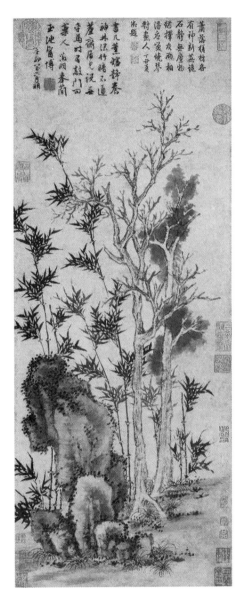

图一八　文徵明《双柯竹石》
（纵 76.9、横 30.7 厘米，上海博物馆藏）

图一九　文徵明《枯木竹石》扇面（上海博物馆藏）

图二〇　《芥子园画传》巢勋临文徵明画竹

目的一代墨竹高手。在《芥子园画传》（巢勋临本）

中（图二〇），他的墨竹也被奉为范式。

结语

文徵明的停云馆，就坐落于现在苏州古城区的曹家巷。据《文氏族谱续集—历世第宅坊表志》记载："待诏停云馆三楹，前一壁山，大梧一枝，后竹百余竿。悟言室在馆之东，中有玉兰堂、玉磬山房、歌斯楼。"[45]而如今，原来的斋馆之胜、水竹之幽，早已杳无踪迹，唯有车尘市声不绝于耳，不得不让人动思古之幽情。幸运的是，通过意会他的逸笔醉墨，停云馆那些翠竹的翛翛清影，我们还可以想象于仿佛之间。

注释：

[1] 关于竹子在中国文化史与艺术史上的意义，请参考范景中：《中华竹韵》，中国美术学院出版社 2011 年。

[2] 孟森：《明史讲义》，中华书局 2006 年，第 200 页。

[3] 例如在为何良俊《何氏语林》所作序中，见四库全书本《甫田集》卷十七，第 125 页。

[4] 关于文徵明的生平资料，参见周道振：《文徵明年谱》，百家出版社 1998 年；周道振辑校《文徵明集》中所附诸家传记。

[5] 周道振辑校：《文徵明集》，上海古籍出版社 1987 年，第 223 页。

[6] 周道振辑校：《文徵明集》，上海古籍出版社 1987 年，第 910 页。

[7] 《听竹》，载周道振辑校：《文徵明集》，上海古籍出版社 1987 年，第 11 页。

[8] 周道振辑校：《文徵明集》，上海古籍出版社 1987 年，第 904 页。文徵明在不吃杨梅的解嘲诗中称喜欢食肉，故尾联及之。

[9] 此据顾震涛：《吴门表隐》。

[10] 文徵明与王献臣的认识是通过潘南屏的介绍。

[11] 文嘉钞本《甫田集》卷八。

[12] 周道振辑校：《文徵明集》，上海古籍出版社 1987 年，第 108 页。

[13] 周道振辑校：《文徵明集续辑》，2002 年 3 月自印本，第 40、79 页。

[14] 周道振辑校：《文徵明集》，上海古籍出版社 1987 年，第 831 页，1540 年。《穰梨馆过眼续录》卷一著录。此诗乃从王燧《青城山人集》之《东坡画竹为周仲辉题》抄录而来，其中略更几个字，如"一枝"改作"万竿"。

[15] 《大观录》卷十五。

[16] 四库全书本《甫田集》卷二十一。

[17] 《穰梨馆云烟过眼录》卷八著录。

[18] 《珊瑚网画录》卷二十，参见周道振辑校：《文徵明集》，上海古籍出版社 1987 年，第 1169 页。又明嘉靖元年（1522）有次顾璘韵题《王冕梅竹卷》，但无法证明他见到过原作。

[19] 《壮陶阁书画录》卷九著录。

[20] 周道振：《文徵明年谱》，百家出版社 1998 年，第 675 页。

[21] 周道振：《文徵明年谱》，百家出版社 1998 年，第 286 页。

［22］周道振辑校：《文徵明集续辑》，2002年3月自印本，第41页。

［23］周道振辑校：《文徵明集》，上海古籍出版社1987年，第1149页。

［24］周道振辑校：《文徵明集》，上海古籍出版社1987年，第914页。《吴湖帆文稿》第387著录此画。

［25］《甫田集》（三十五卷本），卷八。

［26］周道振辑校：《文徵明集》，上海古籍出版社1987年，第64页，此应昆山黄云所请而作。

［27］周道振辑校：《文徵明集续辑》，2002年3月自印本，第41页。

［28］周道振辑校：《文徵明集》，上海古籍出版社1987年，第400页，1506年。

［29］周道振辑校：《文徵明集》，上海古籍出版社1987年，第58页，1494年。王世宝曾藏有夏昶之弟夏昺的山水画，文徵明题跋。王有"分绿斋"，去世后文徵明曾去怀吊。

［30］又现存有文徵明母亲祁守端双钩竹一幅，由于其在文徵明七岁时便早逝，于文氏之风格，当尚未有实际之影响。

［31］周道振：《文徵明年谱》，百家出版社1998年，第127、224页。

［32］江兆申：《文徵明与苏州画坛》，台北故宫博物院1987年，第154、177、182、253、257页。

［33］可惜2014年台北故宫博物院文徵明大展此册未展出。

［34］周道振编：《文徵明书画简表》，人民美术出版社1985年，第368、369页。

［35］周道振辑校：《文徵明集》，上海古籍出版社1987年，第1317页。

［36］关于逸品的产生，参见日本岛田修二郎《逸品画风》（林保尧译），《艺术学》1991年第5期。关于逸品的观念变迁，参考拙文《读画的历史》（中国美术学院博士论文）中对朱景玄四品模式的讨论。

［37］《竹谱详录》序，山东画报出版社2006年，第1页。

［38］文徵明抄高启词题竹，见台北故宫博物院所藏文徵明《朱竹》轴。

［39］关于文学上这种现象的讨论，参见范景中《中华竹韵》第一章的专门讨论。

［40］周道振辑校：《文徵明集》，上海古籍出版社1987年，第32页。

［41］周道振辑校：《文徵明集》，上海古籍出版社1987年，第850页。按：上海博物馆所藏《参竹斋图》卷，徐邦达认为画待考。此画名很让人怀疑是否与王阳明格竹的故事有关。但文徵明向不喜道学，而且诗意也是指向审美性的雅俗而非伦理性的善恶。

［42］文徵明致石渠尺牍，见《中国古代书画图目》卷十七。

［43］此诗见于北京故宫博物院藏赵孟頫《古木竹石》卷。

［44］周道振辑校：《文徵明集续辑》，2002年3月自印本，第101页："荆妇咳嗽不止，不敢劳视，更丐妙药两剂治之。徵明拜渎玉池博士。"

［45］周道振：《文徵明年谱》，百家出版社1998年，第305页。

文徵明与"文兰"

——略论文徵明画兰的笔墨、结构与范式

张　铎（辽宁省博物馆）

内容摘要： 文徵明是著名的墨兰名家，在墨兰历史上，他承前启后，继往开来。有人评价文徵明"以风意画兰"，所作墨兰潇洒飘逸，有"文兰"之誉。如果用文徵明画的山水画和他画的墨兰画作比较，客观地说文徵明的墨兰画，在闻名的程度上远不如他的山水画。当笔者检阅历代文献以及当代的研究文章时，发现在"文兰"的研究方面鲜有重要的研究成果，这不能不说遗憾。鉴于此，笔者认为对"文兰"的研究应当引起世人的重视。在研究"文兰"方面，笔者认为应当重点厘清"文兰之誉"的由来，"文兰之美"的要旨及美学内涵和"文兰之范"的笔墨范式及影响，从而更好地提高对文徵明艺术的全面认知。

关键词： 文徵明　文兰　文兰之美

文徵明（1470—1559）是明代中期吴门画派的领军人物，也是著名的墨兰名家，一生备受推重。其作品主要以山水画为主，花鸟画为辅。他的花卉画主要以画兰闻名。有人评价文徵明画的兰竹"以风意画兰，以雨意画竹"，所作墨兰潇洒飘逸，有"文兰"之誉。

文兰之誉的由来

文徵明的墨兰有"文兰之誉"是谁首先提出的？这个提法为什么颇显重要？在这里先讨论一下是怎样发现这个问题的。笔者在阅读一些介绍文徵明墨兰作品的当代图书时，首先发现把文徵明的墨兰说成"文兰"是介绍文徵明墨兰作品时必不可少的一句话，但如果要追问此誉的来由时，却很少有人能道出这句话的来源？这使笔者感到应当把"文兰"之誉的由来问题提出来，以求发思。"文兰"这个称

谓，老实讲应该是从单国强[1]先生的文章里读到的，令人感到遗憾的是单先生在文章里也没有说出"文兰"的称谓究竟最早是谁开始称呼的，在他的文章里也没有给出明确的注释说明此说的来源。继而读故宫博物院王连起先生的文章《文徵明临赵松雪兰石图考——兼谈文氏兰竹题材绘画》一文时，发现王先生说："较之吴门其他画家如沈周、唐寅、仇英等，他（文徵明）确定是吴门唯一的画兰竹名家，其兰，即有'文兰'之誉"[2]。可惜王先生也没有说出"文兰之誉"的由来。至于文徵明是否是吴门画兰竹的唯一名家，笔者认为这个问题有待商榷。在文徵明的影响下，吴门墨兰，名家辈出，已经形成了文派墨兰。这个问题会在"文兰之范"中专题讨论。

为了探求"文兰"的来源，笔者检索《四库全书》最终查无结果，笔者推测这个称谓不太可能是明人提出的。至于清代中晚期人在题跋或笔记文集里是否会提出"文兰"的专称，现无可知。鉴于此，不妨来探讨一下，此誉有可能出现的时间范围。至少会知道"文兰"这个称呼出现的上限时间大概在清中期后，下限时间应该是近现代，很可能是近人的认识和发明。很遗憾在笔者决定发稿时，也未能找出谁是"文兰"的首倡者，但不管怎样，还是可以从这个称谓里分析和概况出世人对文徵明创作的兰花的几点新认识：第一，文徵明画的兰花有一定的辨识度和知名度。在中国的墨兰画中是名品；第二，文徵明的墨兰应该具有独一无二的风格和面貌，具有独创性；第三，文徵明的墨兰画具有广泛而深远的影响力，他的创作应当是后世学习的典范。从典范的意义上说，中国的墨兰画确实存在着"郑兰"

或称"露根兰","赵兰"和"文兰"这三座高峰。换言之，中国的墨兰画在宋、元、明这三个朝代，分别出现了三种面貌独具的风格。一种是以爱国主义为绘画意向的"郑兰"；一种是以兰誉人，笔墨文雅的"赵兰"；一种是写尽"清界芳姿"，画尽幽兰之美的"文兰"。

文兰之美

笔者在 2009 年 7 月曾编撰《中国古代梅兰竹菊绘画作品选》一书，其中有一章节即为《鉴兰篇》，是篇专门对古人墨兰的历史进行了回顾与总结，从中也提到了几代墨兰名家的贡献，他们备受国人推重，承前启后，推波助澜，以不同的视角和文化思想将中国的墨兰画推向一座又一座高峰。可以说墨兰画发展到今天，出现过很多标志性的人物，可谓代不乏人，他们所做出的历史性贡献是不容忽视的。例如：以爱国情怀闻名的宋代画家郑思肖（1241—1318）。虽然他的作品在我国已经片纸无存，但在日本大阪市美术馆尚有孤品被保留，这真值得庆幸，因为通过这件作品，笔者们可以切身感受到画家的高雅脱俗和清纯可爱。他的钤印"求则不得，不求或与，老眼空阔，清风今古"，展露了画家特立独行的坚定和独步古今的气概。读来令人顿生敬仰之情。宋代的画家写兰，不同于别个时代，主要在于独标气节。郑思肖笔下的"露根兰"，画兰不画土，表达了"土为番人夺去"的愤恨思想，寄有"亡国"的沉痛心情。他的这种思想一直被士人阶层里的文人画家所继承，并被像文徵明这样的文人所推重。文徵明在他画兰的跋文中不止一次地强调他的作品是受到郑思肖的影响。

另外几位在墨兰史上备受尊崇的大画家有以笔墨技法取胜的赵孟坚和赵孟頫，这二位出身王孙，位列朝班，他们的作品应该说是对文徵明影响最深的。赵孟坚墨兰笔调劲利而舒卷，清爽而秀雅，给人以清新的快感。赵孟頫的墨兰则明显地师承了赵孟坚的画法，以自由抒卷的文人笔调来表达一种奔放飘逸的情感。

有明一代，可谓墨兰成风，著名者有文徵明、周天球、陈元素、王毂祥、马湘兰、徐渭等。文徵明是"画兰圣手"，其笔下的兰花被誉为"文兰"。这个定位和元代画家郑思肖的"露根兰"一样，在墨兰历史上具有标志性的特殊意义。它肯定了文徵明在墨兰领域里做出的特殊贡献，同时也提示出这种意义正是在研究文徵明的艺术中所不能或缺的。因为文徵明墨兰的特点除了具有思想性外，最突出的是展示强烈的表达欲望，表达美感可谓解读文徵明墨兰画的一把钥匙。文徵明笔下的兰花，多是在自然状态下的幽兰，他一生为兰写照，可谓写尽"清界芳姿"。文徵明一生爱兰、种兰、画兰、咏兰，其主要目的还是寄兰喻德，最有力的证明材料是文徵明八十寿诞时，苏州群贤呈上《贺文待诏八十寿诞诗画册》，首页为文徵明自写的兰花，风格颇类赵王孙，大概用以象征其一生的清高与君子风范[3]。

文徵明的墨兰作品往往是夜座小斋、幽兰发香时命笔偶得的创作品而不是临摹品。在描写的状态上百态千姿，"文兰"多与翠竹、棘条、湖石、河水等相伴生，其组合方法也有很多样式[4]。文徵明在笔法上吸取的是赵孟坚和赵孟頫的韵味，兰花多与巨石相伴，灵动而多姿。文徵明的墨兰走的是写意的路线，他把行草的笔法运用到了描写兰叶上，更能表现出迎风飞舞的态势。而文徵明在画面上用飞白画出的石头则更多的受了赵孟頫的影响。笔者每观文徵明的墨兰总能感到一种放逸之气，这是从他画的那种潇洒出尘的兰叶中所感觉到的。

文徵明的墨兰堪称文人画中的典范之作。一般说来，文徵明墨兰画的常见组合是兰竹石，现藏于伍斯特美术馆的文徵明《兰竹石图》[5]就能很好地说明这一点。他把兰的飘逸，竹的清虚和石的俊秀发挥到了极致。现今能查到的最早的文徵明的墨兰作品，是正德二年丁卯（1507）创作的，文氏时年 38 岁。他当时创作的是《画盆兰》[6]，这是一件小幅作品，题"时雨祛残署"五古一首，款"丁卯初秋，文壁书"。著录于《味水轩》、《无声诗史》。是年他还画过《泽兰图》。题"草堂安得有琳琅"七律一首，落"文壁"款[7]。有资料证明文徵明除了画写意兰之外，也画双钩兰。1534 年 65 岁的文徵明曾画过一幅长卷，是卷有行书落款"嘉靖甲午秋七月六日，与子朗、民望游虎邱，寺僧出纸索画，草草写此，以应其请，徵明"[8]。无独有偶，《过云楼书画记》也著录过一幅文徵明画的双钩兰，画面上有文徵明自题，道出了他爱画双钩兰的思想来源，那就是"复古"，他把自创的画法跟书法的笔法紧密结合起来画兰，他曾说："新奇本出汉飞白，古意尚有唐双钩。"由此可见，文徵明对于画兰技法方面是有着深入研究的，双钩法从技法上讲是工笔画的范畴，而写意则是文人画的表现方式，可见文徵明在画兰方面是兼容并蓄的。

文徵明在画兰上还有一种风格是不得不提的。那就是"粗文"风格的墨兰。文徵明曾给其得意弟子王穀祥画过这种风格的兰花，这张画现藏于广东省博物馆。题七律一首"高情蔼蔼蕙兰芳，眉宇英英奕叶光。怪得小窗无臭味，与君久处故相忘"，款识为"徵明为禄之作"，说明文徵明在画作的内容方面已经关注到所画兰花的品德和蕙兰的姿态美。文徵明给王穀祥画的另外一幅《兰石图扇》则代表了文徵明对空谷佳人的另外构思。这是风影下的幽兰，婀娜多姿。画面上有文徵明的题："缺月摇佩环，微风过晴馥。何以寄所思，佳人在空谷。"

文徵明的墨兰还有一种特色是很重要的，就是他善画兰花长卷，这是"文兰"最为主要的样式。画兰竹的行家都知道画长卷其实最难，难就难在布局和气韵上，文徵明的兰石长卷之所以能让人看得入眼，其实在于他发现了错综之妙，疏密之道和混合搭配等手法的使用会使画面变得鲜活起来的道理。例如藏于辽宁省博物馆的《漪兰竹石图卷》，卷高 30 厘米，长 12 米。可谓高头大卷，其跋曰："昔赵子固写兰，往往联幅满卷，而生意勃然，郑所南疎花老叶，仅仅数笔而生意亦足，子固孟字王孙而郑公忘国遗老，盖繁简不同，各就其所见云耳。余雅爱

二公之笔，每适兴必师二公，此卷虽意匠子固，而所南本色，亦时时一见，观者当知之。徵明。"钤印："文徵明印"白文方印、"衡山"朱文方印。方画幅后有"项墨林珍赏"小字一行，并钤项氏收藏印记多方[9]。对于这段题跋的真伪，是有争议的，黄佐认为题跋疑为伪手[10]，但对画未加否定。无独有偶，现藏于故宫博物院，作于 1543 年的《兰竹卷》也是这种长卷，文徵明在画这种样式的兰画手卷时，总是先以淡墨写兰和石，浓墨写竹，在兰花丛中画荆棘和麦冬，文徵明把兰花和荆棘画在一处，主要是以兰花喻君子，以荆棘喻小人。以小人来衬托君子的高洁。明人画兰易见俗笔，而文徵明画的兰深浅浓淡却能十分得宜，形态和结构画的又精益求精，不显重复，显示了文徵明的超凡脱俗的笔墨功夫。现藏于台北故宫博物院的《兰竹图轴》是最见文徵明笔法的精品。这幅画布局取斜线构图法，先用画面的一角画秀石斜坡，苔苏野草，然后再画两竿青竹，旁植幽兰数丛。笔墨优雅，纵横自如，他画兰叶左右顾盼，翻正掩仰，各具形势，毫不凝滞，笔势飞迁，叶的翻转顺着笔势飞出，颇富起伏向背之态的变化。

文徵明画兰除了笔墨技法外，往往还借助动人的诗句来阐明画面的旨意，为作品增色，如《兰竹图轴》中他说："清真寒古秀，幽独野人心。结意青霞佩，传情绿绮琴。"要见识"文兰"之美，或许还能从文徵明的题画诗中得到些许趣味和启发。文徵明的咏兰诗很多。如《题兰》："炎夏悠悠白昼长，空斋睡起拂匡床。不须甲煎添金鸭，气泛崇兰满几香。"文徵明在诗中借物言志，深刻地表达出"宁可食无鱼，不可居无竹"的气节和文人本色。他在《画兰寄吴射阳》中说："楚江西望碧云稠，春草多情唤别愁。永夜月玥湘佩冷，玉人千里思悠悠。"[11]在这首诗中文徵明借花思人，将别愁化在春草中，寄托了对友人无限眷恋之情，这便是"文兰"的又一种功效了。又如《退庵金石书画题跋》著录的文徵明的《墨兰》："记得辞家二月时，水边兰叶正离离。不知春尽花争发，满屋清香更属谁？"《无声诗

史》著录的文徵明在89岁时题的一首《画兰》："片纸流传五十年，断痕残墨故依然。白头展卷情无限，何止聪明不及前。"在这首诗中，文徵明借兰议事，展现了辽阔的胸襟和高妙的智慧。

英国学者柯律格《雅债——文徵明的社交性艺术》一书，笔者读了很受启发，在研究"文兰"时也发现了文徵明用墨兰来还"雅债"的事例。如《吉云居书画续录》著录了华云送给文徵明一盆蕙兰，文徵明在丙辰暮春三月既望这天画了一幅《兰石图》作为回赠，题诗："萧条深巷谢纷华，珍重高人惠蕙兰。碧叶紫英香馥郁，盎然春色浩无涯。承补庵先生惠兰花，写此奉谢。丙辰暮春三月既望。"文徵明在《谢永嘉赵君泽寄兰》一诗说：

草堂安得有琳琅，傍案猗兰奕叶光。千里故人劳解佩，一窗幽意自生香。梦回凉月瓯江远，思入秋风楚畹长。渐久不闻余冽在，始知身境两相忘。[12]

有一些资料显示文徵明尝用墨兰赠送给友人寄托情感。例如：《画兰赠周二守》："周至自台南，因得华玉消息。南望天台忆顾雍，见君如与故人逢。临风一笑逐深契，应是幽兰臭味同。"在《画兰至日戏笔》中他说："至日闲弄笔，为君写幽兰，潜阳知已复，生意满毫端。"由此可见，墨兰作为文徵明馈赠友人的礼品，是很能够传达彼此的深情厚谊的。

文徵明是善于研究和总结的学者。他的很多题跋是总结绘画艺术的。如在《题赵孟坚墨兰》中说："彝斋为宋王孙，高风雅致，当时推重。比之米南宫，其画兰亦一时绝艺云。癸丑腊月。"诗曰："高风无复赵彝斋，楚畹湘江烂漫开。千古江南芳草怨，王孙一去不归来。"[13]他把兰花和高风相提并论，将赵孟坚的风骨跃然纸上。赵氏王孙的离去，惹得江南的芳草都生了怨气，担心今后无人绘写他们的烂漫芳姿了。笔者不得不说从中体味到的又何止是作者对人的眷恋和对芳草的热爱。文徵明在学习赵孟頫和其他前代画家画的墨兰作品方面，可谓成癖，他说："余最喜画兰竹，兰好子固、松雪、所南，竹如东坡、与可及定之、九思。每见真迹，辄醉心焉，

居常弄笔，必为摹仿。"这段题在故宫博物院藏《兰竹卷》上的跋语说明了文徵明墨兰的渊源，可谓师从高人，摹练勤奋。

如果将赵孟頫和文徵明画兰特色做一比较，能找出几点有学术价值的信息呢？首先是以书入画，赵文二人其实都是高明的书法大家，诸体皆善，实际上看他们画的兰其实都是在"写"，从画到写是认识上的自觉飞跃，也是书画同源的艺术思想的运用。第二将兰竹石组合在一起或加枯木的组合方式，是赵孟頫常画的笔墨样式，而文徵明在继承上又有着极大的兴趣。文徵明曾根据赵孟頫画《兰竹石》刻本[14]，创作了一幅《兰竹石图》，其中趣味绝不只在临摹二字上，而是在表达，是"老歌新唱"。文徵明的《兰竹石图》多是以赵的样式来画的。但在笔墨趣味上却是自己的。第三借助飞白的艺术效果来表达石头的神韵美。突出笔的趣味。这是一种明确的继承关系。第四他们的笔墨内蕴深厚，委婉蕴藉。在他们的笔下已经看不出表达汉族士人的愤懑之情和幽怨之气。更多是在竞技、在斗法。文徵明试图突破赵的范式而创立自己的风格。文徵明的兰花不仅仅强调君子气，而是在强调笔墨的表达，他画的兰内容是繁密的，境界也在追求真实，几乎要去写实，所以他笔下的兰常与松、与石、与竹、与水相伴多了几分自然的清气。第五笔意的抒发，情感的抒发，开始起到引领的作用。这将开启明代后期墨兰的新样式。文徵明墨兰的影响力从此开始持续的发酵了。

文兰之范

明人善画墨兰，人数众多，但凡具大名、造诣突出者皆出自文氏一门，这是事实。如陈淳、陆治、钱榖、文彭、文嘉、周天球，王稚登，陈元素等。可以说文徵明在墨兰方面的追求引起了弟子们的关注。他们或为老师的作品题跋或追摹乃师的作品，一时间涌现出了像王榖祥、周天球、文彭、文嘉等许多杰出者。时至今日，他们的作品也都被庋藏在

世界各大博物馆中，诠释着文派墨兰在中国墨兰史的重要地位，也为学术界研究文派墨兰提供了绝好的素材和资料。正是文徵明的弟子们的追求和带动才在后世形成了"文兰"再度复兴的局面。

王毂祥（1501—1568）字禄之，号酉室。他是嘉靖八年（1529）的进士，曾被选庶吉士，官吏部员外郎。他是文徵明弟子中最得文徵明喜爱的，关系亦在师友之间。文徵明的许多作品都有他的题跋，便是明证。王毂祥在辽宁省博物馆藏文徵明画《漪兰竹石卷》的题跋中说："衡翁平日喜写兰竹，或长卷或片纸，繁简虽殊，生意各足。非夺造化者，不能臻其妙，此卷尤其得意之作，盖画赵子固、郑所南之长，观翁所自跋可见矣，展卷之余，恍如置身于三湘九畹之间，触目琳琅，绕身环佩，清芬遗韵，沾挹有余，应接不暇也。毂祥题。"嘉靖十三年（1534），王毂祥忤尚书汪鋐，谪真定通判，不赴而归，杜门却扫，不妄交一人，而与文徵明父子、彭年、许初等吴中文人交往密切。他的这些交往活动，往往以书画为焦点。事实上，在吴中鉴藏圈中存在着一个以文徵明为领袖的团队。现藏于故宫博物院的赵孟坚《墨兰图卷》后幅有文徵明、王毂祥、朱曰藩、周天球、彭年、袁裘、陆师道题记，前隔水有"安麓村珍藏"签，这个范例应该可以证明这个说法的成立。

周天球（1541—1595）是文徵明的又一得意门生，主要在书法和花卉画上继承文徵明的衣钵。他的墨兰作品主要珍藏在故宫博物院和上海博物馆等文博单位。故宫博物院有一张周天球画的《丛兰竹石图卷》[15]就是一张带有"文兰"韵味的长卷作品。这张画是作者客次西安时为友人画的作品。在笔法、笔势、墨韵等方面全面地体现出文徵明的影响，可以说最具有"文兰"风格。这卷画是清宫旧藏，为《石渠宝笈》著录，曾入乾隆皇帝的法眼。上海博物馆藏《兰花图轴》也是一张最能看出周天球写兰深受文徵明影响的作品。清新秀雅的格调，很得文人画的意趣。

文彭（1498—1573）继承家法画的最具"文兰"风格的作品是《兰画图轴》[16]现藏于故宫博物院。这张图和广东省博物馆藏的《兰石图》在笔墨的表达上具有异曲同工之妙。

文嘉（1501—1583）是文徵明的仲子，曾官至和州学正。他画的兰在明晚期和陈子野、周公暇、马湘兰、薛素素、魏考叔、钱叔宝、周服卿等人齐名，被后世尊为"明贤八家"[17]，而他们的绘画风格均受到文徵明的影响。

到了晚明时期，陈道复、周之冕、杜大绶等人画兰笔意变得放纵奔放，追求外露美，让人感到他们激荡的思想，在笔法上引入了大草甚至于狂草。这就形成了晚明墨兰风格的又一变体，如果从影响上说有点像粗文风格的那种"文兰"，文徵明也曾追求过这种外露美。从美学上看，明代的墨兰画开始从舒展走向狂放。

入清之后，文徵明的墨兰风格再次受到士大夫们的提倡，出现了像蒋廷锡、潘恭寿和郭尚先等一批文派墨兰名家。由于出身和文化修养的不同，他们再次地摒弃掉狂放思想重新开始遵从士大夫的审美取向，将文人画的衣钵接续过来。

蒋廷锡（1699—1732），字扬孙，一字西君，号西谷，一号南沙，又号青桐居士，江苏常熟人。康熙四十二年（1703）癸未进士，官至大学士，谥文肃。蒋廷锡工书善画。其兰竹画，极有韵致。辽宁省博物馆藏有一卷蒋廷锡作《兰花图卷》，纸本，水墨，纵 27.2、横 411.3 厘米。此卷以水墨描绘兰、石，技法娴熟，笔墨自然流畅，以淡墨渲染兰花、兰叶，轻灵生动。除蒋廷锡外，清代的墨兰名家最著名的当属潘恭寿。

潘恭寿（1741—1794），字慎夫，号莲巢，丹徒（今江苏镇江）人。画兰师法文徵明，秀韵有致。辽宁省博物馆藏有一卷潘恭寿作的水墨本《兰竹图卷》[18]纵 22.8、横 323 厘米。该图以水墨的形式分别临摹了文嘉、马湘兰、周之冕等名家兰法，图上有淡墨探花王文治的题跋。正合"潘画王题"之雅事。该图用笔松秀明快，运笔流畅而富有弹性，将兰叶的飘逸翻仰之姿，刻画得淋漓尽致。这种样式的潘恭寿作品笔者目前见过两本，装裱的形式不相一致，辽博藏本是卷本，另一本藏广东省博物馆，被装裱成八开册页（下称广东本）。如果从书画鉴定的角度说，两个本子画的颇为一致，令人生疑，会不会是一真一假，还是两本具真或是两本具假。从技法的功夫上比较，两本不相上下，可以说都是真迹。那这到底又是怎么一回事呢？这个答案笔者从王文治的题跋里得到了。辽博本的卷后有王文治的题跋："墨兰为写生最上乘，莲巢居士近日始克为之，兹卷临明贤凡八家，余为题识并录诗篇，幽窗展对，觉清芬生几案间也，乾隆癸卯春正月文治记。"当笔者检看广东本的题跋[19]时，顿觉眼前一亮，广东本的题跋除了第一跋跟辽博本的一样外，居然还有第二跋。跋曰："癸卯之春，莲巢曾为耀卿临明贤墨兰长句卷，后为爱者索去，莲巢因重为之，余亦重为题识。以今视昔，画是后举者胜欤？戊申八月六日重题。"谜题解开，原来辽博本是被爱者索去的那本，而广博本是为耀卿画的。两本俱真。这两个姐妹本目前一南一北，分藏于两个博物馆中，可谓佳话也。晚清时期的著名墨兰名家郭尚先（1785—1832）是嘉庆十四年（1809）进士，官至大理寺卿，字元闻，福建莆田人。精鉴别，书似欧阳询，兼工兰竹。辽宁省博物馆藏有一卷他作的纸本水墨《兰石图》纵31.7、横410.2厘米。主要绘坡石、兰花、灵芝。他的特色是以逸笔写生，风神生动。技巧娴熟，笔墨流畅，尤以淡墨渲染兰花、兰叶，生动清润，层次分明。

近现代的墨兰名家主要有吴昌硕、陈衡恪、潘天寿、李苦禅等，他们的墨兰画作普遍带有一种强劲的变革之气，这是在时代的审美趋势下产生的。吉林省博物馆藏有一轴吴昌硕的《墨兰图》，他画兰叶以焦墨渴笔写出，意态萧萧，纵横纷披，气度畅快淋漓。2009年12月19日，"西泠拍卖五周年：中国书画近现代名家专场（二）"拍卖的一件吴昌硕《墨兰图》最能让人看得出吴昌硕画兰的金石韵味。安徽博物院藏的陈衡恪《墨兰图》，用笔也是以焦墨写兰叶，生辣劲健，把兰的妩媚娟秀气脱的干干净净。潘天寿画兰主要是以隶和魏碑的笔法入画，气力十足。在美的风格上是去尽了妩媚气，他的画有一股以雄力来冲击昏沉世界的意趣。

总之，文徵明画兰寄托了孔子"猗兰操"的思想，励志于表达"芝兰生于深古，不以无人而不芳。君子修道立德，不为困穷而改节"的人生志向，纵观他的一生也是在坚守这种节操，这是笔者从"文兰"中感到的意匠。文徵明的墨兰是文人写意画的重要组成部分，在意境和笔墨技巧上更多地受到赵孟頫的熏陶。虽然中国的画家画兰始于宋末赵孟坚、郑思肖等，之后名家辈出，但却很少有人能像文徵明那样发挥得淋漓尽致。他们往往是沉醉于三花五叶式的娱情，而文徵明不同，他以兰花为载体来表达他的情趣、理想、美感和追求，他画的兰意境清幽，别有清绝之趣，力争表达的是形态毕现，情趣盎然的自然界。文徵明笔下之兰，芳姿独具，且常杂以竹、荆、石块等物衬托兰姿。他画的兰犹如他写的行草，秀拔而潇洒。他画的松兰、幽兰、崖兰、河兰，令人看到了他对兰的挚爱。从画兰的历史地位上说，文徵明是一位承上启下的墨兰艺术大师。他上承宋元，下启大清并将影响波及至当代。在文徵明的倡导下，吴门出现了的墨兰画家群体，也可称之为"文派墨兰"，呈现出蔚为壮观的趋势。特别是像马守真这样妓女出身的画家，她的兰居然也能被当时的社会所承认、所珍重，这不能不说那个时代具有很强的开放性和承受力。从现存的作品看，马守真很善画《兰石图卷》的式样，她和文徵明弟子王稚登的爱情故事，传唱至今，令人感动钦佩。同样的妓女画家还有嘉兴的名妓薛素素，她们的创作无疑都受到文徵明的影响。令笔者感到不解的是，在清代士大夫的眼中，她们的作品居然被视为"明贤遗作"[20]，这不能不叫人感叹和钦佩。

晚明之后虽然出现了各标风致的画家，展露出狂风之风，但明代的墨兰之风是文徵明倡导和培养的。至清朝及近代，画兰之风更盛，且更各具个性，各显高致。这是时代的进步和人们审美方式的变化造成的。可以说，在中国不管画兰的方法如何变，中国人爱兰、画兰、咏兰的思想是不会变的，这种从战国时期培养起的宝贵艺术思想将随着中华文明的发展，千古永传。

注释：

[1] 单国强：《明代吴门绘画概论》，故宫博物院编：《明代吴门绘画》，紫禁城出版社、商务印书馆（香港）有限公司合作出版 1999 年，第 13 页。

[2] 北京故宫博物院编：《吴门画派研究》，紫禁城出版社 1993 年，第 345 页。

[3] 《故宫文物月刊》第 116 期。

[4] 《中国古代梅兰竹菊绘画作品选》之"鉴兰篇"，第 28—32 页。

[5] 柯律格著、刘宇珍等译：《雅债——文徵明的社交性艺术》，三联书店 2012 年，第 153 页。

[6] 周道振编著：《文徵明书画简表》，人民美术出版社出版 1985 年，第 10 页。

[7] 周道振编著：《文徵明书画简表》，人民美术出版社出版 1985 年，第 11 页。

[8] 周道振编著：《文徵明书画简表》，人民美术出版社出版 1985 年，第 65 页。

[9] 《中国古代梅兰竹菊绘画作品选》，第 32 页。

[10] 周道振辑辑校：《文徵明集·补集》卷二十五，上海古籍出版社 1987 年，第 1415 页。

[11] 周道振辑校：《文徵明集·补集》卷十三，上海古籍出版社 1987 年，第 1117 页。

[12] 曹惠民、寇建军编注：《文徵明诗文书画全集》，中国言实出版社 2006 年，第 312 页。

[13] 《式古堂书画汇考》卷十五。

[14] 故宫博物院藏。

[15] 《中国美术全集·绘画编 7·明代绘画中》，上海人民美术出版社 1988 年，第 156—157 页。

[16] 故宫博物院：《明代吴门绘画》，紫禁城出版社、商务印书馆（香港）有限公司合作出版 1999 年，图版 71。

[17] 广东省博物馆、香港中文大学文物馆编：《明清花鸟画》，2001 年，图版 78。

[18] 辽宁省博物馆编：《中国古代梅兰竹菊绘画作品选》，2009 年，第 47 页。

[19] 广东省博物馆、香港中文大学文物馆编：《明清花鸟画》，2001 年，图版 78。

[20] 广东省博物馆、香港中文大学文物馆编：《明清花鸟画》，2001 年，图版 78。

文徵明弟子梁孜考

朱万章（中国国家博物馆）

内容摘要：文徵明绘画的传人极多，已有学者专门论及。这些弟子大多集中在以苏州为中心的江浙地区，僻居岭南的嫡传弟子梁孜则鲜为人知。本文通过时人文献及传世画迹，详细考订梁孜的生平事迹、游学文氏门下的艺术历程，并解析其艺术风格，为全面认识文徵明艺术的传承及其影响提供依据。

关键词：文徵明 弟子 梁孜 传承

明代中期以沈周、文徵明、唐寅、仇英为代表的"吴门画派"在中国绘画史上盛极一时，他的影响不仅及于当代，之后的数百年，都能受其惠泽；不仅及于吴门地区，远至江浙之外的岭南画坛也明显有着很深的烙印。明代中后期的岭南山水画家中，张誉、彭伯时、梁孜、黎遂球、梁继善、黎民表、黎民怀、梁梿、区亦轸、朱崖、欧大章、吴旦、高俨和释深度等之画作中能反映出这种影响之痕。在以往的认识中，我们对于晚明岭南画家所表现出的吴门画风大多着意于画家的传移摹写中，至于画家是否得其艺术师承则由于史料的阙如或者区域相隔太远而从未作进一步的学术探讨。笔者近日在香港中文大学作"明代广东绘画研究"的学术访问中，无意中搜寻到一些关于梁孜的深入资料，显示出他曾直接受文徵明教泽，因而对于我们了解岭南绘画所折射出的吴门画风就不难理解了。

从《钦定四库全书》中收录之梁孜好友王世贞

（1526—1590）文集以及《四库全书存目经部》中，我们知道，梁孜生在明正德己巳（1509），卒在万历癸酉（1573），年仅六十有五。他字思伯，别号罗浮山人，广东顺德人，与王世贞、潘纬、童佩、李茂材、梁有誉、黎民表、欧大任等交善，乃大学士梁储（1451—1527）之孙，以荫补中书舍人。

关于梁孜的生平史迹，历来鲜为人知，虽然在《明画录》、《盛明百家诗》、《明诗纪事》、《岭南画征略》、《广东通志》、《顺德县志》、《广州人物传》等典籍中均有记载其小传，但均只言片语，未窥全豹。近来读时人王世贞的《四部续稿》中，知道梁孜曾游于文徵明（1470—1559）门下，并得到文徵明的赞赏。文氏"大奇之"，认为诗书画三绝非梁孜莫属。现在已无法考究当时文氏讲此话之历史语境，但至少从作为吴门画坛盟主的此言中我们可以看出梁孜在当时确乎在吴门地区活动，并有一定的影响。梁孜和当时吴中地区的重要文人王世贞一直保持着非常友好的关系，二人不仅有书信往还，诗酒唱酬，在梁孜故去后，王氏还亲自为其撰写墓志铭。此外，梁孜的祖父是当时颇具影响的政坛风云人物——文康公梁储（1451—1527年），这使得他能得其荫惠而融入到主流的文坛中。所有这些无不表明，梁孜在当时以岭南人身份进入主流画坛。这一点可以说和早前供职于宫廷之中的花鸟画家林良、山水画家何浩等前后辉映，成为明代广东画坛的又一亮点（图一）。

图一　明梁孜《山水图卷》（绢本墨笔，32×267厘米，广东省博物馆藏）

在梁孜的交游圈中，另有一个人物也是非常重要的。他就是以诗文和书法著称的潘纬。潘纬字象安，安徽歙县人，长于篆隶、诗歌，和梁孜一起供职中书舍人，在当时的文坛有一定的影响，有《潘象安诗集》行世。梁孜和其一起参加诗社，唱和无间。他还为潘氏刊刻诗集《社栎斋三咏》，并在隆庆三年（1569）为该诗集作序。在梁氏行世的少量诗歌中，其中就有一首是《送潘象安归省》，潘氏则有《太仆王仪甫、舍人许稚干、梁思伯、山人童子鸣、洪从周、康裕卿、管建初饯别作》、《梁太学故相文康公孙将叩阙请恩低回久之怅然别去有赠》等诗赠之，其中后者云："居然贤相后，自是凤皇毛。故旧无优孟，何人似叔敖？君恩三世远，天听九重高。且抱遗经去，承家望尔曹。"显示出对梁孜的崇敬之意及其不舍之情，论者谓此诗"无限感慨"，应该是比较中肯的评价。梁孜与当时这些颇具影响的文人的交游无疑使其也成为当时主流文坛的一分子，当我们今天考察其艺术时，自然已不应再拘泥于一种区域美术。

梁孜一生主要的艺术活动是以"吴中"与"都门"为代表的当时主流文化区域。后来他以事返回广东，并随身携带江南之牡丹返乡。在故里，梁孜对牡丹悉心培植，因而枝繁叶茂，鲜花盛开。由于岭南向无牡丹（从岭外移植），故梁孜对所种之花不服其习性，因而终以花粉过敏染恙，后来几经延医，终无药可治，世人为之扼腕。

梁孜以书画诗文鸣于世，著有《梁中舍集》一卷，并编有《郁洲遗稿》（梁储诗文集）。从典籍记载可知，梁孜是一个甚为豪放的文人，游离于诗酒书画之中，"性好客。客至则谈，谈久则酒，酒半则诗，诗成则书，书所不尽则画"，"人以为有唐风"，"谈及国家典故、前辈文献，缅缅若按谱"，"故益得士大夫声"。这一点似乎与吴门画派的开派人物唐寅有惊人相似之处。在诗歌方面，梁孜取法中唐，在岭南文学史上占有一席之地。近人陈融（颙庵）在其《读岭南人诗绝句》中有诗咏之："日边花事费评量，触目权门意自伤。白阁独吟诗太苦，南园梅讯

梦魂香。"可从侧面了解其诗风。至于书画方面，王世贞认为他的画宗法董源、吴仲圭，并且"杂得文氏三之一"，书法则取法王羲之、赵孟頫和文徵明（图二）。

由于梁孜的书画作品传世极少，因此我们现在已无从全面了解其艺术风格。即便如此，我们从一些书画文献和仅见之传世画迹中亦可探悉其艺术风貌。在清人之《佩文斋书画谱》、《天水冰山录》、《诸家藏画薄》、《珊瑚网画录》等书画著录中，均记载有梁氏之山水和花草作品，说明梁氏是以山水和花草擅长的。他的传世作品，笔者所见主要有广东省博物馆所藏山水长卷一帧。该卷乃绢本墨笔，纵 32、横 267 厘米。作者款识曰："嘉靖乙卯季春廿五日浮山人梁孜制"，钤白文长方印"浮山"和朱文联珠印"梁"、"孜"。据此则此画作于 1555 年，时年梁氏四十有七。鉴藏印有朱文长方印"岳雪楼记"和"孔氏鉴定"、白文长方印"岳雪楼"、朱文方印"吴荣光印"、"吴氏筠清馆所藏书画"、"岳雪楼记"及白文方印"少唐心赏"，则此画曾经粤东书画鉴藏家吴荣光（1773—1843）、孔广陶递藏。后来此画辗转流落沪上，再为朵云轩所收藏，近年由广东省博物馆购藏。从画面风格可以看出，此画完全是宗法文氏一路，并参以董、巨，以细笔兼具粗犷之意境，乃吴派之嫡传。该画所写山石多为粗笔，以披麻皴法渲染，并缀以点苔。树木则较为细致，江岸辽阔，辅以小桥、茅屋、轻舟、沙渚以及山间小路上之行旅、拱桥上依依惜别之高士，是明人山水中惯常表现的江岸送别一类的题材。所画山水，在南派风格之外，在一些陡峭的山石上偶尔可见斧劈之痕，说明梁孜在山水上转益多师的艺术探索（图三）。

在此，不妨与代表文徵明典型风格的《沧溪图卷》（北京故宫博物院藏）和《赤壁图卷》（图四）相比较，可以看出梁氏之师承及其与文氏画风之异同。从技法上，梁作所画山水粗犷且略显简约，他善于运用墨色的深浅浓淡来表现山石，留白处给人以无限的空旷与遥远之感。整幅画作有临摹之痕；文氏山水在粗笔中辅以细笔，构图较为缜密，

图二　明梁孜《山水图卷》（局部）

图三　明梁孜《山水图卷》（局部）

图四　文徵明《赤壁图卷》（纸本设色，翁同龢家族藏）

以浅绿和浅绛设色来渲染画境，山势连绵起伏，给人以充实与无限的遐想空间。整幅画作表现出明显的自家风格。从意境上，梁孜作在文人画中略显匠气，而文作则淋漓尽致地表现出一种文人的笔情墨趣。当然，梁孜毕竟师出于文氏之门，在技法与意境上不及其师是正常的。即使如此，我们仍然可以看到作为文徵明的弟子，梁孜在山水画中所表现出的杰出艺术才能。

梁孜另有山水图一卷传世，据说收藏在北京某文物单位，可惜未能得睹其画，引以为憾。

梁孜生平事迹和画迹之最新发现，无疑为我们了解吴门画派的影响、岭南绘画之渊源及其多元化发展具有重要的学术价值。相信在史料的挖掘以及书画墨迹的发现方面，对于梁孜的艺术还有很多可以探讨的空间。这种带有考古性质的美术史研究，很显然地将成为今后学界努力的方向之一。

浅谈公立中小型博物馆的品牌塑造

——以北京古代建筑博物馆为例

黄　潇（北京古代建筑博物馆）

内容摘要：在我国新一轮文化体制改革全面实施阶段，文化单位面临的皆是机遇与挑战并存。公立中小型博物馆作为公益性文化事业单位，因其在政府支持、藏品数量与质量、人才建设等方面都处于相对劣势，故要想充分发挥自己的公共职能，获得观众的认同和喜好，就需要通过不断创新管理理念，发展和提升自己。为达到这一目标，笔者认为企业管理中的品牌建设是可以借鉴的。本文通过简要分析博物馆品牌与塑造品牌的目的，结合企业品牌建设的理论以及自身工作中的思考与实践，从品牌定位、打造好的"产品"、品牌推广等方面，阐述公立中小型博物馆塑造品牌的过程与关键，初步探讨一家公立中小型博物馆如何通过品牌塑造来获得观众的认同和喜好，从而充分发挥博物馆以社会教育为主的公共职能。

关键词：品牌塑造　公立中小型博物馆　博物馆管理

随着我国社会经济的飞速发展，人们收入水平不断提高、物质生活质量的逐步改善，城乡居民越来越重视文化生活，但文化事业发展仍然相对落后，所以近年来，我国把文化建设摆在了更加突出的位置，2002 年党的十六大首次做出深化文化体制改革的战略部署，开启文化体制改革大幕。2011 年 10 月，十七届六中全会审议通过了《中共中央关于深化文化体制改革、推动社会主义文化大发展大繁荣若干重大问题的决定》，这是我党第一次在中央全会上专门讨论文化改革发展有关问题，第一次以中央全会决定的方式对文化改革发展做出部署。2014 年 2 月，中央全面深化改革领导小组第二次会议审议通过《深化文化体制改革实施方案》，标志着新一轮文化体制改革进入全面实施阶段。

在新形势下，文化单位面临的皆是机遇与挑战并存。我国现行的文化宏观管理体制下，将文化单位分为经营性文化单位（出版、发行、影视、演艺、广电网络、新闻网站、非时政类报刊等）与公益性文化事业单位（博物馆、图书馆等为群众提供文化服务的场馆，体现民族特色和国家水准的保留事业体制的文艺院团等）。目前，经营性文化事业单位改革的关键是转企改制，使之成为合格的市场主体，借助市场的力量推动文化产业的发展。截止到 2012 年底承担改制任务的国有经营性文化事业单位已经有 99.86% 完成了任务。这些坐吃"皇粮"的文化事业单位转变成面向市场的企业，从此走向一条全新的经营道路，必须以更好的"产品"来抢占市场，创造经济效益和社会效益，否则就可能被市场所淘汰。公益性文化事业单位的改革主要是内部机制的改革，目的主要是不断创新公共服务运行机制，提高公共服务质量和水平。作为公益性文化事业单位来说，虽然不面临"生存"的压力，但要想充分发挥自己的公共职能，也面临着某种程度的竞争。本文初步探讨一家博物馆特别是公立中小型博物馆如何通过品牌塑造，来获得观众的认同和喜好，从而充分发挥博物馆以社会教育为主的公共职能。

一　博物馆面临的竞争

现今，网络和新媒体技术为个人的文化消闲娱乐提供了更多样化的选择。作为休闲文化活动的管理者或者经营主体，都期望可以吸引更多的公众选择自己，而且当那些经营性文化机构逐步市场化之后，它们肯定将投入更大的精力来吸引公众，所以从这个层面而言，博物馆与其他休闲文化活动存在着一种竞争关系。而就博物馆自身，近年来也处在极速发展的阶段。截至 2012 年，中国博物馆登记注册的数量已发展到 3589 个，并继续以每年 100 个左右的速度增长。仅北京地区的注册博物馆就有 160 余座。所以在公众选择参观哪个博物馆的时候，选择同样也是多样性的，其中公立博物馆特别是由各级地方文物部门管理的博物馆，并不以盈利为主要目的，而且基本不存在会"关门"的危险，但是依然需要通过不断创新管理理念，不断发展和提升自己，保持一种优势地位，充分发挥自身的职能，吸引更多观众。笔者认为为达到这一目标，企业管理中的品牌建设，是可以借鉴的。

二　博物馆品牌与塑造品牌的目的

品牌是人们对一个企业及其产品、售后服务、文化价值的一种评价和认知，是潜在顾客心目中的单一的看法或概念，它是企业长期努力经营的结果，一种无形的载体。由于需求的变更和竞争的推动，除了少数产品，绝大多数产品不会长久地被消费者接受。一般而言，产品都有一个生命周期，会经历从投放市场到被淘汰退出市场的整个过程，包括投入、成长、成熟和衰退四个阶段。但是品牌却不同，它有可能超越生命周期。一个品牌一旦拥有广大的忠诚顾客，其领导地位就可以经久不变，如吉列、万宝路、可口可乐、雀巢等，还有同仁堂等众多我国的老字号，这些品牌几乎已经成为一类产品的代名词。消费者选择一件商品的时候，品牌往往是考虑的重要因素之一。百年老字号、世界知名品牌，通常都是可靠的品质保证，它传递的是一种承诺、一种信任感以及一种对利益的可期待性，是品质优异的核心体现，培养和创造品牌的过程也是不断创新的过程。

公立博物馆作为一个以宣传教育为主要职能的公益机构，并不以实体的产品的为主要的商品，也不需要像企业一样追求利益的最大化，但是他同样需要保持自身的品质和活力，这包括展览、观众服务与社会教育等多个方面，同样需要吸引大批的顾客也就是观众并提升他们的忠诚度，所以说博物馆品牌，应该既是博物馆对参观者的品质承诺，又是观众对博物馆的信任水平。

1. 使宣传更加有效，提高知名度和美誉度。

品牌是一个创造、存储、再创造、再存储的经营过程，通过品牌的定位，明确自身的优势，可以将有限的人力财力物力集中到更加需要的地方，使得博物馆的各项工作，特别是宣传工作有的放矢，在过程中帮助博物馆提高知名度，吸引观众和社会关注，通过参观体验而产生美誉，通过观众的口碑来吸引更多的观众和社会关注，从而形成一种良性循环。

2. 吸引资金投入并发挥其最大的价值。

政府对于博物馆等公共文化服务机构的财政投入，主要是为了扶持它们为公众提供优良的文化服务，这种投入不以经济效益为主要诉求，但也不是"毫无所求"，其基本应是需要体现社会效益的。所以当政府加大投入，但没有见到应有的社会效益时，自然会维持现状甚至是缩减投入。反之，当博物馆通过品牌的塑造，明确了自身定位和发展目标，将资金进行合理使用，提高了自己的展览和服务水平，政府则会乐于加大投入来为博物馆的澎湃发展注入活力，一方面投资收到了良好的社会效益，另一面也会对整个文化市场、旅游市场或其他相关产业起到助推作用。对于博物馆来说，在这一过程中，可能还会吸引一些企业的投资，来辅助推动博物馆的发展。

3. 提升凝聚力与职工的工作积极性。

很多中小型博物馆缺乏发展的活力，没有发展的方向和目标，馆内的职工也就缺乏工作的积极性，无所事事，得过且过。每个人都希望自己的劳动成果有所价值、受到肯定，通过塑造品牌，当馆内职工感到在自己的努力下，博物馆向着更好的方向发展时，自己相应得也得到了物质或者精神方面的奖励，自然会更加热情地投入工作并会因自己是博物馆的一员而感到光荣，提升博物馆的凝聚力，同时当品牌有一定影响力的时候，也会对更多的人才产生吸引。

三 公立中小型博物馆的品牌塑造

品牌的建立取决于品质、形象和服务。品质是品牌的基础和生命，是使顾客信任和追随的根本原因；形象是企业和组织在市场上、社会公众心目中的个性特征，体现他们的评价和认知，是赢得客户忠诚的重要途径；服务是企业使消费者受益、是创立品牌的必由之路。

故宫博物院、国家博物馆等国家级博物馆，因其在历史、政治、文化等方面都有很高的地位，可以看做已经拥有了品牌，主要的工作在于维护与发展。各个省、市、自治区的博物馆，例如首都博物馆、陕西历史博物馆、西藏博物馆等，因为全面代表着所在地区的历史和文化，有着特殊性和不可取代的优势，也基本不面临品牌塑造的问题。大部分公立中小型博物馆（市县级博物馆，以及所属于省市级的专题性博物馆等）在政府支持、藏品数量与质量、人才建设等方面都处于劣势，所以需要通过品牌的塑造来使自身步入良性循环，从而逐步地发展壮大。

1. 通过自身与观众分析，确立品牌定位。

明确品牌的定位，是品牌建设的基础，对于企业来说，品牌定位是指企业在市场定位和产品定位的基础上，对特定的品牌在文化取向及个性差异上的商业性决策，是建立一个与目标市场有关的品牌形象的过程和结果。对于博物馆来说，就是明确自身的特色，并了解观众的需求，从而有的放矢地塑造自身的形象。

（1）了解博物馆自身的特点。

塑造品牌的过程就是一个将自己从同类事物中区别出来的过程，所以首先需要找准自身的特色，然后把力量集中在特色的发挥上，在打造品牌的法则中说："一个品牌的力量和它的规模成反比"。"当收缩你的重点时，你的品牌才会更强大"。"产品线的扩展、品牌的延伸、多种多样的定价，以及一系列

其他复杂的营销技术都被用来稀释品牌而不是建设品牌"[1]。对于公立中小型博物馆来说，在各方面实力都不甚强大时，更要着力寻找自身的特点和优势，明确发展和宣传的重点。

以北京古代建筑博物馆为例，它是我国第一座以收藏、研究和展示反映中国古代建筑历史、建筑艺术、建筑技术的专题性博物馆。"第一"是无可取代的，往往能给人以深刻的印象，所以"第一"就可以作为宣传的重点；同时，博物馆所坐落的先农坛作为明清皇家祭祀先农的场所，并基本完整保留了主要建筑群，有着极高的历史、文化、艺术价值，可以视之为博物馆最重要的"展品"；"一亩三分地"作为一个惯用的日常用语已经很稀松平常，但是应该很少的人知道"一亩三分地"的来源——一片皇家籍田，它就坐落在先农坛之中；在北京中心城区之内，苍松翠柏、绿草茵茵、鸟语花香的环境更是许多博物馆，甚至是公园都无法比拟的。"第一"、"明清皇家祭祀建筑"、"一亩三分地"等这些都可以视为品牌塑造的重点。

（2）了解观众的需求。

了解观众的需求，就是要进行科学合理的观众分析，这一类研究在国外已经非常成熟，将20世纪50年代大卫·艾比和邓肯·卡梅伦在加拿大的安大略皇家博物馆首次进行系统的观众调查作为起步，发展到20世纪90年代，整个西方都掀起了博物馆观众研究的热潮。

通过观众分析，调查参观者的背景、偏好和对博物馆服务的看法，一是可以通过观众的看法，了解博物馆的知名度和偏好度，明确自身在观众心目中的定位，了解观众的需求，借此指导我们策划与调整展览；二是可以通过调查，分析参观者的年龄、知识背景等信息，了解到底是什么样的人群会来参观博物馆，就可以加大力度来吸引相同或相似的人群，这样有针对性的策略，也许会达到事半功倍的效果。比如，经过分析发现，观众群中有很多在校的大学生和研究生，博物馆就可以增加自己在高校的宣传或者是在学校办一些专题讲座，以吸引更多

的观众。又如，一些以古建筑、古遗址为依托的博物馆，会吸引一些摄影爱好者，博物馆就可以与相关的社团组织、俱乐部等机构联络，进行宣传或者利用场馆举办一些活动来吸引更多的关注。

2. 好的产品是品牌塑造的关键。

品牌是以产品为支撑的，好的品牌体现的是产品品质的保证，好的产品是品牌塑造的关键。一个品牌在初期可以通过强大的宣传攻势进行推广，但当被吸引来的消费者发现其产品并不符合自己的预期时，则拥有品牌的经营者再怎么夸奖自己，都是无济于事了，所以在塑造品牌是一定要保证产品的品质。博物馆的"产品"最主要的就是博物馆的各项展览和服务，其次就是博物馆的各类周边商品。

（1）提升展览质量和服务水平。

高质量的陈列展览靠长期以来形成的简单规划或是一时的灵感，以及一般组织的思维与运行模式是很难实现的，这需要博物馆的领导和专家对陈列展览所涉及的诸多层面和环节进行具有可行性的运筹谋划，并确保制订方案的落实。陈列设计主要分为内容设计和形式设计两部分。以我馆为例，内容设计都由博物馆内的工作人员来完成，这就对馆内的科学研究水平和人员专业素质有着很高的要求，所以博物馆应该加大对馆内人员业务素质的培养。对于一些公立中小型博物馆来说，吸引和留住一些高学历的人才难度较大，在这种情况下，更要重视现有职工的素质教育，在老同志的传、帮、带下，多给年轻同志学习和实践的机会，充分调动每一位员工的积极性。形式设计通常交由展览公司来完成，包括投标、中标、施工准备、施工、验收、交工与结算等阶段，对于上述工作，博物馆应该要采取设计管理的方式和理念，即为图谋设计部门活动的效率化而将设计部门的业务进行体系化、组织化、制度化等方面的管理，对每一个环节进行有效地监管，优化设计方案和施工方案，减少实物工程量，追求合理科学的工程用量，靠高品质的管理，实现"低成本，增效益"的目标[2]。

我国博物馆的服务的主要方式和方法被概括为以下四个方面：陈列讲解、流动展览、电化教育和服务设施。要想提升博物馆整体的服务水平与质量就要从以下几个方面着手。一是提升讲解人员水平。讲解可以帮助观众对展品和陈列加深理解，掌握重点，还可以使那些无目的游览的观众，通过讲解增加参观兴趣，开阔视野。讲解员是博物馆工作人员中与观众接触最直接的人员，也可以说代表着博物馆的形象，所以提升讲解人员的讲解水平与职业素养对于提升博物馆整体的服务水平与质量而言可谓举足轻重。公立中小型博物馆在专业讲解人员方面可能有所欠缺，所以对于一般参观的散客，多采取定时讲解制，即每周内规定日期或每天中规定时间进行讲解。在这种情况下，博物馆应该要确保在所规定时间内有人员提供服务，即使当时只有1名参观者。同时，可以采取招募志愿者的方式来进行补充。现在，现代化讲解工具已经广泛运用到各个博物馆中，它可以便捷地为观众提供讲解服务，但是在条件允许的情况下，尤其是"品牌"塑造初期，还是应该多采用人员进行讲解，与观众进行双向交流与沟通，既可以给观众更亲切的参观体验，提高他们对博物馆的美誉，也有助于直接了解观众的想法。二是流动展览走进社区和学校，将展览浓缩成一些便于运输和安装的展板送进社区和学校，可以方便更多的居民和学生了解相关科学文化知识，同时还可以配合一些专题讲座，在充分发挥博物馆社会教育职能的同时也是对博物馆很好地一种宣传方式，参观者通过展板的参观被激发起对某一展品或是某一类知识的兴趣，促使他们产生走进博物馆获取更多信息的愿望。三是在展览中适当运用多媒体辅助技术，现在触摸屏、投影仪等在展览中的应用已相当普遍，但其中存在两个问题，一是缺乏对设备的维护，很多触摸屏设备在使用几次后就故障频出，形同虚设；二是内容没有新意和特色，起不到辅助展览的作用，也吸引不了观众的注意。针对上述问题，使用多媒体设备要为展览服务，应以质取胜，而不仅仅是觉得展馆内多媒体设备越多越先进，就可以提升整个展览的质量。设备少而精，既可以节约维护的人力和成本，也可以将更多的精力投入到内容的开发和设计上。其实有些很简单的设计就可以达到很好的效果，例如在广东西汉南越王墓博物馆中，利用一个小蚂蚁的故事动画片来说明出土的一组铜挂钩（在当地被称为"气死蚁"，在厨房中悬挂食物起到防虫的作用）的用途，就很能吸引观众的目光，同时使得观众对这一件文物留下生动、深刻的印象。四是重视馆内各项配套服务设施的设立。随着博物馆为民服务意识的提升，在各个博物馆中各项便民服务设施都能够基本配备到位，例如无障碍通道、雨伞租用、大件行李寄存、休息座椅等。在维护这些设施的基础上，顺应观众的需要，在细节上下工夫，比如手机充电、老花镜的提供等。

（2）衍生产品的开发与推广。

建立和保持品牌的形象，将它始终如一地使用于媒体、博物馆的宣传册和文献，贯穿博物馆的整个空间，博物馆的标识语、标志或形象就成为一种暗示，让人回忆起先前在博物馆的满意体验，增加对今后再来博物馆参观的愿望。所以在衍生品开发时，需要创建一个和谐和持续发展的牢固形象，而不是为每一个展览都创造一个新奇的形象。因而，专门产品要成为推广博物馆的手段，而不是博物馆来促销专门产品。这些产品应成为博物馆继续承诺提供最高质量的服务和教育的象征。

博物馆要想使观众购买自己的产品，一定要有自身的特色，特色体现在内容和类别上。文化创意产品的蓝本，比如出现在各类产品上的图案或是符号，一定要是馆内最与众不同的展品，例如古代建筑博物馆里的天宫藻井，是国内现存唯一的天宫藻井，它可以作为博物馆的象征出现在上述各类物品上，上面的某一元素也可以加一单独的运用，比如将藻井顶部的星宿图印在雨伞的内侧，打开伞便可以看到整片星空。同时，也可以在文创产品的类别上有所创新，目前博物馆文创产品中，比较常见的几类就是明信片、文具用品、饰品、生活用品（杯子、冰箱贴、雨伞等）、文物的仿真模型等，基本都大同小异，观众看多了也就很难再有购买的冲动了，

所以就需要在类别与形式上有所创新。例如故宫博物院在 2014 年新年的时候，推出了"皇帝的字帖"系列产品，将康熙、雍正、乾隆的御笔抄经，做成折页的形状，并且可以直接在上面进行临摹，并提出通过临摹经文为自己为家人祈福的理念。产品深受喜爱，在短时间内就脱销了。

3. 利用公共关系，推广品牌。

要想使一个新生的品牌引起关注，必须对其进行推广和传播。在《博物馆战略与市场营销》一书中说，作为博物馆来说所使用的四种有力武器：广告、公共关系、直接市场营销和销售[3]。笔者认为，对于公立中小型博物馆来说，最经济有效的方式应该是公共关系。公共关系的一种定义表述为：组织在经营管理中运用信息传播沟通媒介，促进组织与相关公众之间的双向了解、理解、信任与合作，为组织机构树立良好的公众形象。这一定义体现了"公共关系"概念的五个基本要点：公共关系的行为主体是组织机构，沟通对象是相关公众，工作手段是传播沟通媒介，本质是双向的信息交流，目标是为组织机构树立良好的公众形象[4]。而这些都是博物馆在塑造品牌和推广品牌时需要做的，且相比于广告来说，它不需要高额的费用，主要运用新闻报道、媒体采访等相对的客观的方式来进行宣传，利于提高信息的可信度。

（1）设计博物馆的馆标。

品牌的标志是宣传的基础，作为传播和推广的工作，一个视觉符号或是商标，传达出一种一目了然的直观形象信息来吸引注意力。对于博物馆而言，就是要设计一个使人眼前一亮的馆标，很多大型博物馆都有自己富有特色的标志，例如故宫博物院由"宫"字变形而来的 LOGO，广东西汉南越王墓博物馆取材于"镇馆之宝"龙凤纹重环玉佩的馆标，由一枚印章变化而来的首都博物馆的馆标等，都让人一眼就可以辨识并留下印象。这些简单的标识可以在诸如购物袋、礼品店、宣传册、信封、信纸以及其他博物馆相关材料上频繁出现，使博物馆的品牌形象得到广泛传播。

（2）利用新兴媒体平台进行主动宣传。

近年来，随着国内互联网的飞速发展，并且伴随着智能手机的普及，新的社交方式层出不穷，迅速占领优势地位。微博的出现带来了全民新闻的时代，人们可以随时随地分享自己所见所闻所想，可以随时关注自己所关注对象的动态，一时间"刷微博"几乎成为一种全民运动。微博有最快的信息传输工具——手机，最庞大的通讯员队伍——新闻事件的亲历者、目击者，以及最广泛的传播员——网民，因而逐渐成为"最快捷最草根的新闻发布厅"。微博同时也具有很强的互动性，一条信息发布之后，可以及时得到评论，发布者也可以及时对评论给予反馈，这些特点都有助于博物馆与公众的沟通。

博物馆在自己的官方微博、微信中可以发布展览信息、介绍，吸引观众前来参观。推广有特色的社教活动，提高受关注度；利用网站提供的官方转发抽奖平台来开展有奖转发活动，在推广博物馆的展览、活动的同时，将博物馆的一些周边产品作为奖品，可以起到双重的推广效果。同时也是对博物馆的一种宣传。

随着智能手机的兴起，手机应用（APP）拥有强劲的发展势头：以 APPLE 的 App Store 为例，苹果公司于 2008 年推出 AppStore，最初其中只有不到 500 个 APP 应用，但在随后的三年时间里，这个数字已经增长到了 500000 个，累计下载次数更是高达 15000000000 次，这个数字还在以几何形式增长。所以博物馆推出自己的 APP 也是一种很好的宣传与推广手段，国外的很多世界知名博物馆都有自己的 APP，例如大英博物馆、卢浮宫、日本地区的四大博物馆、美国自然历史博物馆等，它们的 APP 中不仅是展览的介绍，展品的展示以及介绍，还有互动游戏、科普知识等内容，增强了趣味性和可读性，同时吸引不同年龄和知识背景的受众。近两年，国内一些博物馆也开始与文化或出版公司合作开发 APP，其中有以某个博物馆为主体的 APP，陕西历史博物馆、北京鲁迅博物馆、苏州博物馆等，除博物馆展品、相关活动信息的分布，通常都具有博物馆现场导览功能，方便观众在展馆内的参观；有针对某一展览而开发的专题 APP，例如"张大千绘画展"，由（台北）历史博物馆、四川博物院、吉林省博物院、深圳博物馆共同举办，配套展览开发的 APP 中，不仅有展品的鉴赏与展示，还随时更新巡展的时间预告及展馆详细地理信息；还有以馆藏文物为基础的科普型 APP，例如故宫博物院的《胤禛美人图》，用户不但可以欣赏作品细节，每一幅图片还带有画面构图以及绘画的鉴赏文字，一些画面中出现的物件旁边都有一个 3D 的小花标记，点击它们就能激活一个子页面，专门介绍画面中出现器物的背景资料——甚至有些还带有全 3D 的物体展示，充分展现了多媒体技术为现代电子出版物带来的特殊阅读体验。

（3）通过活动，制造新闻事件。

运用各种传播媒介做公关宣传是公共关系的一项日常业务工作，其中运用新闻报道的形式为公众提供信息，为组织创造声势，是公关传播中最常见的一种方式。博物馆面对社会公众，采用新闻传播这一典型大众传播方式，可以达到提高知名度，扩大社会影响的目的。

博物馆最容易吸引新闻界和公众的方法就是举办各类活动。包括各项新展览的开幕式；与博物馆和展览有关的特色活动，例如北京古代建筑博物馆的祭祀先农活动，利用博物馆地处先农坛这一场地资源优势，全面恢复清代皇家祭祀先农的仪式，对这一活动的采访报道登上了《今日京华》、《这里是北京》等北京卫视热门节目。

（4）做好危机公关的准备。

俗话说：好事不出门，坏事传千里。博物馆作为公众开放单位，处在一个全民新闻的时代中，当发生一些对博物馆有损害和威胁有关的事故时，极为可能会迅速扩散，并引发聚焦。危机的爆发往往都很意外，所以平时就应该有组织、有计划地学习、制定和实施一系列管理措施和应对策略，包括危机的规避、控制、解决以及危机解决后的复兴等，最佳状态是转"危"为"机"。

要以切实可行的制度来管理和约束平时的工作，查找工作中的风险点，针对博物馆来说，例如设立安全工作长效机制，防火、防盗、防范人为破坏等应急预案，馆藏文物藏品管理制度，展厅巡视检查制度等等。在处理危机时，首先要第一时间把所有质疑的声音与责任都承接下来，然后客观全面地了解整个事件，冷静地观察问题的核心关键问题及根源，把问题完全参透，要主动保持与受众及时、坦诚的沟通。在消除危机后，要针对产生问题的原因，涉及的工作和管理环节，制定整改措施，责成有关部门和领导逐项落实，完善危机管理的内容。

四 总结

在科技高度发达、信息快速传播的今天，产品、技术及管理诀窍等容易被对手模仿，难以成为核心专长，而品牌一旦树立，则不但有价值并且不可模仿，因为品牌是一种消费者认知，是一种心理感觉，这种认知和感觉不能被轻易模仿。所以很多企业都在利用品牌战略为武器，试图取得竞争优势并逐渐发展壮大。对于公立博物馆来说，因为它的公益性和非盈利性，所面临的竞争并没有那么激烈，但各个博物馆也需要在博物馆事业高速发展的时代，不断提高自身的展览质量和服务水平，充分发挥为广大群众提供公共文化服务，进行社会教育的职能，所以需要借鉴品牌战略等一系列现代化的管理模式来努力实现这一目标。虽然现在尚属探索和起步阶段，但是在创新文化机制体制改革的背景下，在创新的现代化管理模式下，博物馆定将以蓬勃的活力为群众带来文化盛宴。

注释：

[1] 〔美〕阿尔·里斯等著、周安柱等译：《打造品牌的 22 条法则》，上海人民出版社 2002 年，第 19—25 页。

[2] 张青林：《项目管理与建筑业》，中国计量出版社 2004 年，第 4 页。

[3] 〔美〕尼尔·科特勒、菲利普·科特勒著，潘守永等译：《博物馆战略与市场营销》，北京燕山出版社 2006 年，第 224 页。

[4] 转引自管晓锐：《公共关系学在博物馆展览实践中的运用》，《博物馆研究》2012 年第 3 期。

博物馆展览项目实践探析

——以苏州博物馆临时特展为例

王 振（苏州博物馆）

内容摘要：展览作为博物馆提供给公众服务的主要产品，体现了一座博物馆的综合实力。苏州博物馆的发展经历着服务公众的手段、方法和内容的不断变化创新与实践提升，且在长久不变的对吴文化艺术的孜孜追求中寻求着突破。通过研究和展览让公众了解祖先过去的生活，引导观众更多地去了解展览背后的故事，给观众作贴切的解读和阐释。同时科学的展览团队不仅有助于各阶段进程的推进，而且将极大地帮助博物馆推出成功的展览和吸引更多的观众。

关键词：临时展览 展览策划 展陈团队

一 引言

2013 年苏博成功从台湾古越阁征集到包括吴王夫差剑在内的 58 件／（套）青铜兵器，2014 年苏博以此为基础，举办了"吴钩重辉——苏州博物馆藏吴越青铜兵器特展"（图一），引起社会各界的广泛关注。全年海内外有关吴越青铜兵器特展的媒体报道逾千多条，成为 2014 年苏博最受关注的展览之

一。如果说，几年前来苏博参观的观众重点还在看博物馆建筑的话，那现在，来苏博看展览已经成为过去一年 165 万观众的首选。2015 年，苏博又征集了一柄吴国王室代表性兵器——吴王余眜剑，此剑铭文对于研究吴越楚三国历史非常关键。为此，苏博设计在 5 月 18 日的国际博物馆日上，做出精美的展览——"兵与礼——吴王余眜剑特展"回馈社会（图二），并以此为契机举办了专题学术研讨会，邀请相关专家就一些难点问题进行探讨，展示了这一时段研究的最新成果。

图二 "兵与礼——吴王余眜剑特展"现场实景

通过"吴钩重辉"特展观众调查问卷报告的总结[1]，并透过"兵与礼"同侪正式且标准的展览艺评[2]分析得知，苏博的临时特展（以下简称"临展"）充分考虑了受众的需求，临展的观众满意度处于较高的水平。

二 探索：文物精品展览寻求新的突破口

如果按照博物馆展览的传播目的和构造划分，

图一 "吴钩重辉——苏州博物馆藏吴越青铜兵器特展"现场实景

苏博在保留一部分审美型临展的同时，更多向叙事型主题临展转变。叙事型展览，是指有明确主题思想和切入点的统领，有严密的内容逻辑结构及其结构层次安排的叙述性展览，为了传达一种文化或展现一段历史，也就是讲故事，讲大家想要听的故事。以故事的线索为展览主题，根据故事意识流选择和组织相互关联的展品。所以，好的策划展览首先要有切入主题的思路，展览策划人员的切入点与主题思想才是核心竞争力。笔者认为就临展主题思路而言，像外行人一样自由发散地想出创意、以专业人士的方法去付诸实现，而实践的时候要像专家一样缜密，这种思路是必要的。某些已经存在的、成功了的方法、经验和思路是导致想象力匮乏、缺少创意的主要因素，身为展览策划人员要有舍弃固有思想、大胆创新的魄力和勇气。正如中国文物交流中心副主任姚安研究员所说："我们是为了实现一个故事而去寻找'砖瓦'，而不是根据我们手头有限的文物与资料拼凑一场只求果腹的宴飨。"[3]

吴越兵器向来以工艺精湛，品质优良闻名于世，但令人惋惜的是，此前吴国有铭兵器出土报道不下百余件，但皆与苏州无缘。征集到台湾古越阁收藏的吴越青铜兵器并策划这项临时特展，既是机遇也是挑战。难度有二：其一，58件兵器种类单一、数量略显单薄；其二，多数兵器作为战场实战器具，大多欠缺精美的青铜纹饰和雕刻，在器物观赏性和精美程度方面并无优势，有些器物如果不予说明甚至不能直接用于展示。这给策展人、展陈设计师与教育工作者制造了不小的难度。如何解决这一问题？项目组试图追求文物间的独立审美或成组展示的视觉震撼。只有重量级的文物才能撑得了场面镇得住观众，给观众留下深刻印象。吴王夫差剑声名在外，早已名闻海内，是吴越剑精美铸造工艺与重要历史价值的杰出代表。显然，吴王夫差剑成为"吴钩重辉"吸引眼球的一颗巨星，理所当然地成为本次展示与宣传的重点。其次完善细节，寻找支撑起展览骨架的"血肉"，在"矛、戈、戟、剑、斧钺"等近战兵器的基础上，增加并引入"弓弩、箭矢、承弓

器"等远程武器装备，防御的甲胄，马具与冲锋战车等文物辅助内容100余件（套），增加场景成组展示（图三），丰富兵器的种类与外延。同时将兵器与战场指挥信号"三官"（金、鼓、旗）有机结合，将古人列阵冲锋、战车错毂、近距离格斗，直到车毁马亡、甲士步战牺牲的全过程反映出来；将兵器与武器历史起源与演变过程结合，抛出"五兵"概念（酋矛、夷矛、戈、戟、殳）；将兵器与铸造工艺相结合，引入"六齐"观点（关于铸造青铜器物所用合金成分比例的记载）。举办此种展览，目的不仅仅在于文物本身，更在于展示"吴越铸剑"的相关文化精神与核心价值观。基于这一点考虑，在展品背后辅助更新了与吴国历史相关的人物典故，比如"季札挂剑"、"卧薪尝胆"、"专诸刺王僚"等脍炙人口的展陈内容，让观众在参观的时候产生代入感和满足感，带着探索问题的兴趣去考虑"为什么会这样？历史真相究竟是什么？"阅读完毕会让观众有一种"真不错，解决了"的满足感。

图三　"吴钩重辉——苏州博物馆藏吴越青铜
兵器特展"场景组合

同时配合"吴钩重辉"展览，苏博出版了展览图录，并策划了文博讲座、影视欣赏、触摸文物、展厅互动等多种形式的社会教育活动。此外，通过专职讲解员、志愿者、专家讲解、移动智能导览设备以及微博微信等自媒体手段为不同需求的观众提供全方面的展览解读。最后，文创团队充分利用临

展资源，设计开发了书签（图四）、丝巾、启瓶器（图五）、纸胶带、琉璃饰品（图六）等7款文化创意衍生产品，让观众能够在参观展览了解吴越文化的同时，将相关的元素带入他们的生活，实现"把博物馆带回家"的服务理念。

图四 文化衍生产品"春秋菱形暗格纹剑"剑尺书签

图五 文化衍生产品"承弓"启瓶器

图六 文化衍生产品"吴钩重辉系列"《惊鸿》琉璃吊坠

三　实践：如何为展览突破口完善实践内容

自2012年开始，苏博实施了临展项目责任制，在项目负责人协调下开展工作，充分发挥团队的作用，为更加优秀的策展人的脱颖而出提供了平台。项目组一起承担从展览主题、展览内容、展品来源、展示形式、目标观众、教育活动、文创产品、辅助推广宣传、经费预算和展览评估等全部内容。应该说展览策划是一项文化创意活动，不仅要善于把握观众的需求，善于从常见或普通的素材中发掘令观众感兴趣的内容，还要有宽广的视野和丰富的文化想象力。

如"兵与礼——吴王余眜剑特展"的策划，基于2014年末苏博征集到另一柄吴国王室代表性兵器，这柄剑铭文长达75字，内容丰富令人惊叹不已，涉及吴国三位国王的名字，以及史料上记载的三场战争，具有非常重要的展示、研究和文献价值。这柄75字铭文剑在青铜器中特别少见，在目前所有出土的青铜器中这是首次发现，尽管这柄剑与绍兴鲁迅路出土的吴王余眜剑有关联，但是绍兴鲁迅路剑只有40多字，铭文也没有这柄剑完整，所以说苏博的这柄吴王余眜剑堪称吴越第一剑，可谓是集兵器、礼器于一体的罕见珍品。项目组围绕此件展品进行了精心策划。

1. 拟定展览主题。

首先，项目组建立了展览例会制度，原则上每月召开一次交流会，通过展览策划人员、形式设计人员和教育工作人员的对话、交流完善内容与形式设计。经过团队人员的集思广益，决定将展陈的内容高度提升，超越兵器本身，将苏博近5年来征集的北方青铜礼器与南方的兵器融合在一起，突出古人将祭祀与战争二者置于同等崇高的地位，视之为国家大事。北方礼器和南方兵器看似不相关联，但它们上面铸刻的铭文又共同具有铭功纪事的作用，尤其是吴王余眜剑剑身75字所反映的史实是一般兵器与礼器所不能比肩的。至此，项目组终于找到了展品的契合点——将兵器与礼器融为一体，反映"兵与礼"的主题思想。

2. 借助展览评估的科学客观数据，编写展览内容。

近年来，西方博物馆学的观众研究和分析揭示出人们在博物馆特殊环境中的行为矛盾：一方面，人们需要博物馆提供一系列的资源来规划他们的博物馆之旅，帮助他们理解和整合在博物馆中所接触到的展品和设施。博物馆在某种程度上掌控者观众的参观之旅[4]。另一方面，在博物馆参观过程中，观众自身的认识体系始终起着主导作用，并用这一体系来解释他们在博物馆中所接触到的事物[5]。在编写展览内容时，如何把握好这个度，其实项目组还是要借助科学客观的展览调查数据。在编写"兵与礼"临展内容故事线与剧本策划时，内容策划更多地吸取之前"吴钩重辉"展览评估的有效建议，把观众意见整合到展览内容设计中去。例如"通过调查发现，仍然有相当数量的观众对展厅所提供的展品说明不够满意。与此同时，在馆方提供了专职讲解和志愿者讲解的情况下，也仍然有超过七成的观众是自行参观展览的"[6]。那么，补充展厅说明文字传递信息的不足，同时如何为大量自行参观的观众提供更加合适的视频与导览手段，体现出不同的参观群体对于展览信息的多层次、多样化的需求，便成为此次临展策划的重要工作。

所以内容策划在编写展览大纲时，紧紧围绕吴王余眜剑剑身X光片所显示的75字铭文内容，深入

挖掘了铭文涉及的三位吴国王室成员与世系，"吴、越、楚"三个国家的地理面貌以及文献中记载的"伐麻之战"、"御楚之战"、"御越之战"三场战役的详细过程，与青铜剑关联的历史背景和关键文献史料，并向绍兴越国文化博物馆借展鲁迅路剑，二剑重新回到吴地，又重新相遇，成为吴越剑传承历史上的一段佳话，也成为本次展览中最出彩的部分。

3. 策划小型专题研讨会。

根据苏博自身的定位与特点，从一个博物馆展览全面、健康发展的角度出发，研讨会不求大而全，而在于深入研究与细分，此次特展之前，项目组已经对主要展品做了深入的研究，但这还远远不够。鉴于此剑的重要研究价值，苏博配合展览，组织了吴王余眜剑学术研讨会（图七），邀请了清华大学教

图七 "兵与礼——吴王余眜剑特展"专题研讨会现场

授、国家鉴定委员李学勤，北京大学教授、夏商周断代工程首席科学家李伯谦，陕西考古研究院研究员、国家鉴定委员吴镇烽，陕西师范大学教授张懋镕，上海博物馆青铜部主任、研究员周亚，浙江大学教授曹锦炎，北京大学教授李家浩，北京大学副教授董珊，南京博物院考古所所长、研究员林留根，《东南文化》编辑部主任毛颖及原苏州博物馆研究员钱公麟等十多位国内青铜文物鉴定与研究方面最为权威的专家学者齐聚一堂，就此把吴王余眜剑展开深入的学术研讨。最终，研讨会就有关兄终弟及之制、吴王名号、余祭王年达成新的共识。其中吴王

余祭和吴王余眛的在位年数的争论问题，过去的文献《左传》和《史记》相互矛盾，从这柄剑的铭文内容上可以基本解决《史记》的记载是准确的，《左传》的记载可能是有误的，即余眛这位吴国国王在位时间其实很短，只有短短 4 年，这可能是目前存世的余眛剑中最完整，也是最重要的一件。有趣的是，在剑身铭文攻吴王后面出现"姑雠"一词，过去在吴王诸樊的五件兵器上曾经出现过"姑发"一词，这件吴王余眛剑的出现就为研究"姑雠"或者"姑发"这样的词汇，提供了新的线索。

四 博物馆展陈团队在展览形式方面的作用与实践

"兵与礼"展虽然规模小，但这些兵礼器所包含的历史信息却非常丰富，项目组充分利用展览例会制度，将一些晦涩难懂的铭文进行交流和沟通。因为就展览内容及其相关专业知识来说，毕竟不是形式设计师（以下简称"设计师"）的专长，即使非常优秀的设计师对策展人员提供的内容策划文本，短时间内亦难以完整领会展览的主题、传播目的、重点和亮点，对实物展品的文化释义也一下子难以认识到位。因此，通过展览例会的形式，可以让设计师深入理解和把握展览内容，修正失误，避免内容设计与形式设计脱节，其意义深远。

1. 项目组在展览形式设计方面的作用

设计师的工作可能同会计、律师和医生不同，后面三种职业在面对专业上的常规问题时，不需要寻找"全新"的解决方案，他们有着充足的知识储备，对于当下的财会、司法和医疗体系有深入的了解，同时能够在工作中熟练运用这些知识。设计师则不同，完全是创新的工作。在展陈形式创作的过程中，内容设计有义务帮助设计师对展览内容重新组合，既要有实际层面的分析，也要涉足理论层面的支持。如果设计师陷入"像专家一样思考，像外行一样实践"的话，那就糟了。设计师作为展览形式设计上的专家，要想跳出自己固有的知识领域和

以往成功的经验是非常具有挑战性的。那么，项目组在帮助做好理论指导的前提下，作为视觉传达与展陈形式领域的非专业人士和专家，因为没有相关的知识和经验，所以反而不会束缚于固有的观念，可以大胆想象。帮助设计师拓宽思路，产生飞跃式的创意想法。由展览内容策划、形式设计师、教育工作者组成的团队去解决一件事情，能真正践行"像外行一样思考，像专家一样实践"的目标。在这个学习、交流、鼓励、分享、成长的过程中，打上设计师自己的印记，呈现出他们独特的艺术追求为止。

2. 项目组在展览形式方面的实践

在"兵与礼"的临展中，项目组就是这样践行的。设计师将展览无法呈现的内容，通过视频纪录片的互动形式表现出来。将策展人的思路与理念、文保人员赴绍兴借展、携带文物赴上海交通大学做X光鉴定、各路专家访谈录、文物拓本的题跋过程、文物布展、吴王余眛剑涉及的诸多内容完整地呈现在观众面前，力图比较全面地反映一个展览应该具备的全部面貌。通过项目组的通力合作，设计师将文物本身涉及的学术知识通俗化，展览理性的内容通过互动展项设计更加感性化，纯粹枯燥的知识更加趣味化。

值得一提的是，展览项目组的建设，将不同学科背景的专业人员纳入进来，通过思想的交流和碰撞，整个团队人员得到信息和知识的共享，业务水平都得到大幅度的提升，在展览中也闪现出了更多的亮点。这是一种在实践中边干边摸索的创造性的培养方法。"兵与礼"展览互动展项的视频纪录片也正是在这种模式下孕育产生的。视频纪录片本身的多样性及其信息承载的丰富性，在迎合现代观众的个性化需求上占有明显的优势。通过策展人、设计师与教育宣传工作者合作编写纪录片剧本、展览脚本自己配音，最后由苏博志愿者成员完成了影视后期的剪辑与合成。一本小投入、大效果的展览纪录片宣告完成。这种形式的纪录片极具苏博特色，并且"一则减少了观众阅读量，二则增加了可信度。

这种图文、声像结合的说明方式并未启用令人目眩的高科技手段，但效果却十分理想。时间充裕的观众，看完展品和图版后，都会驻足于视频前仔细观看和评论"[7]。由此看来，在临时展览中合理引入互动机制，才是未来临时展览真正吸引观众的关键所在。项目组间的相互鼓励、信任与帮助乃是成功与否的前提条件。

五 值得思考的问题

截至 2014 年底全国博物馆总数达到了 4510 家，2014 年举办各类展览数量已达 2 万多展次，年接待观众约 7 亿人次。大规模做临展，几乎成为博物馆界的一种时尚，有的临展在短时间内花费大量财力、物力，展览时间又短，浪费极大。且不说耗费大量的人力、物力、财力，就是文物的过度流动，也不利于文物的保护，文物的过度循环过程中出现损伤的几率大大上升，临展文物的保护问题日益凸显。在我国博物馆界，临展文物恶化风险的预防研究问题还浮于表面。一方面，从意识上，大部分博物馆人似乎根本未认识到临展文物恶化风险早期预防的重要性。在举办各类临展时，是否在展览策划时就把文物的风险预防研究考虑完整？在展览策划与陈列布展之间引入文物恶化风险预防机制？举办展览时，是只有展览部门的单打独斗，还是与其他部门联合作战？另一方面，文物保护与修复工作者在展览实施进程中明显缺位。是博物馆没有认识到其必要性和重要性还是文物保护工作者没能发挥应有的作用？展陈团队建设与文保修复工作者缺位问题的直接后果是文物展品的恶化风险加剧，文物事故几率大增。这一系列问题值得继续思考与研究。

应该说，苏博展览在保持原有特色的基础上，应更倾向、也更适合举办有自己的主题和话语、有文化对比、有个性特点、低投入低成本、文物量适中的中小型展览。仅仅追求展览的数量是不理智的，正如洛阳博物馆高西省研究员所说："许多大馆陈列部、保管部专业人员整天忙于展览的日常工作，没有时间深入研究、学习、思考该怎么做展陈，这样的精神状态是不可能策划、设计出考究的陈列展览，显然也不可能达到预期的陈展效果……"[8]对于展陈团队建设和展陈工作者的创造性培养问题，必将是未来博物馆人静心思考的话题。

注释：

[1] 陈敏：《"吴钩重辉——苏州博物馆藏吴越青铜兵器特展"观众调查问卷报告》，《苏州博物馆馆刊》2015 年第 2 期，总第 60 期。

[2] 程义：《"兵与礼——吴王余眛剑特展"散记》，《中国文物报》2015 年 7 月 7 日，第 8 版。

[3] 姚安：《"华夏瑰宝展"匈牙利之行》，《中国文物报》2015 年 6 月 23 日，第 3 版。

[4] Loic Tallon and Kevin Waller, *Digital Technologies and The Museum Experience*, Altamira Press, United States of America, 2008：75.

[5] 魏敏：《博物馆展览文字浅析——基于观众研究的案例分析》，《东南文化》2012 年第 2 期。

[6] 陈敏：《"吴钩重辉——苏州博物馆藏吴越青铜兵器特展"观众调查问卷报告》，《苏州博物馆馆刊》2015 年第 2 期，总第 60 期。

[7] 程义：《"兵与礼——吴王余眛剑特展"散记》，《中国文物报》2015 年 7 月 7 日，第 8 版。

[8] 高西省：《个性与风格——从"河洛文明"的设计特色谈文物陈列展览中的几个问题》，《中国文物报》2015 年 7 月 21 日，第 8 版。

让博物馆活起来的几种模式分析

涂师平（中国水利博物馆）

内容摘要：让博物馆活起来，就是让博物馆充满活力，形式活、内容活，吸引观众，喜闻乐见。近年来，博览园、生态（社区）博物馆、露天型工业遗址博物馆等，是几种让博物馆活起来的发展模式，各有其值得借鉴的优点。博览园是一种博物馆群体化、园区化模式，有利于让多元文化遗产在比较中鲜活起来；生态（社区）博物馆是一种将民族传统文化与其所在的自然生态资源进行统一保护的新型文化遗产保护理念，也是一种"活态民族文化遗产"的保护和展示；露天型工业遗址博物馆是与观众互动的社会教育基地，是让工业遗产活起来的好模式。

关键词：博物馆　活起来　模式

习近平同志在中央政治局第十二次集体学习时指出："要系统梳理传统文化资源，让收藏在禁宫里的文物、陈列在广阔大地上的遗产、书写在古籍里的文字都活起来。"其实，这也是要求让博物馆活起来。让博物馆活起来，就是让博物馆充满活力，形式活、内容活，吸引观众，喜闻乐见。

近年来，博览园、生态（社区）博物馆、露天型工业遗址博物馆等是几种让博物馆活起来的发展模式，各有其值得借鉴的优点：博览园是一种博物馆群体化、园区化模式，有利于让多元文化遗产在比较中鲜活起来；生态（社区）博物馆是一种将民族传统文化与其所在的自然生态资源进行统一保护的新型文化遗产保护理念，也是一种"活态民族文化遗产"的保护和展示；露天型工业遗址博物馆是与观众互动的社会教育基地，是让工业遗产活起来的好模式。

一　博览园：博物馆园区化展示多元文化遗产的鲜活模式

近年来，我国各地博物馆数量迅猛增长，但也存在规模小、布局分散，不便于观众集中参观、进行多元文化比较等问题。而博览园则是一种全新的多元文化遗产保护方式和大博物馆建设理念，它具有超强的文化包容力和影响力，成为博物馆群体化、园区化的一种业态形式，其规模效应，广受欢迎。

上海世博园就是最有代表性、最具影响力的博览园之一。2010年上海世博会确立了"城市让生活更美好"的主题，并提出了三大和谐的中心理念，即"人与人的和谐，人与自然的和谐，历史与未来的和谐"。在上海黄浦江两岸的5.4平方公里世博园区内，世博园分为5大场馆群，分别为独立馆群、联合馆群、企业馆群、主题馆群和中国馆群。园内保留历史建筑和工业遗产建筑，200万平方米的总建筑面积中，老建筑再利用面积为38万平方米。其中包括上海开埠后建造的优秀老民居和见证中国工业发展进程的工业遗产。它们经改建后主要用于展馆、管理办公楼、临江餐馆、博物馆等。此举在大幅度降低建设费用的同时，也借此完成了从工业厂房到博览业之间的转换。而令海内外最为关心的江南造船厂，在世博会后再度"变身"，改建成中国近代工业博物馆群，作为上海城市的一个新亮点，永久保留，实现了遗产保护博物馆化、博物馆发展遗产化。上海世博会上的这个首创，得到联合国教科文组织专家的肯定。国际展览局秘书长洛塞泰斯介绍说，上海世博会利用、保护历史建筑和工业遗产建筑面积，是1851年首届世博会举办以来最大的。专家们认为，这可以为其他发展中国家在保护工业文化遗产方面作出示范。同时，上海世博园内还规划了"快乐生态"环境。快乐生态的根本目标是构造一个良性循环，始于人对自然生态环境存在心理需求和精神依存，以环境塑造为途径，促进生态实践的参与，加强生态意识，强化人们对自然生态环境的重视和依赖。

现在，这种引进或依托各种专题博物馆的博览园正在流行。如河北的中国服装文化博览园位于京津冀核心区、永清台湾工业新城及浙商新城中心区，是河北省永清县培植服装产业、构筑文化高地的代表性工程，投资 7.6 亿元、占地 365 亩、建筑面积 19 万平方米，是在中国纺织工业协会和中国服装协会指导下，与北京服装学院联合打造国际、国内服装文化创意与博览的航空母舰。中国服装文化博览园发展定位：借势发展、错位发展；建设京津冀文化旅游景区、国家级文化产业园区。中国服装文化博览园由中国服装博物馆、中国时装创意基地、中国时装发布中心、中国服装文化主题公园、永清霓裳曲大型实景演出广场、丝绸之路展示馆、古文化街等板块组成。其中博览园主要的组成之一的中国服装博物馆，共四部分，分别为服装古代馆、服装现代馆、服装民族馆和服装国际馆，各自主题涵盖了不同元素，从建筑设计到内涵它是国内唯一规模最大、内涵最为丰富的服装博物馆。

再如，无锡正奋力推进八大博览园建设，通过整合城市优质文化资源，吴文化、桃文化、佛文化、茶文化、太湖文化、旅游文化、工商文化、农业文化等城市文化特征，通过博览园这种呈现形式浓墨重彩地集纳展示。展示馆、体验区、交易区、休闲娱乐区等相结合的博览园模式，为参观者开通了一条了解城市文化的捷径。如旅博园，不仅可以了解"游圣"徐霞客的生平经历，也能认知中国旅游发展的大致脉络；茶博园，不仅是宜兴阳羡茶展示的平台，也是大红袍、普洱茶、铁观音、龙井等中国名茶亮相的舞台；桃博园，阳山水蜜桃是当然的主角，但中国关于桃花的笔墨、戏曲等，亦有全面体现；吴博园，不仅有鸿山遗址可看，也有阖闾都城神秘可探，更有吴地文明、中华奇石可观可赏……立足于本地特色文化，拓展参观者延伸阅读空间，通过观展与体验相结合的方式，力求"进一园而知天下"，推动旅游由观光向观光休闲度假转变，尽显博

览特点。八大博览园呈现的，不仅是城市风光、城市文化、城市历史，也是城市转型发展的具体举措。而城市，也将因八大博览园的建成而平增"博览园之城"的气质。

西安唐诗博览园项目占地面积 180 亩，总投资 2 亿，以五大载体（以园林景观形成优雅的唐诗意境；以雕塑小品再现诗人神采、诗坛趣事；以地景浮雕刻写唐诗精美诗句；以水景喷泉体现诗魂智慧；以互动体验活动引发浓厚的诗情游兴，并建设唐诗文化实物展览馆），十大主题（诗酒、诗画、诗剑、诗花、诗佛、诗茶、诗乐、诗谜、诗趣、诗史）为设想。此博览园的建成，成为彰显盛唐文化、营造大唐圣境、再现唐诗盛景的又一壮举。在十大主题的引导下，在设计将着力展现诗酒之狂放风流，诗画之交融，诗剑之豪放，诗花之清秀，诗佛之空灵，诗茶之闲适，诗乐之风雅，诗谜、诗趣之乐，诗史之厚重。可以说，这是一个非常有创意的唐诗文化博物馆！尤其是唐诗博览园里雕塑作品，其艺术水平之高，即使今天不是文物，将来也会成为城市雕塑遗产。

博览园是游览体验式的城市文化产业，有利于体现文博事业拉动区域经济。博览园这种集当今文博展陈、文化演绎、科技互动、创意设计、环境艺术、园区开发、旅游休闲于一身的形式，对博物馆活起来具有诸多启示。

二　生态（社区）博物馆："活态民族文化遗产"的保护和展示

新兴的生态博物馆理念推动我国兴起了"新博物馆运动"。20 世纪 70 年代，随着人们的民族传统文化保护意识与环境保护意识的觉醒，一种将民族传统文化与其所在的自然生态资源进行统一保护的新型文化遗产保护理念在欧洲逐渐兴起。1971 年，第九次国际博协会议提出生态博物馆的概念后，以法国"克勒索蒙特索矿区生态博物馆"为代表的世界上第一批生态博物馆随即诞生，这一概念很快得到认同，并于 20 世纪 90 年代传入我国。目前，我国

已有十多个生态博物馆，主要分布在贵州、云南、广西和内蒙古等地区，正在保护与开发着苗族、布依族、侗族、傣族、彝族、瑶族、蒙古族、汉族等多种文化活标本。

为进一步推动生态博物馆这种新型博物馆发展，2011年8月23日，国家文物局在福州为首批5个生态（社区）博物馆示范点授牌。此次首批获得国家认可的5个生态（社区）博物馆分别为：浙江省安吉生态博物馆、安徽省屯溪老街社区博物馆、福建省福州三坊七巷社区博物馆、广西龙胜龙脊壮族生态博物馆、贵州黎平堂安侗族生态博物馆。

作为一种崭新的文化保护与利用的理念和方式，生态博物馆具有以下特点：一是原生态性。与传统博物馆相比，生态博物馆建立于自然环境、社会结构、经济状况和精神生活保存较完整的文化生态中，是以现实社会中具有深厚文化积淀、浓郁文化色彩及良好生态环境的典型社区或乡村为对象的文化生态保护展示区。二是民众性。生态博物馆扎根于民众的社区里，社区居民与其所创造的文化和其所改造的自然和谐相处，是这一切的拥有者、享受者、管理者和保护者。传统博物馆由专门的工作人员建设和管理，而生态博物馆则是当地民众的事业，必须有社区民众的积极参与，在政府支持控制下与专家科学指导下，以民主方式管理，最终走上由当地民众全面管理和依靠民众自身力量进行发展的道路。三是原地保护。传统博物馆采取文化脱离原生地的保护方式，但生态博物馆并非一座人工建造的文化展馆，而是根植于现实存在的活文化与孕育该文化的生态环境之中，对文化实行彻底的原地保护。即与传统博物馆相比，生态博物馆是以社区为基础，以原地方式进行原生态状况下的"活态文化遗产"的保护和展示。四是整体保护。一般而言，社区面积为生态博物馆的面积，整个区域内的文化遗产与自然环境都受到整体保护。生态博物馆往往由社区内的自然环境、社会环境和资料信息中心三部分组成。资料信息中心为科学研究服务，起着文化展示与传播的功能，同时也是社区集体活动场所及社会服务场所。在保护与利用民族文化时，生态博物馆避免了传统民族（俗）博物馆的静态性，消除了异地模拟型民族（俗）村的虚拟性，克服了单一的就地展示型民族村落的孤立性，对于规模宏大、特色突出或在同类文化中具有代表性的民族文化的保护与利用无疑是一种相对理想的模式。

目前，生态博物馆出现了群体连锁式的发展模式：广西壮族自治区采用以广西民族博物馆为核心，辐射广西各地的民族生态博物馆"1+10"建设模式，将分布广西各地的10座民族生态博物馆和广西民族博物馆有效结合起来，各民族生态博物馆作为广西民族博物馆的工作站和研究基地，在业务和事业发展上与广西民族博物馆联为整体。

浙江省安吉生态博物馆在展示模式上进行探索，它不再局限于一个馆、一座建筑，而是将整个县域范围内最具特色的人文、生态资源纳入展示范围，采用"一中心馆十二卫星馆多个展示点"的框架结构，包括自然生态、历史文化、社会发展、现代产业的各个方面，其中，尤以展示、保护、传承物质与非物质文化遗产为主。在展示内容上，安吉生态博物馆不仅跨越了传统博物馆的分界线，由环境和遗产的特点和社区的需求来决定它的起源与运转，同时，也突破了以往生态博物馆以展示民俗文化为主的限制，继而将自然生态、文化生态、社会生态、产业生态较好地融合，以系统的观念展示安吉的过去、现在和未来。中国·安吉生态博物馆将博物馆的功能向外延伸，突出其"体验、示范、审美、链接"作用。尤其特别强调生态博物馆的体验功能，在中心馆开辟展示空间，定期、轮流开展各卫星馆富有当地文化特色的民族风情交流；在展示点（区）设置游客参与体验当地活态的、原真的生产、生活场所。

三　露天型工业遗址博物馆：与观众互动的社会教育好模式

"今天的杰作，明日的遗产"，遗产保护博物馆化、博物馆发展遗产化，是一种良性发展趋势。当今世界方兴未艾的露天型工业遗址博物馆建设热，就体现出了这一大文化遗产保护理念和大博物馆发展趋势。

20世纪七八十年代以后，在发达国家保护工业遗产热潮中新建的博物馆，主要都是建在工业遗产地的工业遗址博物馆，并且数量快速增长，在数量占比上大大超过了传统工业博物馆。以英国"铁桥峡"工业景观和德国鲁尔"关税同盟矿区"为代表的大型露天工业遗址博物馆的诞生，标志着"遗址性"工业博物馆走向了发展的高峰，成为当前工业遗产博物馆发展的主流。现在全世界被联合国教科文组织列入《世界文化遗产》名录的40多处工业遗产中，有多处被整体性保护的近现代工业遗产地，都已建设为大型露天工业遗址博物馆。工业遗址博物馆的大量出现是工业遗产保护运动与博物馆结合的产物。从工业遗产的保护与利用角度看，博物馆模式是一种较为理想的模式，它既能很好地保护工业遗产，又能发挥其社会教育作用。收藏、研究与教育是博物馆的三大基本功能，工业遗产在博物馆首先它能得到很好的保护。博物馆有专业的保管人员，可对工业遗产实施科学保护与管理，这将保证工业遗产比其他保护模式的受到更好的"待遇"。其次，工业遗产在博物馆将会更好地发挥见证历史和社会教育的作用。博物馆有这方面的专家（也可以与行业方面的学术团体合作）对工业遗产进行科学研究，分析其历史的、科学的、技术的、美学的、社会的等各方面的价值，将工业遗产所携带的信息通过陈列展示向公众传播。在深度与广度上，博物馆对工业遗产内涵的解读将超过其他的任何保护模式。博物馆作为文化遗产保护的专门机构，还可以通过举办专题讲座、与观众互动等多种形式，让观众了解和直接体验工业遗产内涵的方方面面。发达国家都非常注重博物馆的传播功能所产生的社会教育作用，并将博物馆教育纳入整个国民教育体系中。在欧美国家，包括工业遗址博物馆在内的许多博物馆除了被列为城市旅游业的重要景点之外，往往还是政府指定的社会教育基地。譬如，英国铁桥峡工业景观区作为一座露天工业遗址博物馆被英国政府

列为国内众多的社会教育基地之一，说明它在社会教育方面已经产生很大的影响力。

露天型工业遗址博物馆也和其他考古遗址博物馆、古建筑遗址博物馆、生态（社区）博物馆一样，尽管名称不同，但都是博览园区式的博物馆业态。这种博览园区式的博物馆业态出现，顺应了当今文化遗产保护和博物馆发展的理念转型，将引领未来博物馆向建筑园区化、展陈多元化、参观游览化趋势发展。

四 结论

当前，文化遗产保护和博物馆发展的新理念是一个"大"字：在保护内涵方面，更加突出了历史传承性和公众参与性。外延方面，保护领域不断扩大：一是从重视单一要素的遗产保护，向同时重视文化要素与自然要素相互作用而形成的"混合遗产"、"文化景观"保护的方向发展。二是从重视"静态遗产"的保护，向同时重视"动态遗产"和"活态遗产"保护的方向发展。三是从重视文化遗产"点""面"的保护，向同时重视"大型文化遗产"和"线性文化遗产"保护的方向发展。四是从重视"古代文物"、"近代史迹"的保护，向同时重视"20世纪遗产"、"当代遗产"的保护方向发展。五是从重视重要史迹及代表性建筑的保护，向同时重视反映普通民众生活方式的"民间文化遗产"、"世间遗产"保护的方向发展，如对"乡土建筑""工业遗产""农业遗产""老字号"等遗产品类的保护。六是从重视"物质要素"的文化遗产保护，向同时重视由"物质要素"与"非物质要素"结合而形成的文化遗产保护的方向发展。

通过以上分析发现，那些不适合移动的考古遗址、古建筑、工业遗产，以及许多缺少文物的民族非物质遗产、科普类、艺术类场馆，可以分别建成博览园、生态（社区）博物馆、露天工业遗址博物馆进行保护和利用，成为游览胜地。同时，对于规划发展众多博物馆的城市，也很有必要将博物馆建设群体化、园区化、生态化，让各种文化遗产活起来，以实现规模效应，形成城市品牌。

征稿启事

　　本论丛由苏州博物馆编辑，立足苏州，面向国内外。本论丛宗旨为：以历史唯物主义为指导，积极宣传党和国家的文物法规与相关政策，及时反映苏州文物博物馆工作的新发现和新成果，推动活跃全市文博科学研究。坚持学术性、知识性、资料性兼顾，关注学术热点，开展学术讨论，交流文博信息，传播文物知识。以文博工作者和爱好者为主要阅读对象，努力为促进苏州文博事业的发展和提高专业队伍的素质作贡献。

　　本论丛由文物出版社出版发行，欢迎广大业内外人士热心支持，不吝赐稿。本论丛一年一辑，征稿截止时间为当年 5 月底。来稿请寄纸质文件一份，并同时提供电子稿。本论丛采用匿名审稿制度，稿件一经采用，本编辑部会立即通知作者本人，如在当年 10 月 31 日尚未收到编辑部用稿通知，请另投他处。因编辑人员有限，一般不退还稿件，请作者自留底稿。

　　已许可中国学术期刊（光盘版）电子杂志社在中国知网及其系列数据库产品中，以数字化方式复制、汇编、发行、信息网络传播本论丛所收论文。中国学术期刊（光盘版）电子杂志社著作权使用费与本论丛稿酬一并支付，作者向本论丛提交文章发表的行为即视为同意上述声明。

《苏州文博论丛》设置以下主要栏目：
考古与文物研究
文献与历史研究
博物馆学研究
吴文化研究

地址：苏州市东北街 204 号苏州博物馆《苏州文博》编辑部
邮编：215001
电话：0512 – 67546086
传真：0512 – 67544232
联系人：朱春阳
E – mail：suzhouwenbo@ 126. com